성경적 교육 원리와 학습 방법

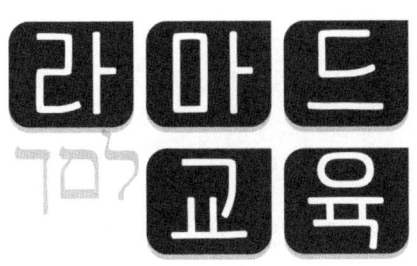

| 이근호 지음 |

쿰란출판사

추천사

교육의 중요성은 아무리 강조해도 지나침이 없을 것이다. 그런데 안타깝게도 지금은 교육의 위기 시대이다. 일반교육은 말할 것도 없고 기독교교육마저 흔들리고 있다. 최근 10년 동안 주일학교 학생 수가 교단에 따라 20% 내지 30%가량 감소했다는 통계가 있다. 외적인 감소보다 더 심각한 것은 교회교육이 입시 위주의 일반교육에 밀려 부실해지고 있다는 사실이다. 교회교육이 갈수록 축소되고 있고, 무엇보다 가정에서의 신앙교육이 소홀히 되고 있다. 대학 진학을 최고의 가치로 여긴 나머지 신앙교육이 뒷전으로 밀려나고 있다. 오죽하면 한국의 최대 종교는 대학교라는 말까지 생겼을까. 사사시대에 여호수아 다음 세대가 신앙을 상실한 다른 세대가 된 역사적 과오를 되풀이하지 않을까 심히 우려된다.

이런 엄중한 시기에 어두운 밤하늘에 정북향을 지시하는 북극성 같은 《라마드 교육》이 출간되어 쌍수를 들고 환영하는 바이다. 저자 이근호 선교사는 교회학교와 대안학교 현장에서 교사와 운영자로 오랜 경험을 쌓은 기독교교육 전문가이다. 말로만 기독교교육이 아니라 성경에 기초한 하나님의 전인적 교육에 관한 원리와 방법을 세밀하게 설파하고 있다. 단순한 이론을 넘어 실제 적용과 활용의 예들을 들어가며 진정한 성경적 교육으로 안내해 준다. 교회학교 교사와 운영자, 대안학교 교사와 운영자, 그리고 무엇보다 각 가정의 부모들이 이 책을 통해 눈이 열리고 귀가 열릴 수 있기를 바란다. 《라마드 교육》은 하나님이 창안하신 교육법이기에 그릇됨이 없다. 그대로 따르면 다음 세대 우리 자녀들을 하나님의 존귀한 일꾼으로, 그리고 제4차 산업혁명 시대 최적의 창의적 인재로 양육할 수 있으리라 확신한다. 아무쪼록 《라마드 교육》을 통해 이 땅과 세계 여러 선교지에 이르기까지 하나님 나라가 확장되기를 기대해 마지않는다.

오직 성경으로(Sola Scriptura)!

2020년 8월 31일
신반포교회
홍문수 목사

추천사

선교현장에서 바라본 한국의 공교육은 폭격을 받은 전쟁터 같았다. 한국의 많은 부모와 학생들이 험한 선교현장까지 교육 때문에 몰려왔기 때문이다. 그들은 보다 나은 교육을 찾아 떠나오는 피난민 같아 보였다. 한국에서는 대안학교에 대한 열기가 많이 일어났고 특히 의식 있는 기독인들은 자녀들을 기독교 대안학교로 이동시키기도 했다. 그러나 기독교 대안학교에도 진정으로 성경적 교육이 이루어지는가에 대한 의구심이 높아졌기에 선교현장까지 찾아왔다고 했다.

복음의 소식을 가진 한국교회가 선교현장에 복음은 증거할 수 있지만 선교는 다음세대를 향한 성경적 교육이 연결되어야만 예수님의 대위임명령을 온전히 순종할 수 있기에 선교와 성경적 교육은 분리할 수 없는 일이다. 그러나 한국의 교육전문가들이 한국에서 성경적 교육에 대한 긍정적인 대안을 제시하지 못했기에 본인은 선교현지에서 이 문제를 어떻게 해결해야 할지 고민이 깊어갔다.

그런데 최근에 희망적인 소식을 접하게 되었다. 성경 속에서 기독교교육의 원리인 '라마드 교육원리'를 발견하였고 그것을 교육현장에 적용해서 성공적인 결과를 얻게 되었다는 소식이었다. 기독교 대안학교의 교사와 교장을 경험한 이근호 선교사가 자신의 경험을 '라마드 교육'이라는 이름의 책으로 공개했기 때문이다. 이 책은 사실상 대안교육에 불과한 공교육에 대한 성경적 참교육 원리를 제시하고 있다.

　이 책은 한국교회뿐 아니라 선교사와 선교 현지 국가들을 위한 기쁨의 소식이다. 유럽의 기독교 국가들에서 교회가 교육을 사회에 빼앗기고 난 이후 어떤 고통을 겪고 있는지 우리는 알고 있다. 한국교회는 유럽교회가 걸어왔던 길을 걸어가고 있는 것 같다. '라마드 교육'은 주일(교회)학교에 의존해 온 한국교회가 가능하면 교회 안에서 다음세대를 위한 다양한 성경적 교육을 위한 학교를 시작할 수 있도록 격려하고 있다. 선교사들이 선교현장에서 자녀들을 위한 성경적 교육을 시도할 수 있는 용기도 제공하고 있다. 아울러 선교 현지 교회들에게도 성경적 교육을 권할 수 있는 한국교회의 선물이라고 여겨져서 이 책을 추천한다.

2020년 8월 31일
이희열 선교사
(인니피드몬트대학원대학교 총장, 국제풀뿌리선교회 국제대표)

감사의 글

책의 원고를 마감하며 죄인을 부르실 때 주셨던 말씀인, "너희는 먼저 그의 나라와 그의 의를 구하라"를 되새겨봅니다. 실패의 자리에서 일으켜 세우시고 또 쓰라린 경험을 통해 세상을 섬기도록 허락해 주신 하나님을 기억하며 그 발 앞에 엎드려 감사와 찬양을 드립니다. 이 책이 완성되기까지의 모든 과정이 하나님의 은혜이기에, 이 책의 전부는 그분의 소유임을 고백합니다.

《라마드 교육》을 출간하기까지 도와주신 많은 분들께 마음 깊이 감사를 드립니다.

먼저 인천교회 김진욱 담임 목사님과 성도님들은 낙오병과 같았던 저를 하나님의 사람으로 세워주시고 늘 따스한 사랑의 띠로 함께해 주셨습니다. 이런 인천교회는 하나님의 품과 같아서 제가 안길 때마다 아버지의 향기와 기쁨이 있습니다. 또 목회자의 길에 들어서기까지 20여 년을 쉬지 않고 기도해 준 든든한 친구 오세현 목사님은 여전히 삶과 기도의 동역자이고, 사모님과 정겨운 대명교회는 저의 허기진 영혼을 언제나 만족시켜 주었습니다. 추천사를 써주신 신반포교회 홍문수 담임목사님(국제풀뿌리선교회 이사장)과 이희열 선교사님(국제풀뿌리선교회 대표)께 감동 깊은 은혜를 입었습니다. 또한 국제풀뿌리선교회 회원 및 선교사님들께도 감사의 마음을 전합니다.

항상 가까이에서 도움을 준 잃은양찾는교회 최수락 목사님 부부에게 감사의 마음을 전합니다. 먼 이국 땅에서 선교적 마음을 품고 이민 교회 공동체와 선교사들을 헌신적으로 돕는 김명좌, 홍의 부부에게 감사드리며 하나님께서 마음껏 복을 내려주시길 기도합니다.

　어머니와 형제들의 사랑의 기도는 저를 이리의 이빨 사이에서 빠져나올 수 있도록 했고, 좋은 하나님의 사람들을 만나 귀한 사역들을 넉넉히 감당할 수 있게 한 큰 응원이었습니다. 그 고마움을 말로 표현하기 힘듭니다. 자랑스러운 딸 예지의 박사학위 논문에 이어 《라마드 교육》이 출간되기에 더욱 기쁨이 큽니다. 딸에게 고맙고 사랑하는 마음을 전합니다. 특별히 늘 뜨거운 지지와 사랑으로 용기와 힘을 주는 돕는 배필 정은희 선교사는 최고의 동역자이며, 동반자, 그리고 하나님께 충성하는 사역자입니다. 부족한 남편에게 헌신적인 사랑을 주는 아내에게 미안한 마음과 사랑하는 마음을 전합니다. 또한 저와 함께하며 기쁨을 주었던 학생들과 학부모님들, 교사로 섬겨 주셨던 분들, 그리고 저에게 힘이 되어 주시고 영감을 준 분들께도 심심한 감사를 드립니다. 특히 전겸도 목사님과 사모님께도 감사의 마음 전합니다.

라마드 교육의 대 잇기를 하기 위해 열심히 배우고 있는 강지은 선교사님에게 감사하고, 강의하게 될 인도네시아 신학교를 축복합니다. 항상 감동과 도전을 주시는 전 세계의 동역자 선교사님들, 영적으로 척박한 땅, 인도네시아에서 고군분투하고 계신 선교사님들과 반둥의 든든한 동역자 여러분들을 사랑하고 축복합니다. 그리고 언제나 힘찬 응원과 격려를 주시는 여러 목사님들과 모든 후원자분들께 머리 숙여 감사드립니다. 마지막으로 쿰란출판사 이형규 사장님을 비롯하여 오완 부장님, 그리고 섬겨 주신 귀한 분들께 뜨거운 감사를 드립니다.

갚을 길 없는 사랑을 받은 저는 이 모든 분들께 하나님의 큰 손이 갚아 주시길, 그래서 넘치는 은혜가 모든 분들 가운데 항상 충만하시길 두 손 모아 기도합니다.

인도네시아 반둥 찌빠꾸에서
이근호 선교사

감
사
의
시

:

《라마드 교육》을 출간하면서

너는 가만히 있어
내가 하나님 됨을 알찌어다…

가만히 기다리는 일…어려워
참…어려워

안 되는…때에도
뜻이 있으시겠거니…

안 되는…때에도
계획이 있으시려니…

안 되는…때에도
곧 이루어 주시려니…

안 되는…때에도

아직 때에 다다르지 못했겠거니…

하며…
한세월이 갔네라.

손을…놓치지 않으려
혹은…놓칠새라
바짝…붙어 서서 좇았네라…

내 손…결코 놓지 않으실 그 사랑
몰랐을 리 없건만…
가만히 인내하는 일…참 어려워…

고뇌도 없던…
믿음의 길이었다…말할 순 없으나

길기도 긴 터널을 지나는 동안
혼자가 아님은 확신하였었네라…

성경적 교육의 원리…
일명…'라마드 교육'을
잉태하고
품어 키우고
가르치며 숙원해 오던…

하나님의 백성들을
성경 앞으로 돌아오게 하는 일…
정녕…그러한가 하여 성경을 펴게 되는 일…

입맛에 맞는 말씀을…찾고
편식의 우를 범하며…놓친

그곳들로 인도하는 책이 됐으면…
하나님의 자녀들을 하나님의 방법으로 키울 수 있었으면…

출판을 앞두니
'라마드 교육'의 원리가 새롭게 다가옵니다 주님…

이만큼으로도 충분히 감사합니다 주님…
근거는 성경으로부터…여서
호언장담할 수 있는 것이니…

하나님 아버지여…
기쁘시옵니까…

아내 정은희 선교사

들어가기

교육의 원천은 성경입니다. 그리고 그 교육은 인간사회에 언제나 있었습니다. 하나님께서 교육제도를 창안하셨으며, 교육을 통해 세상과 사람을 다스리셨다는 사실을 성경에서 발견할 수 있습니다.

산업혁명 이전에는 단지 소수의 특수층을 위해 실시되었던 교육이, 시대적 요구에 따라 점차 대중 교육, 대량 교육의 모습을 갖게 되었습니다. 대량 교육의 본질상 '고결함, 리더십, 용맹함, 정직함(충성심), 웅변술, 예술적 고양, 체력단련'과 같은 커리큘럼은 애초부터 불가능하였고, 새로운 시대에 걸맞은 기능성과 효율성이 중시되고 강조되었습니다. 대중 교육 혹은 대량 교육은 교육 기회가 쉽지 않았던 소외 계층에게 다행스러운 일이었고, 보편 교육의 문을 여는 일이었습니다. 그렇지만 한편으로는(조금 냉정하게 말하자면), 당시 공동체의 요구나 교육 주체자의 의도에 따라 인간이 도구의 어떤 부분이거나 도구 그 자체가 되게 만드는 과정이었습니다.

그 후 대중 교육의 효과를 경험한 많은 교육 주체자들이 나름의 목표를 달성하기 위해 강력한 교육 시스템을 만들기 시작했습니다. 이와 더불어 다양한 욕구를 가진 사람들(교육 구매자들)이 그 충족을 위해 더 기능적인 프로그램을 찾게 되었습니다. 점차 시대의 가치나 조류, 그리고 개별적 욕구들을 더 쉽게 충족시킬 수 있는 기능적·분절적 교육 프로그램들이 자녀들의 성장기에 도입되어 시행되었습니다. 이러한 많은 프로그램들이 특별하게 창조된 자녀들을 개별적으로 고려하기보다는 통계적 평균이나 실험 집단의 임상 결과를 근거로 하여 제시되고 실행되었습니다. 또한 공동체가 채택한 적자생존 교육은 줄 세우기식 평가나 피교육자를 점수와 등급으로 분류하는 시스템을 가졌습니다. 현대에 이르면서 이러한 교육 시스템들은 다양한 층으로 보편화되었고, 다른 한편으로는 전문성과 기능성을 추구하면서 더 세분화되었습니다.

교육은 본래 사람을 위해 사람이 하는 일입니다. 그런데 오늘날 교육은 본질보다는 엉뚱한 다툼에 열병을 앓고 있습니다. 교육의 콘텐츠와 방법에서, 교육목적과 그 의도에서, 교육권의 방향성이나 그 주도권에 이르기까지 다툼과 변론이 쉬지 않습니다. 그런데 '사람'에 대한 생각이 제각각이라는 점은 다툼을 그치게 할 수 없는 뜨거운 감자가 되어 왔습니다. '사람이 무엇이며, 그 사람의 가치가 어디에 있느냐'에 대한 견해에 따라 교육의 목적과 방향이 완전히 달라지기 때문입니다.

이 책은 하나님께서 만드신 '인간'과 그 인간을 고귀하고 행복하게 만들고자 창안한 '하나님의 교육'을 말하고자 합니다. 기독교인으로 우리는 교회 공동체에서 성경적 교육을 맛보긴 했지만, 대부분의 시간을 대중 교육 아래에서 보내며 필요한 지식을 얻었습니다. 그래서 성경을 삶의 척도로 여기면서도 성경적 가치를 성경적 방법으로 배우지 못했습니다.

성경의 지식이 삶 가운데 자리 잡지 못한 하나님의 자녀들이 세상과 성경 사이에서 괴리감을 경험하며 삽니다. 우리는 최상의 지식과 최고의 방법을 손안에 쥐고 있으면서도 안타깝게도 '하나님의 교육'을 '그릇으로 덮거나 평상 아래에 두는' 우를 범하였습니다.

교육은 사람을 변화시켜 '그 사람'(The man, 하아담)이 되게 하는 강력한 힘이 있습니다. 사람들은 교육이 큰 힘을 가지고 있다는 사실을 알고 난 뒤 다양한 모양과 다채로운 색을 가진 교육 시스템을 앞다투어 내놓았습니다. 교육의 영향력이 강력하다는 사실을 알았다면 성급한 우리의 발걸음을 잠시 멈추고 성경으로 돌아가 다음의 질문에 대해 고민할 필요가 있다고 생각합니다.

"경제논리에 따른 분절적이고 기능적인 현대 교육이 과연 창조적 인간에게 적절할까?"
"우리의 자녀들이 이러한 프로그램 안에서 즐겁게 배우고 건강하게 성장할 수 있을까?"
"하나님과 관계없는 교육으로 하나님의 사람을 길러 낼 수 있을까?"

어느 공동체이건 교육이 잘못되면 문제 해결이나 발전은커녕, 교육 시스템이 고쳐질 때까지 고통이 다음 세대로 연장됩니다. 교육 시스템은 마치 교통 신호등과 같아서 한두 개만 고장 나도 전체 흐름이 나빠지고 많은 곳에서 혼선을 겪게 됩니다. 공동체의 잘못된 교육은 고장 난 신호등처럼 저급한 가치와 왜곡된 시대상을 반영하기에 도처에 고통과 혼란이 야기됩니다.

고결한 가치들이 업신여김을 받는 '왜곡된 시대상'이란 어떤 모습일까요?

왜곡된 가치를 바르다고 드높이는 시대정신은 바로 타락한 시대를 의미합니다. 타락한 시대란 가치 기준이 무너졌지만 그것이 잘못되었다고 지적 받지 못하는 시대를 말합니다. 그 결과 사람들은 선한 것을 찾지도 않고, 거룩한 것을 알지도 못합니다. 장님이 되어 버린 부모 세대가 오물을 뒤집어쓴 자녀 세대에 대해 벙어리가 된 세대를 말합니다. 자녀들은 시대의 성공주의에 휘둘려 피곤해하고 있습니다. 이 무거운 짐에서 도피하고자 청소년들은 TV나 인터넷 게임에 몰입합니다. 때때로 어두운 거리 구석에서 아름다운 육체와 영혼을 갉아먹는 일도 합니다. 세상은 청소년들을 대상으로 장사하기에 여념이 없고, 그들의 잘못된 선택과 행동을 '문화'나 '개성'이라는 이름으로 옹호하고 있습니다.

또한 우리 시대는 하나님을 인정하지 않고, 성경을 배우지도 않고, 자녀 세대에 가르치지 않는, 믿음의 가치를 업신여기는 풍조에 휩싸여 있습니다. 배움을 거절하고 자기 맘대로 살고 싶은 시대입니다. 그리고 진리의 신호를 무시하며 개의치 않는 시대정신은 너무 가볍고 얇아 인간을 병들게 만듭니다. 이처럼 타락한 시대란 바른 배움도 없고 가르침도 없어 인간의 존귀함이 한없이 추락하는 세대의 시대를 말합니다.

그럼에도 불구하고 소망과 기대가 여전히 있습니다.

하나님의 마음이 우리 가슴에 넘쳐 흘러올 때, 우리는 그것을 꿈이라고 말합니다. 하나님의 마음이 가정이나 교회에 비추일 때 우리는 그것을 비전이라고 말합니다. 세상은 결국 꿈꾸는 자에게 무릎을 꿇습니다. 세상은 마침내 하나님의 비전에 따라 변화되고 움직입니다. 만약 우리가 하나님의 마음을 알게 된다면, 우리는 가만히 앉아 있을 수 없습니다. 우리는 꿈을 안고 일어서게 됩니다. 많은 성경 인물들이 이러한 꿈을 안고 일어설 때 하나님께서는 큰 손으로 도우셨습니다. 그 좋은 예가 에스라와 그의 예루살렘 공동체입니다.

에스라의 예루살렘 공동체는 광장학교에 모여 배우기 시작했습니다. 온몸으로 배우자 그들의 눈이 떠졌습니다. 하나님께서도 새로운 마음을 주셨습니다. 기쁨과 예배가 회복된 예루살렘 공동체는 구원자를 대망하고 준비하는 세상의 소망이 되었습니다.

그 황폐한 땅에서 축 처진 어깨와 한 끼 양식의 가치로 살던 그들이 어떻게 그렇게 신속하게 변화할 수 있었을까요? 성경은 에스라와 교사들은 전심으로 가르쳤고, 백성들은 온 맘으로 듣고 배웠기 때문이라고 말합니다. 그렇습니다. 어떤 경우라도 배움과 가르침이 살아 있다면 희망이 있는 법입니다. 거룩한 학교가 있다면 하나님께서 갖다 쓰실 좋은 그릇은 생겨납니다. 반대로 거룩한 씨가 있지만 '배움·가르침'의 공동체가 없다면, 그 씨앗을 발아시킬 에너지가 없다고 말할 수 있습니다. 하나님 말씀의 학교가 살아 있는 곳이 바로 하나님의 백성이 일어서는 곳입니다.

"…밤나무, 상수리나무가 베임을 당하여도 그 그루터기는 남아 있는 것같이 거룩한 씨가 이 땅의 그루터기니라"(사 6:13).

불편하고 느릴 것 같은 자녀교육이 가장 빠르고 정확하게 세상을 변화시킵니다. 이것이 바로 하나님의 방식이며, '성경적 교육' 전략입니다. 타락한 시대를 고치는 가장 효과적이고 가장 빠른 방법은 우리와 우리의 자녀를 성경으로 회복시키는 것입니다. 마치 예수님 안에서 모세오경을 하나님 백성의 교과서로 계속 가르치는 것처럼, 교육은 계약 갱신과 같아서 자녀 세대를 언약 당사자로 시내 산 앞에 서게 하는 일이라 말할 수 있습니다. 우리의 믿음이 자녀 세대로 내려가지 않으면 믿음은 세상에서 순식간에 사라지게 됩니다. 그래서 성경적 자녀교육은 바른 양육을 넘어 구원의 문제인 동시에 하나님 나라 완성에 대한 거룩한 사역입니다.

우리 시대에 가장 어려운 단어 중 하나가 '교육'입니다. 다양한 제안과 대안이 있지만 근본이 확립되지 않아 토론이 거듭되고 있습니다. 이런 교육 혼돈의 시기에 '교육은 하나님께서 창안하시고 사람에게 주신 언약적 명령'이라는 선포는 시사하는 바가 큽니다. 이를 순수하게 말하자면, '성경적 교육이 모든 교육의 근본이고, 그 교육의 주인은 기독교인'이라 할 수 있습니다. 이런 맥락에서 세상에서 하는 대부분의 교육은 '대안적이면서 부차적 방편'이라 말할 수 있습니다. 그러므로 이 시대 교육의 주체인 기독교인(부모 세대)과 교회는 자녀들을 하나님의 방식으로 양육하고 교육, 훈련시킬 수 있도록 마음을 새롭게 할 필요가 있습니다.

또한 성경적 교육은 다음 세대를 하나님의 사람으로 세우는 매우 적극적인 과정이기도 합니다. 자녀 세대는 그들의 부모 세대와 언어가 다르고 사고방식과 삶의 틀이 다릅니다. 부모와 자녀들이 한 지붕 밑에 살지만 사실 서로 다른 '문화 이방인'입니다. 그러다 보니 이질적 문화권을 이해하지 못하는 관계 안에서 그리고 소통이 원활하지 못한 가정에서, 자녀들은 부모가 말하는 하나님에 대해 반사적으로 거절의 태도를 가질 수 있습니다.

　우리 자녀들이 교회가 나쁘거나 하나님이 싫어서 예배에 빠지거나 하나님 말씀을 듣지 못하는 것이 아닐 수 있습니다. 우리 공동체에는 자녀 세대를 품어 줄 열린 마음과 그들에게 들려줄 입이 없는 것입니다. 비전이 없고 꿈이 없어 그들은 방황합니다. 하나님께 받은 귀한 재능을 발현시키기는커녕, 시대의 잣대에 휘둘려 우리 자녀들은 좌절합니다.

　부모들이 이 시대의 가치 기준이 아니라 진리의 말씀으로, 그리고 선교적 자세로 자녀 세대에게 내려가야 합니다. 우리는 성경에서 모든 시대, 다양한 문화 가운데 임하여 가슴으로 가르치신 참 교사의 모습을 배워야 합니다. 세상이 온통 타락하여 아무런 희망이 없을 때 하나님께서는 한편에서 조용히 경건한 남자와 여자를 택하시고 하나님의 꿈을 담을 그릇을 만드십니다. 경건한 부모에게서 한 아이를 낳게 하셔서 모세로 세우셨습니다. 한나를 통해 사무엘을 부르셨고, 마리아의 순종을 통해 온 인류의 구세주로 한 아기를 우리에게 보내셨습니다. 예수님은 고통과 수치의 자리에 찾아오셔서 가르치셨습니다. 이와 같이 부모 세대가 자녀 세대에게 다가가서 하나님 나라를 가르치면 그들 역시 변화되어 언약의 백성으로 세워질 것입니다. 이러한 다음 세대를 가르쳐 세우는 일(종적 선교)은 우리 가정과 교회의 사역이며, 동시에 복이 될 것입니다.

　성경에는 다양한 자녀교육방법이 있습니다. 하나님께서는 교육 명령을 내리셨고, 그 방법까지도 성경 안에 펼쳐 놓으셨습니다. 하나님과 예수님께서 직접 시범을 보여주시기도 했고, 하나님의 사람들이 사용한 기법들도 있습니다. 이러한 교육방법이나 기법들을 정리하면 유용하게 사용할 수 있습니다. 또 이것들은 사람이 제시하는 어떤 방법, 과학이 제시하는 어떤 훈련법, 철학과 전통이 말하는 어떤 대안들보다 근본적이며 지혜롭다고 말할 수 있습니다. 왜냐하면 사람을 만드신 분께서 사람을 위해 우주의 모든 법칙을 만드셨고, 그 끝없는 지혜를 성경에 담아 놓으셨으며, 이를 알고 가르치기를 원하시기 때문입니다.

이렇게 하나님은 우리 자녀를 성경적 원리와 방법으로 훈련시키길 원하십니다. 성경에서는 '교육하다, 가르치다, 훈련시키다'라는 말을 '라마드'라고 합니다. 그래서 성경적 교육 시스템을 '라마드 양육·학습 시스템'이라 부를 수 있습니다. 그래서 이 책의 제목을 《라마드 교육》이라 하였습니다.

하나님께서는 야곱의 자손 70명을 4세대 만에 200만 명이 넘게 만드셨으며, 40년 만에 광야학교에서 거룩한 하나님 백성으로 만드셨습니다. 하나님께서는 다양한 방법으로 세상을 운영하시는데, 그 중 '교육'을 적극적인 통치 수단으로 사용하셨습니다. 하나님 스스로 탁월한 교사로 그 백성들을 가르치셨습니다. 예수님께서는 권위 있는 교사로 우리 앞에 서셨습니다. 성령님은 보이지 않는 교사로 언제 어디서든 세심하게 우리를 가르치십니다. 그러므로 하나님께서 창안하신 교육은 우리 시대의 고민들을 해소시키며 다음 시대를 더 아름답고 거룩하게 만드는 데 가장 알맞은 통로입니다.

현재 한국에는 기독교 대안학교, 홈스쿨링 등 성경적 교육을 하는 다양한 교육 공동체가 있습니다. 이러한 성경적 교육 공동체 대부분은 공교육과 비슷한 학제와 교과 내용을 채택하고 있으면서도 보다 적극적으로 기독교 가치를 적용하면서 학생의 개별적 특성과 수준에 맞추어 가르치고 있습니다.

이에 한 걸음 더 나아가 저는 도심형 대안학교를 꿈꾸며, '성경적 가치를 성경적 교육원리와 방법으로' 가르치고자 했습니다. 학생들의 진학과 진로를 위해 커리큘럼을 구성하였지만, 학급 구성이나 교재는 학생들의 수준과 상태에 따라 자유롭게 나누었습니다. 그러다 보니 학생 각자의 교재나 시간표가 다르게 만들어지기도 했습니다.

예를 들어, 중학생이든 고등학생이든 그들의 언어 수준에 따라 동화책이나 초등학교 과정을 먼저 익히도록 했습니다. 책을 많이 읽어 언어 수준과 이해력이 높은 학생은 더 높은 학년들과 수업을 받게 했습니다. 여러 가지 원인으로 학생들의 마음 상태가 꽉 막혀 있을 때는, 몇 개월 동안 교과 과정을 가르치기보다는 그들의 마음과 삶의 태도를 변화시키는 일에 집중했습니다. 왜냐하면 성경적 교육은, 하나님께서 우리 하나하나를 개별적으로 아시고 또 적절하게 고쳐 주시되 개별적인 방법으로 인도해 주시는 것과 같이, 자녀 하나하나 그들의 상태를 파악하여 고치되 개별적으로 적절하게 인도하는, 그 자녀의 성장을 위해 교육하는 일이기 때문입니다.

이 책은 '라마드의 원리', '라마드의 방법들', 그리고 '라마드 적용과 활용'의 세 부분으로 구성되었습니다. '성경적 교육원리와 학습방법'이라는 부제를 가진 《라마드 교육》은 성경 안에 있는 '학교'와 '교사', 그리고 '교육방법'을 찾으려는 노력들입니다. 그리고 성경적 대안학교에서 성경적 교육을 해본 경험들도 함께 나누고자 했습니다.

진심으로 바라기는, 이 책이 '성경적 교육'을 원하는 부모 세대들과 다양한 교육현장의 교사들, 그리고 교육 공동체와 선교적 도전에 도움이 되면 좋겠습니다.

하나님께서 하나님의 방법대로 성경적 가치를 배우고 가르치려는 사람들과 공동체에게 흔쾌히 전능한 큰 손을 들어 도와주시고, 그 자손들을 부모 세대보다 더 아름답고 위대하게 세우실 줄 믿어 의심치 않습니다. 이러한 큰 복을 모든 세대가 누리길 소망합니다.

※ 참고: 성경은 개역한글 성경과 우리말성경을 사용했고, 예화에 나오는 사람들 이름은 가명입니다.

목차 Contents

추천사 - 신반포교회 홍문수 목사 _2
　　　　 인니피드몬트대학원대학교 총장, 국제풀뿌리선교회 국제대표 이희열 선교사 _4
감사의 글 - 이근호 선교사 _6
감사의 시 - 정은희 선교사 _9
들어가기 _12

1부_ 라마드의 원리

1. 언약 명령인 자녀교육(라마드 명령) _29
2. 성경적 인간 이해 _50
3. 자녀는 누구인가? _71
4. 부모의 영향력에 대하여 _83
5. 라마드의 교재와 대상 _95
6. 라마드 교사의 훈련과 양성 _120

2부_ 라마드의 방법들

1. 쉐마 학습법 _134
2. LAL 학습법 _151
3. 샤알 학습법 _157
4. 라마드 학습법 _171

5. 다라쉬 학습법 _183
6. 자카르 학습법 _192
7. 자카르 영상 학습법 _204
8. 아싸 학습법 _211
9. 짤라흐 학습법 _221

3부_ 라마드의 적용과 활용

1. 하자크 52 프로젝트 _235
2. 마알라 120 프로젝트 _247
3. 건강의 습관 강화 훈련 _257
4. DB(데일리 브레드) 활동과 점검 _266
5. 탐방 학습(체험 학습) _274
6. 종합 언어 학습, 외국어 학습 _284
7. 교재 선정하기, 커리큘럼 만들기 _288
8. 독서 습관 키우기 _294
9. 발표하기, 글쓰기 _299
10. 결혼예비학교(예비 부모교육) _303

별첨) DB 양식들 _320

| 1부 |

라마드의 원리(교육원리)

"그렇다면 여호와를 경외하는 사람이 누구입니까?
주께서 그에게 선택할 길을 가르쳐 주실 것입니다
그의 영혼이 잘될 것이요, 그의 자손이 이 땅을 유산으로 얻을 것입니다.
여호와께서는 그분을 경외하는 사람들에게 친밀감을 가지고
그들에게 그 언약을 알리십니다."

시 25:12-14, 우리말성경

•• 이 책은 '라마드의 원리', '라마드의 방법들' 그리고 '라마드의 적용과 활용' 세 부분으로 구성되었습니다. 첫 번째 부분인 성경적 교육의 원리(라마드 원리)는 다음과 같은 근본적 질문에 대하여 하나님의 말씀과 성경 안에서 발견할 수 있는 이야기 가운데 찾아 정리하였습니다.

'하나님께서는 왜 교육제도를 만드셨을까?'
'교육의 목적으로서 성경이 말하는 인간상은 어떠한가?'
'교육의 대상으로서 자녀는 어떤 의미를 가지고 있는가?'
'교사인 부모가 가정에서 어떠한 삶과 선택을 해야 하는가?'
'성경적 교육에서 교재는 무엇이고, 또 성장기에 따라 어떠한 형태의 교육이 있는가?'

자녀교육에 관심이 높거나 교육현장에 계시는 분들과 성경적 교육에 대하여 이야기를 나누면, 많은 분들이 "결과가 어땠어요?"라든지 "성적은 잘 올라가나요?"라는 질문을 합니다. 당연한 관심사이겠지만 우려의 마음이 먼저 듭니다. 왜냐하면 우리들 대부분은 결과를 중시하고 효율성이나 경제적 판단을 먼저 하기 때문입니다.

교육은 한 사람의 삶을 하나하나 쌓아 걸작품을 만들어 가는 일로, 공장의 생산품이나 컨베이어 벨트 위에 올려놓으면 자동 분류되는 택배 상자가 아닙니다. 성경적 자녀교육은 하나님께서 우리 개개인을 부르시고 우리를 이름으로 아셨으며, 오래 참으시고, 갖가지 은혜로 성장시키시는 성화의 과정과 같다고 생각합니다. 그래서 부모혹은 교사는 우리의 다름을 인정하고 우리를 친절하게 인도하시는 성령님의 자상함을 모델로 삼아 자녀 세대를 길러 내야 합니다. 성적 향상과 대학 선택의 기회로 특별한 교육방법을 찾아다닌다면 걸작품을 보기 전에, 금광을 눈앞에 놓고 발걸음을 돌리는 일과 같습니다.

교육의 영향력이 중차대하기 때문에 세상은 현대의 모든 과학기법이나 최첨단 기기와 새로이 발견되는 이론까지 교육현장에 적용하려 애씁니다. 그렇지만 가만히 교육의 내면을 살펴보면, 교육은 비과학적이거나 아마추어적인 점이 많습니다. 이 시대의 많은 교육 프로그램들은 좋은 교사, 알찬 콘텐츠와 과학적 프로그램, 경쟁력 있는 동료 관계와 몇 명의 우수한 졸업생 사진 등을 내세웁니다. 그러면서 이런 교육을 받으면 자녀들이 살아갈 미래를 위해 더 효율적으로 준비시킬 수 있다는 제안을 합니다.

그러나 인간, 즉 '그 사람'에게 관심을 갖는 하나님의 관점에서 볼 때 그러한 시스템이 온전하다고 말하기 힘듭니다. 우리가 경험하는 오늘의 교육은 '과거의 사람이 과거의 일들을 과거의 기법으로 가르쳐 자녀가 예측 불가능한 미래에 과거의 가치 기준으로 성공적인 직업과 삶을 갖도록 준비하는 일'이라 말할 수 있습니다. 우리 자녀의 미래는 과거보다 가치와 삶이 더 빠르게 변화하리라 생각합니다. 그래서 그 자녀가 어떤 사람이 될지, 그 자녀가 배운 지식이나 가치가 미래에 정말 유용할지, 그리고 부모의 기준으로 소위 성공적인 사람으로 행복한 삶을 영위할는지 장담하기 어렵습니다. 또 자녀에게는 어떤 형태의 교육, 어떤 교사, 어떤 교재를 사용해야 좋을지 그 누구도 단언할 수 없는데, 자녀에게 적용할 교육 시스템의 선택 기회는 오직 한 번, 한 가지밖에 없습니다.

어떤 사람은 강남의 교육 프로그램이나 유명한 외국 학습법이 최상의 선택이라고 강변할 수도 있습니다. 또 어떤 사람은, 인간을 만드시고 교육을 통해 길러 내셨으며 언제 어디서나 친절하게 가르치시는 하나님의 성경적 방법을 탁월한 자녀교육으로 선택할 수 있습니다. 이 선택은 부모나 공동체 리더에게 달려 있습니다. 그리고 그 결과는 부모와 자녀 세대가 함께 맛보게 됩니다.

부모와 교사들이 1부의 하나님의 교육원리인 '성경적 교육법'(라마드의 원리)을 먼저 통찰력 있게 보길 바랍니다. 그리고 2부, 3부를 통해 하나님의 교육에 대해 더 구체적인 그림에 접근하게 될 것입니다. 그러면 배워야 할 정해진 양의 교과 내용은 확장된 자녀 마음에 들어가기 쉬워질 뿐더러, 배움의 과정 그 자체가 자녀들의 인격 성장과 재능 개발의 발판이 될 수 있습니다. 부모 세대 역시 복잡한 교육현실에서 더 소중한 선택을 할 수 있고, 자녀 양육과 다음 세대를 길러 내는 일에 귀한 정보들을 얻을 수 있으리라 생각합니다.

하나님께서는 부모를 복의 통로로, 각 가정의 주권자와 목자로 세우셨습니다. 그 자녀들은 부모라는 물가와 초장에서 뛰놀며 새로운 가정의 주인공으로 성장합니다. 아름다운 가정과 행복한 자녀를 위해 선물로 주신 성경적 교육 시스템은 모든 세대를 위한 하나님의 은혜입니다. 성경 안으로 들어와 하나님의 음성을 듣고 지켜 행하는 사람들은 그 약속된 모든 복을 누리게 되리라 믿습니다.

1. 언약 명령인 자녀교육(라마드 명령)

라마드 이야기 1

새마을운동이 대한민국을 뜨겁게 만들던 시기에, 시골 초등학교 5학년이었던 저는 참 좋은 담임선생님을 만났습니다. 당시 시골 교실에는 대부분 꼬질꼬질한 개구쟁이들이 시끌벅적 뛰놀았는데, 수줍음이 많아 외톨이로 구석을 찾는 아이도 있었습니다. 5학년 담임선생님은 그런 아이들을 고루 따스하게 대해 주셨고, 열정적으로 가르치셨습니다.
어느 날부터 선생님은 아이들을 모아 특별한 교외 활동을 시작하셨습니다. 아침 일찍 자원자들을 교문 앞에 모으고 앞산에 같이 올랐습니다. 아이들은 산길에서 장난하다 보면 정상에 이르게 됩니다. 모두 아침 해를 바라보며, 또 아래 동네를 향해 '야호!' 큰 소리를 질렀습니다. 때때로 선생님은 아이들에게 빗자루를 가져오게 하여 신작로 사거리를 청소하거나 쓰레기를 줍게도 하셨습니다. 아이들의 웃음소리, 가슴 가득 차오르는 뿌듯함, 그리고 아침 햇살의 경이로움이 교실 구석만 찾던 한 학생의 마음을 요동치게 만들었습니다. 선생님은 그 학생을 라디오 퀴즈 대회나 독서 대회 같은 활동에 도전하도록 했습니다. 억지로 떠밀려 사람들 앞에 나서는 두려운 상황에 힘들어 했지만 조금씩 자기의 두꺼운 껍질이 깨어지는 소리를 들을 수 있었습니다.

저는 대구에서 태어났지만 여덟 살 때 충청도로 이사하여 시골 초등학교에 입학했습니다. 처음 듣는 저의 말투가 재미있었는지 아이들이 흉내 내며 놀렸습니다. 2학년 때였을 겁니다. 수업 중에 선생님께서 저를 불러 앞에 세우고 어떤 문장을 사투리로 말해 보라고 하셨습니다. 선생님은 아마 교통이 지금처럼 편하지 않던 시절, 먼 지방에서 쓰는 사투리를 원어민(?) 발음으로 듣는 체험의 기회를 학생들에게 주려고 그러셨을 것입니다. 그러나 어린 저는 교실 앞에 혼자 서서 홍당무가 된 채 땀을 뻘뻘 흘려야 했습니다. 그 후로 저는 앞에 나서거나 말하는 것을 좋아하지 않게 되었습니다. 사람을 만나거나 관계를 맺는 일이 어려워졌고, 외진 자리를 찾는 습관이 생겼습니다.

그러던 중에 5학년 담임선생님으로 인해 알을 깨는 기적을 맛보았습니다. 웅장하게 떠오르는 태양을 바라보며 맘껏 소리 지를 수 있게 되었습니다. 새벽 공기가 온몸을 씻어 내는 느낌과, 깨끗하게 청소된 거리를 뒤돌아보며 성취감과 기쁨도 맛볼 수 있었습니다. 5학년 담임선생님께서 다가와 주시지 않았다면 저는 이런 심리적 장애를 넘지 못해 평생 불편함을 안고 살아야 했으리라 생각합니다. 지금도 그분의 이름 앞에 '참 좋으신'이란 형용사를 붙이며 감사드리고 있습니다.

우리 모두는 많은 선생님과 다양한 학교를 가지고 있습니다. 사람은 평생 배워야 한다고 말합니다. 사람이 사회적 동물이라는 말은 교육이 필요한 존재라는 의미입니다. 우리 조상들은 비석에까지

'학생'이라는 겸허한 자의식을 드러내셨습니다. 그런데 사람들은 배우기만 할까요? 가르치기도 합니다. 엄밀히 말하면 모든 사람은 학생이고 또 선생님입니다. 그래서 사람이 교육적 존재라는 말은, 인간은 배우고 가르치는 일 사이에서 살고 있으며, 학생이면서 동시에 교사라는 전제를 내포합니다.

이런 교육적 관점에서 성경을 읽으면, 우리는 그곳에서 자신의 시골 학교와 5학년 담임선생님을 만나게 됩니다. 다채로운 학교와 선생님, 그리고 개구쟁이들이 떠드는 소리를 성경에서 만나게 됩니다. 이처럼 성경은 다양한 '학교 이야기'로 가득 차 있습니다.

1) 광야학교

교육은 하나님께서 창안하셨고, 직접 교사로 그의 백성을 가르치셨습니다. 그 대표적 교육현장이 광야학교입니다. 이스라엘 자손을 나일 강 인큐베이터에서 길러 내신 후 그들을 광야학교에 입학시키십니다. 이집트 지배자들이 두려워할 정도로 숫자는 많았지만 이스라엘이 아직 하나님 나라의 군사로는 부족했기 때문입니다.

출애굽 하기 전 하나님께서 그들의 마음에 하나님에 대한 특별한 그림을 새겨 넣으십니다. 하나님께서는 이집트 모든 종류의 우상을 모세의 양치기 지팡이로 부끄럽게 만들어 생사여탈권을 쥐고 있던 바로를 항복시키셨습니다. 노예의 삶을 강요했던 이집트 제국이 종이호랑이가 되는 광경을 목도하면서 이스라엘 백성들은 홍해를 건너 자유를 얻었습니다. 이런 경험을 통해 하나님은 구원자, 만왕의 왕, 그리고 최고의 신이라는 개념이 이스라엘 가운데 새겨졌습니다.

그런데 더 놀라운 일이 이스라엘을 기다리고 있었습니다. 바로 시내 산에서 있었던 광야학교 입학식이었습니다. '모든 민족 중에서 내 소유가 되겠고, 제사장 나라가 되며, 거룩한 백성이 되리라'는 하나님의 명령을 전해 들은 이스라엘 백성들 앞에 하나님이 직접 강림하십니다. 그 엄숙하고 두려운 장면을 성경은 이렇게 표현합니다.

> "제삼일 아침에 우뢰와 번개와 빽빽한 구름이 산 위에 있고 나팔 소리가 심히 크니 진중 모든 백성이 다 떨더라…시내 산에 연기가 자욱하니 여호와께서 불 가운데서 거기 강림하심이라 그 연기가 옹기점 연기같이 떠오르고 온 산이 크게 진동하며 나팔 소리가 점점 커질 때에 모세가 말한즉 하나님이 음성으로 대답하시더라"(출 19:16-19).

모든 이스라엘 백성은 오금이 저리고 정신이 빠질 지경이었습니다. 그들은 여전히 노동자, 농부, 그리고 노예의 마음을 가지고 있었습니다. 시내 산 앞으로 오는 3개월 내내 그들은 광야생활에 대해 불평과 원망을 합니다. 하나님 나라의 군사가 되기 위해서는 마음부터 고쳐야 하기 때문에 광야학교의 입학식은 하나의 행사로 마칠 수 없었습니다. 입학식을 통해 하나님은 이스라엘을 '시험'(נסה, 나사) 하시면서 하나님을 '시험하지 않는' 마음을 갖도록 훈련시키려 하셨습니다.

한 예를 들면, 모세가 하나님 앞에 서서 십계명 돌판을 받는 사이 백성들은 금송아지를 만들며 진짜 정신없는 일을 벌입니다. 하나님의 진노가 불같이 그들에게 임하여 죽음의 공포가 엄습했습니다. 이집트를 이긴 구원자이시며, 모든 신들을 물리치신 하나님이 진노하사 그들에게서 등을 돌리겠다고 말씀하십니다. 그분은 자신들에게 자유를 주셨고, 특별한 백성으로 만들어 준다고 약속하셨던 전능한 하나님이었습니다. 또한 광야에서 어린아이와 같은 자신들을 보호하시고 모든 삶의 공급자이신데, 이제 등 돌려 떠나겠다고 하십니다. 이스라엘은 두려웠습니다.

모세의 목숨 건 중재로 또 한 번의 용서를 받은 이스라엘 백성은 '자기의 몸을 단장하지 아니하고 호렙 산에서부터 그들의 장신구를 떼어 내었다'고 성경은 말합니다. 그리고 장막 짓는 일을 성실히 마치며 하나님의 명령을 지키는 백성으로 점점 바뀌게 되었습니다.

이렇게 이스라엘 광야 공동체는 보잘것없는 자신들을 최고로 대우해 주시고, 또 지혜의 율법과 장막 설계도까지 주시면서 자신들과 함께 지내려 하시는 하나님의 놀라운 은혜를 조금씩 알아가게 되었습니다.

출애굽기 마지막에서 마치 초등학교 과정을 잘 마친 듯한 이스라엘의 모습을 이렇게 표현합니다.

> "그가 또 성막과 단 사면 뜰에 포장을 치고 뜰 문의 장을 다니라 모세가 이같이 역사를 필하였더라 그 후에 구름이 회막에 덮이고 여호와의 영광이 성막에 충만하매…구름이 성막 위에서 떠오를 때에는 이스라엘 자손이 그 모든 행하는 길에 앞으로 발행하였고 구름이 떠오르지 않을 때에는 떠오르는 날까지 발행하지 아니하였으며 낮에는 여호와의 구름이 성막 위에 있고 밤에는 불이 그 구름 가운데 있음을 이스라엘 온 족속이 그 모든 행하는 길에서 친히 보았더라"(출 40:33-38).

이렇듯 시내 산 입학식은 어느 날 몇 시간 동안의 행사가 아니었습니다. 출애굽에서부터 교장실로 사용될 장막이 완성될 때까지 한 해 가까이 걸리는 장편 드라마였습니다. 하나님의 이와 같은 연출 목적은 이스라엘을 변화시키는 데 있었습니다. 이스라엘 백성은 결국 노동자, 농부, 노예의 마음에서 하나님 백성의 마음으로 변화하고, 하나님을 경외할 수 있는 사람으로 바뀌었습니다. 이러한 광야학교의 입학식 과정 가운데 생겨난 특별한 경험들을 통해 이스라엘 백성들의 내면에는 지우기 힘든 하나님에 대한 경외심과 사랑이 각인되었다고 생각합니다.

이제 그들은 하나님의 신호등을 이해하며 따를 수 있었습니다. 이스라엘은 광야학교의 경이로운 입학식과 초등학교 과정을 통과하였습니다. 그리고 이스라엘은 새 학기를 맞이하였고, 광야학교의 중등 과정 커리큘럼이 시작됩니다.

그런데 이렇게 이스라엘 백성의 내면 혹은 그들의 유전자까지 변화시킬 만한 엄청난 교육과정을 거치게 한 이유가 무엇일까요? 그것은 입학식의 선서, 즉 시내 산 언약의 중요성 때문이라 생각합니다. 언약 체결의 주요한 내용을 모세는 신명기에서 이렇게 요약해서 말합니다.

> "오직 너는 스스로 삼가며 네 마음을 힘써 지키라 두렵건대 네가 그 목도한 일을 잊어버릴까 하노라 두렵건대 네 생존하는 날 동안에 그 일들이 네 마음에서 떠날까 하노라 너는 그 일들을 네 아들들과 네 손자들에게 알게 하라 네가 호렙 산에서 네 하나님 여호와 앞에 섰던 날에 여호와께서 내게 이르시기를 나를 위하여 백성을 모으라 내가 그들에게 내 말을 들려서 그들로 세상에 사는 날 동안 나 경외함을 배우게 하며 그 자녀에게 가르치게 하려 하노라 하시매"(신 4:9-10).

언약의 중심 내용은 '하나님은 왕이 되시고, 이스라엘은 그의 나라 백성이 되는' 일입니다. 이를 위해 이스라엘 백성에게 '하나님 경외함을 배우게 하며 그 자녀에게 가르치는 일'이 중요했습니다. 그래서 언약 백성은 "네가 눈으로 본 그 일을 잊어버리지 말라. 네가 생존하는 날 동안에 그 일들이 네 마음에서 떠나지 않도록 조심하라. 너는 그 일들을 네 아들들과 네 손자들에게 알게 하라"는 명령을 지켜 행해야 합니다. 이 말씀은 자녀교육 혹은 성경적 교육에 대한 하나님의 명령입니다. 저는 이것을 '언약적 교육 명령'이라 말합니다.

이스라엘은 '언약적 교육 명령'을 받았지만 그 실천방법을 알지 못했습니다. 그래서 이 일을 위해 하나님께서 직접 이스라엘 백성을 광야에서 가르치고자 하셨습니다. 하나님께서는 시내 산 강단에서 모세를 수석 교사로 임명하셨습니다. 여러 날 동안 하나님께서는 높은 시내 산 강단에서 훈시하시기도 하고, 모세를 불러 교재도 만들어 주며 설명해 주십니다. 모세는 각 반 담임선생님에게 이를 전달하고 학교와 아이들을 돌봅니다. 하나님께서는 온 학교가 가르치고 배우는 뜨거운 열기를 흐뭇해하시며 천막으로 지어진 교장실로 들어가십니다.

이렇게 광야 기숙학교의 새 학기가 시작되었습니다. 이스라엘 백성은 새로운 식사법과 생활규범을 배웁니다. 건강 식사가 제공되고 이를 절제 있게 먹는 법을 배웁니다. 족속과 가정의 장소가 지정되며, 매일 교장실 중심으로 사는 삶을 배웁니다. 입학생들은 이러한 가벼운 훈련에서부터 시작하여 점차 진을 치고 행진하는 군사훈련까지 받게 됩니다. 이 교육현장은 특이하게 부모 세대와 자녀 세대가 다 한 교실에서 서로 배우며 서로 가르칩니다. 이 광야학교 40년 커리큘럼은 꽤 길다고 생각되지만, 이스라엘 학생들의 출신이나 엄청난 숫자를 고려할 때 역사상 가장 성공적인 졸업식을 만든 교육과정이라 생각됩니다. 결국 광야학교 졸업생들은 하나님 명령을 따를 수 있는 군사로 바뀌었습니다.

> "곧 그들이 여호와의 명을 좇아 진을 치며 여호와의 명을 좇아 진행하고 또 모세로 전하신 여호와의 명을 따라 여호와의 직임을 지켰더라"(민 9:23).

하나님께서 광야학교에서 이스라엘 백성을 직접 교육하신 목적은 크게 세 가지입니다.

첫째, 이스라엘 백성에게 하나님은 누구이신지를 가르쳐 주시려 하였습니다.

> "나는 너희의 하나님이 되려 하여 너희를 애굽 땅에서 인도하여 낸 여호와 너희 하나님이니라 나는 여호와 너희 하나님이니라"(민 15:41).

둘째, 언약하셨던 가나안 땅을 정복하여 하나님 나라를 세울 수 있는 군사로 만들기 위해서입니다.

> "내가 아브라함과 이삭과 야곱에게 주기로 맹세한 땅으로 너희를 인도하고 그 땅을 너희에게 주어 기업을 삼게 하리라 나는 여호와로라 하셨다 하라"(출 6:8).

셋째, 택한 백성 이스라엘이 하나님 나라의 백성이 될 수 있도록 성결하고 거룩한 삶을 살 수 있게 만드는 일입니다.

> "너는 이스라엘 자손의 온 회중에게 고하여 이르라 너희는 거룩하라

나 여호와 너희 하나님이 거룩함이니라"(레 19:2).

이 목표를 달성하기 위해서는 가르치고 또 배우는 성경적 교육방법이 필요하고, 또 그것이 가장 좋은 수단입니다. 이 성경적 교육이 언약 백성 가운데 실천되도록 하나님께서 학교를 세우고 40년간 교장실을 지키셨다고 생각합니다. 그러면서 하나님께서는 언약의 성취를 위해 필수적 수단이면서 핵심 과정으로 교육을 언약의 중심 명령으로 선포하셨습니다.

하나님의 구원계획에서 백성들을 가르치고 그들이 다시 자녀 세대를 부지런히 가르치는 일은, 하나님 나라를 건강하게 유지시키는 핵심 요소입니다. 배우지 않고서 하나님을 알 수 없고, 자녀 세대에게 가르치지 않고서는 언약과 그 성취가 완성될 수 없기 때문입니다.

우리는 이 중요한 언약 명령을 좀 더 세심하게 살펴볼 필요가 있습니다. 시내 산 언약 가운데 "그들로 세상에 사는 날 동안 나 경외함을 **배우게** 하며 그 자녀에게 **가르치게** 하려 하노라"에서, '배우다'라는 동사와 '가르치다'라는 말이 히브리어 동사 '**라마드**'(למד) 한 개로 표현되고 있습니다. 라마드 동사원형이 용법에 따라 방향성이 다른 두 개념으로 사용되고 있는 사실에 주목할 필요가 있습니다. '라마드'라는 동사 어근에서 우리는 교육의 원리와 성경적 교육방법에 대해서도 중요한 암시를 얻을 수 있습니다(성경적 교육방법은 '2부 라마드의 방법들'에서 자세히 설명하겠습니다).

이처럼 **라마드**(למד)는 '**배우다, 가르치다, 훈련시키다**'의 뜻을 가지고 있습니다. 그런데 이 말이 신명기 5장 1절에서는 '배우다'로, 신명기 4장 1절에서는 '가르치다'로 해석됩니다. 신명기 4장 10절에서는 두 번 사용되는데, 한 번은 '배우다'로, 그 뒤의 '라마드'는 '가르치다'로 해석됩니다.

하나님께서는 모든 백성과 언약을 맺으면서 '라마드(למד)하라'(배우고 가르치라)고 명령하신 것입니다. 그러므로 '라마드'라는 단어 안에는 하나님의 백성이 '학생이고 또 교사'라는 의미가 들어 있습니다. 이처럼 교육 명령어인 '라마드'는 부모 세대 혹은 교사들이 먼저 라마드(배우다)해야 하고, 또 돌이켜 자녀들을 라마드(가르치다)하라는 이중 명령으로 이해할 수 있습니다. 또한 브루스 윌킨슨의 《배우는 이의 7가지 법칙》에서 말하듯 '배우다'라는 라마드가 피엘형(Piel)인 경우 일반적으로 피동적 의미로 해석되는데, 히브리어 피엘형은 '어근의 행동에 자발적이며 또한 적극적으로 반응하게 만드는 것'을 암시합니다.

예를 들면, '배우다'(라마드)의 피엘형을 사용한 신명기 4장 1절 '가르치다'라는 의미를 좀 더 세밀하게 해석하여 이해하자면, '가르칠 때 학생들이 자발적이며 적극적으로 배우도록 만들어야' 한다는 의미가 됩니다. 이처럼 라마드(למד) 개념을 '가르침·배움의 상호작용'을 교육이라고 말할 때, 교육은 가르치는 사람(교사)의 일로써 교사 혹은 부모는 학생과 교육내용 사이에 통로이며, 학생들이 배워서 변화되게 만들어야 하는 교육 주체임을 알 수 있습니다. 그래서 이러한 성경적 교육개념에서 학습 결과에 대한 평가도 엄밀히 말하자면, 자녀들과 학생들이 배웠지만 '변하지 못하면 제대로 가르치지 않았기 때문'이라는 역설적 평가가 가능합니다. 이처럼 성경적 교육을 한다는 의미는 바로 '라마드한다'는 말인데, 이는 먼저 성실하게 배운 사람이 라마드 교사가 되어 '자녀들에게 배움을 야기하도록' 가르쳐야 한다는 하나님의 교육방식을 말합니다.

'라마드 교육'(Lamad Education System)에 대해 정의를 이렇게 내려 봅니다.

> 라마드란, 자녀 세대가 성경적 가치를 실천하는 하나님의 사람이 될 수 있도록 만드는 성경적 교육 시스템으로, 하나님께서 언약 가운데 명령하신 자녀교육의 원리이다.

라마드 성경적 교육은 광야학교에서뿐 아니라 모든 시대 하나님의 백성이 반드시 행해야 합니다. 그런데 하나님께서 이런 언약적 교육 명령을 하신 이유가 무엇일까요?

'라마드'는 언약을 가능하게 만드는 하나님의 지혜이기 때문입니다.
우리는 교육 명령을 제대로 파악하기 위해 하나님의 언약에 대해 좀 더 깊이 이해할 필요가 있습니다.

하나님께서는 인간의 회복과 구원을 위해 다양한 은혜를 베푸셨습니다. 그러한 은혜 중심부에 하나님의 언약이 있습니다. 언약은 인간 구원을 위한 가장 적극적인 방법 중 하나이고, 또한 하나님께서 스스로 인간과 함께하시려고 내려오신 곳입니다.

언약을 체결할 때, 하나님은 왕이 되시고 인간은 그 백성이 되어야 함을 천명하면서 규칙을 정하게 됩니다. 언약의 규칙을 지키면 복이 있고, 어기면 저주를 받을 것이라고 서로 약속을 합니다. 그런데 하나님께서는 언약을 체결하실 때 당 세대 어른 이스라엘 백성뿐 아니라 나그네와 먼 곳의 백성들, 그리고 자녀들과 아직 생기지도 않은 손자 세대까지 포함시키십니다. 그 이유가 무엇일까요?

언약의 희극적이고 또한 가장 은혜로운 점은, 바로 인간이 하나님의 계약 당사자가 된다는 사실입니다. 인간은 어떠한 이유로도 하나님의 계약 당사자가 될 자격이 없습니다. 하나님의 무한한 지혜와 능력에 비하여 인간은 전혀 그렇지 않습니다. 하나님은 절대적으로 신실하시지만 인간은 약속을 잘 지키지 않습니다. 하나님의 영원함에 비하여 인간은 유한적 존재일 뿐입니다.

  이 계약이 얼마나 모순된 것인지를 보자면, 계약 당사자가 계약을 유지할 수 있는 능력이 있어야 그 계약이 성립될 수 있고, 그래야 혹 계약을 지키지 못할 때 적절한 책임을 물을 수 있습니다. 그런데 인간은 기본적인 규칙마저 지키지 못하였습니다. 사실 언약에 있는 규칙들은 지킬수록 유익이 되게 하는 하나님의 배려가 담긴 것들입니다. 그럼에도 불구하고 인간의 고집과 죄성으로 자기 마음대로 행동하며 약속을 식은 죽 먹듯 어겼습니다. 언약 가운데 포함된 인간을 위한 하나님의 복은 대단히 커서 단순 계산으로도 하나님이 불리하고 인간에게만 유익한 이상한 계약입니다. 또 한편으로는 영원한 하나님과 유한한 인간이 계약 당사자가 되는, 본질적으로 불가능한 계약이기도 합니다. 이처럼 언약이 얼핏 모순 덩어리처럼 보이지만, 하나님은 이스라엘뿐 아니라 인류 전체를 하나님의 백성으로 만드는 일에 언약이라는 지혜를 사용하셨습니다.

  하나님께서는 유한한 인간이 무한하신 하나님과의 언약이 가능하도록 먼저 당사자뿐 아니라 나그네를 포함한 그 시대의 모든 사람들과 계약을 맺으셔서 공간적인 한계를 넓히셨습니다. 또한 하나님께서는 언약에 자녀의 세대를 포함시킴으로 시간의 한계를 확장하셨습니다. 그러므로 하나님의 언약은 우주적이며 종말론적인 계약이 될 수 있었던 것입니다. 이러한 지혜를 통해 하나님께서는 언약을 모든 시대, 모든 사람에게 실질적인 효력이 있도록 만드셨습니다.

그래서 오늘날 우리 역시 지역과 시간, 또 삶의 모습이 어떠하든 모두 언약 안의 사람으로 살고 있는 것입니다.

> "여호와께서 이왕에 네게 말씀하신 대로 또 네 열조 아브라함과 이삭과 야곱에게 맹세하신 대로 오늘날 너를 세워 자기 백성을 삼으시고 자기는 친히 네 하나님이 되시려 함이니라 내가 이 언약과 맹세를 너희에게만 세우는 것이 아니라 오늘날 우리 하나님 여호와 앞에서 우리와 함께 여기 선 자와 오늘날 우리와 함께 여기 있지 아니한 자에게까지니"(신 29:13-15).
>
> "여호와께서 또 가라사대 내가 그들과 세운 나의 언약이 이러하니 곧 네 위에 있는 나의 신과 네 입에 둔 나의 말이 이제부터 영영토록 네 입에서와 네 후손의 입에서와 네 후손의 후손의 입에서 떠나지 아니하리라 하시니라 여호와의 말씀이니라"(사 59:21).

하나님께서는 언약을 맺으실 때 '너와 네 주변 사람과 네 자손들'이라는 문구를 관용적으로 사용하셨습니다. 그리고 하나님께서 제시하신 규칙 역시 '너와 네 주변 사람과 네 자손들'도 지켜야 하며, 그들에게도 언약적 복과 저주가 역시 적용된다고 말씀하셨습니다. 그렇다면 다음과 같은 심각한 문제가 제기될 소지가 있었습니다.

언약을 체결한 당 세대는 모세의 가르침을 받아 언약 내용을 알았고, 또 지키기 위해 노력하였을 것입니다. 그런데 만약 부모 세대가 자녀들에게 언약을 가르치지 않는다면 그들은 언약을 알 수 없고, 지킬 수 없을 것입니다. 다음 세대는 하나님을 모르게 되므로 당연히 언약을 지키지 않게 됩니다. 그러면 언약을 지키지 않은 것에 책임을 묻기도 어려울 것입니다. 이러한 우를 방지하고 언약이 당 세대뿐 아니라 다음 세대로 이어지기 위해서는 언약 안에 전략이 필요합니다.

배우고 가르치는 일이 없다면 언약은 유지될 수 없습니다. 이처럼 교육 명령은 언약을 지키는 일에 중요한 전략이며 지혜입니다. 그래서 하나님께서는 언약을 체결하실 때 배우고 가르치라는 '라마드'를 언약의 핵심 명령으로 삽입하셨던 것입니다. 이처럼 라마드는 하나님의 언약 안에 포함된 명령입니다. 그것은 지켜도 되고 안 지켜도 되는 규칙이 아니라 복과 저주에 대한 선택을 의미합니다. 이처럼 라마드는 우리와 우리의 자녀들을 복으로 초대하시는 하나님의 은혜의 장치입니다. 라마드를 통해 유한자인 우리와 우리의 자녀가 언약의 주체가 되며, 영원한 하나님 나라의 백성이 되기 때문입니다.

이러한 성경적 교육(라마드)은 성경 전체를 아우르는 구원의 이야기를 구성하고 있습니다. 왕들과 선지자를 통해, 거룩한 부모들을 통해 라마드 명령은 지켜져 왔습니다. 명령에 순종하는 자들에게 자녀의 복으로, 형통의 복으로 그들의 선함을 드러내셨습니다. 이와는 반대로 교육 명령에 불순종하는 자들에게는 악하다는 명찰을 달게 하셨던 것입니다.

2) 예수님의 학교들

성경적 교육은 우리 주 예수님의 명령이기도 합니다. 하나님의 언약을 완성하기 위해 오신 예수님은 '가르치는 일'을 중요하게 여기셨습니다. 주님의 사역 중심에 가르침이 있었으며, 제자들에게 "가르쳐 지키게 하라" 명령하며 지상사역을 마치셨습니다. 교육적 관점에서 복음서의 예수님 사역을 보면, '예수님은 가르치기 위해 오셨고, 어디서나 가르치셨으며, 모든 사람을 가르치라 명령하시고 승천하셨다'고 표현할 수 있습니다. 예수님께서는 하나님의 교육 명령을 교회와 성도의 주요한 사역(혹은 복)으로 주셨습니다.

예수님은 실제로 많은 학교에서 다양한 학생들을 직접 가르치셨습니다. 호숫가 학교, 고깃배 학교, 산상 학교, 평지 학교, 길가 학교, 잔칫집 학교, 초상집 학교, 이방인 학교, 겟세마네 학교, 회당과 성전 학교, 골고다 학교, 부활 학교 등등. 또한 글을 모르는 사람에서부터 유명한 랍비까지, 어린아이에서부터 부모 세대까지, 병자에서부터 죄인에 이르기까지, 유대인과 이방인, 여자와 남자, 가난한 자와 부자와 권력자, 산 자와 죽은 자, 그리고 대적자들에게도 주님은 밤낮 가리지 않고 권위 있고 전달력 높은 방법을 사용하셔서 효과적으로 가르치셨습니다.

예수님께서 가르치는 일을 얼마나 중시하셨는지 한 예를 마가복음에서 찾아볼 수 있습니다.

> "예수께서 나오사 큰 무리를 보시고 그 목자 없는 양 같음을 인하여 불쌍히 여기사 이에 여러 가지로 가르치시더라"(막 6:34).

예수님께서는 사역을 시작하자마자 여러 촌에 두루 다니시며 가르치셨습니다. 얼마 뒤 열두 제자를 부르시고 더 넓은 지역으로 파송하셨습니다. 많은 사역으로 피곤한 예수님은 제자들과 함께 쉬려고 배를 타고 한적한 곳으로 가셨습니다. 그러나 그곳까지 많은 사람들이 찾아와 식사할 틈도 없을 지경이 되었습니다. 그들은 대부분 평범하거나 가난하고 병든 사람들이었습니다. 그때 예수님은 모여든 무리를 보고 불쌍한 마음이 들었습니다. 배고프고 병들어 아픈 사람들을 보고 우리 주님께서는 마음이 찢어지는 듯한 아픔을 느끼셨던 것입니다.

'불쌍히 여겼다'고 할 때 사용한 헬라어가 '스프랑크니조마이'(σπλαγχνίζομαι)입니다. 이 단어는 구약성경에서 '라함'(רחם)의 번역어로 사용됩니다(참고, 출 33:19; 사 55:7; 눅 7:13). 이 말의 원래 의미는 '자궁, 모체, 내부 장기'를 말합니다. 어떤 사람이 '라함 혹은 스프랑크니조마이'하다는 말은, 불쌍한 감정 혹은 긍휼한 마음을 가졌다는 것을 의미합니다. 지금 예수님은 앞에 모인 많은 사람들을 보시고 이런 감정을 느끼셨습니다. 그래서 기꺼이 은혜를 베푸십니다.

이 이야기는 다른 복음서에서는 그들에게 먹을 것을 주시는 오병이어의 기적 이야기로 이어집니다. 그러나 마가복음에서는 예수님은 '여러 가지로 가르치기' 시작하셨으며, 가르침이 끝난 후에 그들의 필요를 채워 주셨다고 기록하고 있습니다. 우리는 마가복음의 이야기를 통해 예수님은 가르치는 일을 무엇보다 중요하게 여기셨다는 사실을 알 수 있습니다. 그래서 주님은 이 땅에 오셨을 때 가르치기 위해 먹을 것도 주시고, 가르치며 병도 고쳐 주셨고, 더 널리 가르치기 위해 제자를 양육하셨다고 말할 수 있습니다.

3) 교회와 성령님의 학교들

예수님의 제자들과 초대교회들은 어떻게 했을까요?
예수님의 제자들은 예수님의 가르치는 사역을 직접 보고 배웠습니다. 그리고 예수님께서 마지막으로 명령하신 일을 하기 시작했습니다. 그들은 복음을 전하고 제자로 세워 세례를 주고 지켜 행할 수 있도록 가르쳤습니다. 도처에 교회가 시작되었고, 교회 역시 예수님과 제자들의 명령을 수행하며 하나님의 언약적 명령인 가르치는 사역을 감당하였습니다.

신약성경의 '가르치다'라는 개념 역시 라마드의 본질을 갖고 있습니다. 신약성경에서 '가르치다'라는 헬라어는 '디다스코'(διδασκω)라는 단어를 주로 사용합니다. 이 말의 어근적 의미로는 '어떤 사람으로 하여금 어떤 것을 받아들이게 하다'입니다. 헬라적 전통에서 학습자나 제자는 스승으로부터 전문적인 기술, 예술, 지식, 사상 등을 배웁니다. 이때 학습자는 스승에게 완전히 소속되고, 경우에 따라서는 함께 생활하기도 합니다. 그리고 스승은 삶과 반복적인 학습활동을 통해 자신의 지식을 철저하게 습득시킵니다. 따라서 디다스코(διδασκω)는 학습자의 지식 습득과 그의 발전을 목표로 삼는 실체적 가르침을 의미합니다.

디다스코(διδασκω)는 신약성경, 특히 복음서에 많이 사용되었습니다. 유대인 회당이나 성전은 권위와 질서 있는 교육을 하는 기관이기도 합니다. 예수님 역시 회당과 성전 중심으로 사역하셨습니다. 예수님께서 가르치는 방식은 그 시대의 유대인 교사들이 가르치는 방식처럼 일어나서 성경을 읽으신 후 앉아서 풀이하는 것이었는데, 이것은 통상적인 유대교와 랍비들의 관습이었습니다. 예수님은 제자들과 무리들에게 하나님 나라 그리고 이웃과의 관계 등에 대해 더 세밀하고 더 강력한 가치들을 가르치시고 해설하셨습니다.

또한 우리 주님께서 직접 이 가르침을 실천하시며 이 온전한 율법을 각자의 삶에서 행하라고 명하셨습니다. 왜냐하면 예수님의 '가르침'(디다스코)은 단순히 지식 전달만을 의미하지 않고 삶의 변화를 가져오게 하며, 결국 행동과 실천이라는 열매가 있는 교육이기 때문입니다. 이처럼 예수님의 가르침(디다스코) 역시 언약적 명령인 '가르침'(라마드)의 핵심과 같으며, 라마드를 직접 실천하여 제자와 교회에 새로운 학교들을 세워 주셨습니다.

유대교에 깊은 이해를 가지고 있던 바울 역시 하나님의 언약적 명령을 따라 예수님의 십자가와 부활을 통한 하나님 구원의 은혜를 가르쳐 사람들과 교회를 세웠습니다. 영으로 낳은 디모데나 디도 등 다음 세대를 자상하게 가르치는 그의 모습 가운데 하나님의 선한 뜻이 다음 세대로 아름답게 이루어져 가는 것을 볼 수 있습니다. 배우고 가르치는 전통은 그를 통해 교회와 교회 지도자들을 통해 계속 이어졌고, 또 이러한 위대한 바울의 사역을 오늘 우리와 교회가 이어받았습니다. 현재의 우리 모습 역시 라마드의 연속성과 은혜 아래에 있으며, 우리의 다음 세대 역시 우리처럼 라마드 가운데 세워질 것입니다. 그래서 지금도 바울과 같은 고백이 필요합니다.

> "우리가 그를 전파하여 각 사람을 권하고 모든 지혜로 각 사람을 가르침은 각 사람을 그리스도 안에서 완전한 자로 세우려 함이니 이를 위하여 나도 내 속에서 능력으로 역사하시는 이의 역사를 따라 힘을 다하여 수고하노라"(골 1:28-29).

그러므로 예수님의 몸인 교회의 본질 중 하나는 가르침에 있습니다. 하나님의 언약적 명령은 하나님 나라의 통치 방법이고, 또한 하나님 나라 확장의 위대한 전략이었습니다. 하나님은 자기 백성을 가르쳐 하나님을 경외하는 일과 성경적 가치를 삶 가운데 지켜 행하게 하셨습니다. 잘 배운 사람이 돌아서서 이웃들에게 그리고 자녀 세대에게 가르치면 온 세상이 하나님을 알게 되고, 하나님 나라가 확장됩니다. 이 위대한 사역을 제자들과 교회가 이어받았습니다. 사도행전에서는 이와 같은 가르치는 일이 연쇄적으로 확대되어 간다고 증거하고 있습니다.

> "저희가 날마다 성전에 있든지 집에 있든지 예수는 그리스도라 가르치기와 전도하기를 쉬지 아니하니라"(행 5:42).
> "담대히 하나님 나라를 전파하며 주 예수 그리스도께 관한 것을 가르치되 금하는 사람이 없었더라"(행 28:31).

성령님 역시 예수님의 사역을 통해 하나님의 마음을 우리에게 가르쳐 주고 계십니다. 성도가 약해지지 않도록 도와주시고, 교회가 더 거룩해지도록 인도하십니다. 또한 우리를 매일 도우시는 성령님은 우리가 예수 그리스도의 분량에 이르도록 가르치고 훈련시키는 일을 쉬지 않으십니다. 그래서 가정이 학교가 되고 삶의 현장 역시 생명력 있는 학교가 될 수 있는데, 이는 성령님께서 직접 '5학년 담임선생님'으로 학생 곁으로 다가오셔서 가르쳐 주시기 때문입니다.

> "보혜사 곧 아버지께서 내 이름으로 보내실 성령 그가 너희에게 모든 것을 가르치시고 내가 너희에게 말한 모든 것을 생각나게 하시리라"(요 14:26).

우리와 교회가 이러한 하나님의 마음과 계획을 깨닫는다면 우리는 성경의 가치를 배우고 삶에서 지키려 할 것입니다. 성령님의 친절한 지도 아래 우리는 매일 배우고 또 매일 가르치면서 하나님 나라 백성의 복을 누리며 살게 됩니다. 또한 우리는 돌아서서 하나님께서 주신 각자의 재능과 삶을 통해 하나님의 마음을 이웃에 전하고, 다음 세대에게 가르치게 될 것입니다. 우리 삶이 언약에 충실한 모습으로 바뀌게 되고, 다음 세대가 더 지혜롭고 더 거룩해질 것입니다.

이처럼 우리는 성경에서 라마드 성경적 교육의 기초 원리를 다음과 같이 알게 되었습니다.
① 교육은 하나님께서 창안하신 제도로서, 언약 안에 있는 교육명령은 교육의 원천이며 원리이다.
② 성경적 교육은 부모와 자녀 세대를 영원한 복으로 인도해 주는 하나님의 은혜와 지혜이다.
③ 성도는 라마드 교육의 주인공으로, 성경적 교육을 성실히 배워 부지런히 가르쳐야 한다.

은혜이며 지혜인 성경적 교육이 성도의 소유물이라는 사실은 시사하는 바가 매우 큽니다. 세상에서 어떤 형태의 교육이라도 모두 성경에서 유래되었습니다. 어떤 학습법이나 양육법이 선호되고 널리 퍼져 나가도 그것 역시 하나님의 지혜 아래 있습니다. 세상의 모든 교육이 하나님으로부터 시작되었기 때문에 우리는 교육의 무거운 짐들을 성경 안에 내려놓을 수 있습니다.
먼저 하나님 백성의 가정과 교회는 교육의 주인이라는 마음부터 가지면 좋겠습니다. 교육의 원리와 방법이 성경 안에 있고, 우리는 성경을 선물로 받은 사람들이기 때문입니다. 우리가 성경을 통해 잘 배우고 또 돌아서서 우리의 다음 세대를 가르치는 일은 마땅합니다. 그리고 이를 지켜 행함으로 하나님의 언약의 복과 주님의 은혜를 받아 누리면 좋겠습니다. 우리가 마음을 열고 성경 안으로 들어가면, 우리는 이 시대 모든 교육의 주인이고 주체라는 사실을 알게 됩니다. 그리고 하나님께서는 교육원리와 방법까지도 다 알려 주셨고,

또 삼위일체 하나님께서 역사 가운데 직접 교사로 부지런히 가르치신다는 사실도 발견할 수 있습니다. 그러므로 이 교육원리와 방법들을 찾아내어 이 시대의 자녀들을 위해 사용한다면 더 밝고 복된 세상을 기대할 수 있다고 믿습니다. 꿈을 안고 일어서는 사람들에게 하나님께서는 돕는 손으로 함께하실 것입니다.

배우는 마음은 가난한 마음입니다. 삼위일체 하나님께서는 가난한 마음을 가진 모든 부모들에게 힘과 지혜와 강건함과 존귀함을 주셔서 세상의 가치를 능히 이기게 해주실 것입니다.

> "여호와여 주의 징벌을 당하며 주의 법으로 교훈하심을 받는 자가 복이 있나니"(시 94:12).

2.
성경적 인간 이해

라마드 이야기 2

중학생 하영이는 자타가 인정하는 모범생입니다. 매일 아침 허리까지 오는 긴 머리를 단정히 빗고 또각또각 학교로 들어오면 머리카락도 찰랑찰랑 함께 등교합니다. 하영이를 부르는 몇 개의 별명이 있습니다. '바른 아이', '문학소녀', 그리고 '긴 머리 소녀'입니다.

그러던 어느 날 갑자기 교칙이 변경되었습니다. 커트나 단발머리 중 하나로 머리를 단정히 하라는 '단발령'이 떨어졌고, 그 소식은 학생들과 하영이에게는 충격 그 이상이었습니다. 단발령 시행 마지막 날 하영이는 평생 처음 결석을 했습니다. 긴 머리를 자르고 짧은 머리를 해야 하는 상황이 너무 힘들었고 그 변화가 두려웠으며, 또한 단발령을 내린 학교의 권위에 반항심이 생겼기 때문입니다. 그러나 미용실에 들어서서 변해 가는 자신을 거울을 통해 바라보며, 하영이는 뭘 두려워했던 것인지 점차 잊게 되었습니다. 머리를 자르고 나니 별일 아니라는 생각이 들었습니다. 며칠 마음고생을 하고 급기야 학교 권위에 반항하며 결석까지 했던 자신이 어이없어집니다. 만약 학교에서 단발령이라는 기회를 주지 않았더라면 넘기 어려웠을 경계선, 맛보지 못할 변화였다는 생각도 들었습니다.

다음 날 하영이는 짧게 자른 머리를 하고 교실에 나타났습니다. 더 이상 긴 머리 소녀는 아니었지만 짧은 머리도 잘 어울린다는 선생님과 아이들의 칭찬은 더 넓은 마당으로 나선 하영이의 마음을 따스하게 해주었습니다. 하영이는 매일 아침 머리를 감거나 말릴 때도 수월하고 머리가 더 가벼워진 새로운 경험을 맛보았습니다. 머리는 매일 자란다는 것, 다시 기를 수도 있다는 것, 그리고 스타일은 바뀔 수도 있다는 것을 깨달았습니다. 두려워하는 것은 두려워하는 그 마음으로 뛰어넘고 나니 별것 아니란 사실을 깨달은 것입니다.

라마드 이야기 3

초등학생 예은이 오빠는 기가 많이 죽어 있습니다. 오빠라고 해야 겨우 한 살 터울입니다. 동생은 여러 면에서 칭찬받는 우수한 학생입니다. 4학년이지만 오빠의 숙제를 돕기도 하고, 아빠의 지시나 가르침을 더 잘 이해합니다. 예은이 오빠는 잘하는 게 없습니다. 학교 선생님도, 아빠와 엄마도 예은이를 먼저 찾습니다. 오빠는 곧 6학년이 될 텐데 아직 꿈도 없고 성적도 여전히 바닥입니다.

이 오누이가 성경적 교육(라마드 교육) 프로그램에 참여하였습니다. 교사는 두 아이의 관심도와 재능에 대해 관찰하였습니다. 그리고 다양한 놀이와 커리큘럼에 참여하도록 했습니다. 자기 주도적 학습 능력이 있는 예은이는 학습 프로그램에 만족도가 높았고, 놀라운 학습 진보를 보여주었습니다. 교사는 예은이에게 여러 권의 고전 도서를 읽어 보도록 도전시켰습니다. 오빠가 운동신경이 좋다는 것을 알게 된 교사는 오빠를 체육 활동에 참여시키면서 빠른 운동신경이 필요한 탁구를 많이 치도록 배려해 주었습니다. 중학생 형들뿐 아니라 고등학생들도 이기기 시작했습니다. 좀 비싸지만 좋은 라켓도 가지게 되자 학교 대표로, 지역 대표로 출전하게 되었습니다.
학교 시합에서 1등 상을 받자, 예은이 오빠 예찬이는 변하기 시작했습니다. 비교에서 시작된 예찬이의 낮은 자존감과 실패감이 자신감과 행복감으로 서서히 대체되기 시작했습니다. 금세 키도 커져서 동생의 머리를 내려다볼 수 있게 되었습니다. 학습에도 적극적 태도를 보였고, 특히 영어에 관심을 갖고 빠른 진보를 보였습니다. 왜냐하면 예찬이가 꿈을 갖게 되었기 때문입니다. 탁구 선수뿐 아니라 국제 심판을 거쳐 IOC 대한민국 대표가 되려면 기초 학력과 언어의 한계를 넘어설 필요가 있다는 사실을 알았기 때문입니다.

단발령을 통해 더 자유로워진 하영이와 운동으로 마음을 회복한 예찬이는 참 좋은 '5학년 담임선생님'을 만났다고 말할 수 있습니다. 선생님은 아이들 마음을 깊이 헤아렸고, 그 마음에 적절한 격려와 꿈을 주어 더 자유로운 모범생으로, 열정적 학생으로 변하게 하였습니다.
교육은 이렇듯 우리 각자의 '마음'에 대한 어떤 이야기입니다. 마음을 아시는 하나님께서 이 아이들에게 복을 주셔서 더 존귀한 사람으로 성장할 수 있도록 매일 곁에서 도우실 줄 믿습니다.

1) 하나님께서 빚으신 사람의 존귀함 (성경적 인간 이해)

교육의 큰 목적 중 하나는 바른 인격을 갖추게 하는 일입니다. 인간 이해에 대해 여러 관점과 논쟁이 있지만, 라마드 교육에서 성경이 말하는 인간 이해가 자녀 양육과 훈련의 출발점이라 할 수 있습니다. 바른 인간 이해는 학습 커리큘럼이나 다양한 교육 프로그램의 밑그림이 됩니다. 또한 이러한 창조적 인간 이해는 부모와 교사가 자녀를 더 깊이 이해하게 하는 통로인 동시에 각자의 공동체가 지향하는 인격체의 모델을 가질 수 있습니다.

먼저 하나님께서 인간을 만드셨던 현장에 가서 사람이 어떻게 조성되었는지 알아보겠습니다.

"여호와 하나님이 흙으로 사람을 지으시고 생기를 그 코에 불어넣으시니 사람이 생령이 된지라 여호와 하나님이 동방의 에덴에 동산을 창설하시고 그 지으신 사람을 거기 두시고"(창 2:7-8).

하나님께서 말씀으로 천지를 창조(바라)하신 후 사람을 지으십니다(야짜르, יָצַר). 위의 말씀 가운데 '사람'이라는 표현이 세 번 나오는데, 처음과 두 번째 '사람'은 지으시는 과정 중에 있는 미완성의 사람이고, 마지막 '그 지으신 사람'이 바로 '사람' 또는 '인류'의 대표로서 '아담'이라 할 수 있습니다.

한눈에 보아도 천지의 창조와 인간의 창조는 많이 다릅니다. 천지의 창조(바라)는 무에서 유를 말씀으로 만드셨습니다. 그러나 인간 창조 때는 '만들다, 빚다'(야짜르)라는 동사를 사용했는데, 이것은 인간을 만드실 때 하나님께서 특별한 의도를 갖고 손수 애쓰셨다는 표현입니다. 또한 인간은 '흙의 가루'(아파르, עָפָר)라는 재료를 가지고 빚으셨습니다. '아파르'라는 히브리어 단어는 보통 '먼지, 티끌'로 번역되지만 아직 명확한 뜻을 밝혀내지 못했다고 합니다. 혹 '흙의 진수 또는 흙의 어떤 특정 부분'을 의미할 수도 있다는 생각도 해봅니다. 어쨌든 하나님께서 선택하신 물리적 재료로 인간을 빚으셨으며, 하나님께서

코를 통해 생기(니쉬마 하예힘, 히)를 불어넣으셨다는 사실은 인간이 물리적·육체적 소재와 영적 생명체의 결합이라는 점을 알려 주는 것입니다.

하나님의 모습으로 물리적 소재와 영적 소재를 결합하여 빚어내셨지만 아직 '미완성의 사람'이었습니다. 하나님께서 에덴동산에 '그 지으신 사람'을 배치하셨을 때 비로소 '완성된 인간'이 나타났습니다. 7절에 두 번의 '하아담'에서 사용된 히브리어 정관사 '하'는 영어의 'the'처럼 지정된 명사 등을 의미하는 정관사가 아닙니다. 하나님께서 사람을 만드는 일을 마치시고 에덴에서 사역을 감당하도록 하셨을 때, 비로소 사람 혹은 인류를 의미하는 '하아담', 즉 '그 사람'이 되었다고 볼 수 있습니다. 그래서 온전한 '하아담'은 그 구성요소가 구분되어 있으며, 이 요소들이 완전하게 빚어지고 또 통합된 일체를 이룰 때 비로소 '사람'이 된다는 사실을 알 수 있습니다.

창조적 인간의 창조 과정과 구성 요소는 다음과 같습니다.
① 하나님의 디자인 – 우리의 모양과 형상을 따라(특성, 속성)
② 흙에서 가루/먼지(아파르)를 취함 – 외적 재료
③ 하나님의 공교한 빚으심(야짜르) – 솜씨와 의도
④ 하나님의 숨을 불어넣으심(니쉬마 하예힘) – 내적 재료
⑤ 아파르와 루아흐가 합쳐져 생명체(네페쉬 하야)가 됨 – 존재론적 존재
⑥ 네페쉬 하야를 에덴에 배치하고 다스리게 하심(하아담) – 의미론적 존재

"사람이 무엇이기에 주께서 이렇게 마음을 쓰시며 사람이 과연 무엇이기에 이토록 돌봐 주십니까? 주께서 사람을 하늘에 있는 존재보다 조

금 못하게 만드시고 영광과 존귀함의 관을 씌우셨습니다. 또 주의 손으로 만드신 것을 사람이 다스리게 하시고 모든 것을 사람의 발 아래 두셨습니다"(시 8:4-6, 우리말성경).

하나님께서는 이처럼 다양한 소재들을 빚어 한 덩어리로 인간을 창조하셨습니다. 특히 단순한 피조물을 넘어 인간에게 에덴을 다스리는 '사역'을 맡기셔서 하나님의 깊은 속성까지 품은 '그 지으신 사람'이라는 온전한 개념을 갖게 하셨습니다. 그래서 성경적 인간 이해는 '그 역할을 가진 한 덩어리로 창조된 인격체'라 말할 수 있습니다.

창조적 인간 이해를 '한 덩어리'(통합, 연합)의 개념 안에서 찾고자 한 것은, 성경 전반에 걸쳐 '결혼, 가정 공동체, 이스라엘 백성, 하나님 나라, 언약, 예수님과 제자, 세례, 예수님과 교회와 성도, 성찬, 성령님과 믿음, 그리고 성도의 부활과 소망' 등 여러 곳에서 나타나기 때문입니다. 인간은 단순한 유기물이거나 혹은 그것에서 우연하게도 진화된 결과물이라고 가벼이 말하긴 불가능한 존재입니다.

또한 성경에서 인간, 즉 '한 덩어리의 인간 이해'를 적절하게 표현한 말이 '마음'으로 번역되는 '레브, 레바브'(לבב, לב)라는 히브리어 단어라고 생각합니다. 그래서 창조적 인간을 잘 파악하기 위해 '레브'의 어근적 의미와 성경의 사용 실례를 관찰하면서, '레브적 인간 이해'가 라마드 교육에 어떻게 긴요하게 적용되는지에 대해 살펴보겠습니다.

2) 레브와 라마드 (한 덩어리로 창조된 인간과 성경적 교육)

첫째, 히브리어 '레브'는 원래 신체의 내부기관으로 내장, 심장 또는 신장 등과 같은 장기를 말합니다. 레브 또는 레바브의 사전적 의미는 '내부 인간, 마음, 정신, 이해력, 의지'를 의미합니다. 또한 레브는 '마음'으로 번역되면서 인간 내부의 내면, 총체적 본질 혹은 영적인 본질에 대한 가장 풍부한 성경 용어로 사용되었는데, 이는 인간의 모든 영적인 기능이 '마음'에서 기인되기 때문입니다.

"아브라함이 엎드리어 웃으며 심중(레브)에 이르되…"(창 17:17).
"…곧 내 마음(레브)이 지혜와 지식을 많이 만나 보았음이로다"(전 1:16).

둘째, 역대하 24장 4절의 "요아스가 여호와의 전을 중수할 뜻을 두고…"에서 '뜻을 두고'는 히브리어로 '마음에 품다'라는 뜻입니다. 또한 레브는 여러 곳에서 '욕망, 성향, 의지'의 자리를 '마음'으로 표현하였습니다.

"여호와께서 모세에게 이르시되 바로의 마음이 완강하여 백성 보내기를 거절하는도다"(출 7:14).

셋째, '가슴' 혹은 '마음'은 감정의 자리로 생각했습니다. 그래서 '즐거운 마음'(삿 16:25), '겁내는 마음'(사 35:4), '떨리는 마음'(삼상 4:13)들에 대한 표현이 있습니다.

넷째, '마음'은 지식과 지혜의 자리로 간주되며, '정신, 지성'의 동의어로 표현하였습니다(참조, 신 8:5, 29:4). 솔로몬은 다음과 같이 기도했습니다. "…지혜로운 마음을 종에게 주사 주의 백성을 재판하여 선악을 분별하게 하옵소서"(왕상 3:9, 4:29).

또한 기억은 마음의 활동입니다. "…그 말씀을 네 마음에 두라"(욥 22:22). 마음에 두고 품은 하나님의 말씀은 좋은 밭에 뿌려진 씨앗과 같이 싹이 나고 열매를 거두게 됩니다.

다섯째, '마음'은 양심과 도덕적 특성의 자리로 나타납니다. 자신을 변호하면서 욥이 이렇게 대답합니다. "…일평생 내 마음이 나를 책망치 아니하리라"(욥 27:6). 다윗 왕은 자신의 죄책에 대하여, "다윗이…그 마음에 자책하고"(삼하 24:10)라고 회개하였습니다. 이 표현은 '마음'(레브)이 죄를 보고 그 사람을 괴롭게 한다는 느낌을 줍니다. 어떤 의미에서 회개는 '마음'의 어떤 일이며, 그 결과 '마음이 변하여 믿음에 이르게 되는 과정'이라고 말할 수 있습니다.

여섯째, 마음은 인간 행위의 근원으로 제시됩니다. "…나는 온전한 마음과 깨끗한 손으로 이렇게 하였나이다"(창 20:5, 참조: 창 20:6). 다윗은 '정직한 마음'으로 행하였고, 히스기야는 '전심'으로 행했습니다. "손이 깨끗하며 마음이 청결한"(시 24:4) 사람만이 하나님 앞에 설 수 있다고 노래하였습니다.

일곱째, 레브는 반항과 교만의 자리를 나타내기도 합니다. 하나님께서는 "…이는 사람의 마음의 계획하는 바가 어려서부터 악함이라"(창 8:21)고 말씀하셨습니다. 두로 왕과 세상의 모든 사람들에 대하여서도 성경은 "…네 마음이 교만하여 말하기를 나는 신이라 내가 하나님의 자리 곧 바다 중심에 앉았다 하도다…"(겔 28:2)라고 비판합니다. 예레미야 선지자는 그들은 모두 '죄가 마음 판에 새겨진'(렘 17:1)

유다와 같이 되었노라 외쳤습니다.

이처럼 하나님께서는 사람의 마음을 지배하시는 분입니다. 사람의 유일한 소망은 하나님의 약속에 놓여 있습니다. 하나님의 약속은 마음에 대한 선포이기도 합니다.

> "또 새 영을 너희 속에 두고 새 마음을 너희에게 주되 너희 육신에서 굳은 마음을 제하고 부드러운 마음을 줄 것이며"(겔 36:26).
> "하나님이여 내 속에 정한 마음을 창조하시고…"(시 51:10).
> "여호와여 나를 살피시고 시험하사 내 뜻과 내 마음을 단련하소서"(시 26:2).

그러므로 '마음'은 인간의 내적인 존재, 곧 그 사람 자체입니다. 또한 마음은 인간이 행하는 모든 것의 근원이기도 합니다(잠 4:4). 사람의 모든 생각, 욕망, 말, 행동들은 그의 내부 깊은 곳에서부터 우러나옵니다. 그럼에도 불구하고 사람은 자기 자신의 마음을 알지 못하고(렘 17:9), 사람이 자기 자신의 방식대로 행하기를 계속할 때 그의 '마음'은 점점 더 완고해집니다. 그러나 하나님께서는 자기 백성들의 마음에 할례를 행하여(마음의 부정함을 제거시켜) 그들이 전심으로 하나님을 사랑하고 순종하도록 하실 것입니다(신 30:6).

진정한 가르침은 '머리'가 아니라 '마음'에 하는 일입니다. 그래서 성경적 교육은 사람을 변화시킬 수 있는 힘이 있습니다. 대중 교육과 기능적 교육의 아쉬운 점은 '마음'에 관심을 덜 주는 것입니다. 우리의 자녀들이 아파하는 이유도 그들의 마음이 뜨거워지고 행복해지지 못하게 하는 양육-교육환경 때문이 아닐까요? 우리 자녀의 마음이 봄날의 햇살처럼 따스하고 태평양처럼 넓어지고 앎이 즐겁게 확장되면 얼마나 좋을까요? 하나님께서 매일 친절하면서 존귀하게 우리를 양육하고 인도하시듯 우리 역시 우리 자녀들을 그렇게 길러 낼 수 있다고 생각합니다.

종합하자면, 이와 같이 마음으로 이해되는 레브는 다음과 같습니다.
① 신체 기관에 대하여서는 내부기관의 장기에 대해 사용된다.
② '마음'으로 번역할 때는 내면적 사람에 대해 말한다.
③ 레브와 외부 세계와 행동은 깊은 연관이 있다.
④ 마음은 내면적 인간이 외부 자극과 관계를 맺는 내적 자아다. 즉 마음은 외적 행동의 주체이거나 원인이며, 외부 자극의 수용 장소이며 이해 좌소이다.
⑤ 사람을 '레브'라고 말할 때 이는 성경에서 분리될 수 없는 인격체 그 자체를 말하고, 특별히 한 덩어리로 창조된 인간을 풍부하게 설명하는 어휘다.

상기한 바와 같이 하나님께서 사람을 한 덩어리의 피조물, 즉 '레브'라는 개념으로 보신다고 말할 수 있습니다. 성경에서 그 좋은 예로 노아 홍수 사건을 들 수 있습니다.

> "여호와께서 사람의 죄악이 세상에 관영함과 그 마음의 생각의 모든 계획이 항상 악할 뿐임을 보시고 땅 위에 사람 지으셨음을 한탄하사 마음에 근심하시고 가라사대 나의 창조한 사람을 내가 지면에서 쓸어버리되 사람으로부터 육축과 기는 것과 공중의 새까지 그리하리니 이는 내가 그것을 지었음을 한탄함이라 하시니라"(창 6:5-7).

하나님께서 모든 피조물을 한꺼번에 홍수로 멸망시키셨다는 이야기는 인정사정없고 또 무섭고 차가운 하나님을 떠올리게 합니다. 과연 하나님은 무정하고 또 성급하게 대홍수를 지면에 내려 멸망에 이르게 하셨을까요? 다음과 같은 이야기를 상상할 수도 있겠습니다.

(노아 홍수에 대해 다음과 같은 이야기를 거룩한 상상력을 통해 만들어 보았습니다.)

쫓겨난 노아

마을이 한눈에 내려다보이는 언덕 위에서 노아는 땀을 닦으며 한숨을 쉬었습니다.

"에구, 오늘도 모두 술에 취했구나! 어라, 저 녀석들은 또 싸우네!"

오늘 하루 일을 마치려면 아직 멀었지만 노아는 마을로 내려가려고 옷을 입습니다. 잘라 놓은 나무를 쌓고 있던 아들들이 말리고 나섭니다.

"아버지, 또 마을 사람들에게 하나님 말씀 전하시려구요? 저들은 듣지도 않고 비웃기만 하니 이제 그만하셔요!"

노아는 고개도 돌리지 않고 말합니다.

"배에 문짝을 안 달았으니 아직 기회가 있어!"

큰아들 셈이 몇 걸음 노아를 따라가며 더 큰 소리로 외칩니다.

"이제 그만하면 좋겠어요. 아버지, 저번엔 마을 사람들이 공연히 화를 내며 아버지를 밀쳐 내고 몇몇은 여기까지 몰려와 행패를 부렸잖아요. 이제 충분히 전하고 알렸으니 그만두시고 몸조심하세요. 여기서 잠시 쉬고 올라오세요!"

며느리들도 고개를 끄덕이며 무언의 동조로 노아의 발걸음을 말립니다. 노아는 잠시 생각하는 듯하더니, "그래, 알았다. 한 번만 더 말하고 오마!"라 말하며 큰 걸음으로 산 아래로 내려갑니다.

마을 사람들은 자기들 마음대로 아내를 차지하고 여러 악한 일을 즐겨 행했습니다. 그러면서 매일 노아의 배를 보며 짜증을 냅니다. 이제 노아의 이야기도 싫증났습니다. 하나님의 법대로 살아야 멸망을 면할 수 있다는 잔소리에 질렸기 때문입니다.

이처럼 그들은 노아의 말과 배를 매일 듣고 보지만, 그들은 제멋대로 살았으며, 또 하고픈 것을 맘껏 했습니다. 그편이 더 재미있으니까요. 그들의 손에는 정직한 사람의 피가 묻어 있었습니다. 그들의 눈은 남의 집 아녀자들과 재물들을 탐욕의 눈길로 넘겨다봅니다. 어린아이들과 가난한 자들이 눈물로 지냅니다. 밤마다 악에 취한 소리가 그치지 않고, 낮에도 폭력이 난무합니다. 그들은 노아가 말할 때마다 콧방귀를 뀝니다. 아무리 보아도 큰 비 기미가 없습니다. 하늘은 여전히 푸르고, 구름이라고 해야 옹기점 연기보다 적었습니다. 자신들을 악하다며 회개하라는 노아와 그 가족이 꼴 보기 싫습니다. 보아하니 며칠 후면 산 언덕에 오랫동안 짓고 있는 방주인지 나무 집인지가 다 지어질 듯하니, 모두 몰려가 때려 부수고 불로 태워 버릴 궁리를 하고 있습니다.

"저 배를 다 부셔 버리고 불을 지르면 더 이상 노아가 떠들지 못하겠지? 멸망이니 구원이니 하는 소리가 모두 다 헛소리가 되지 않겠어? 비는 무슨 비!"

하나님께서는 공의의 손을 드실 수밖에 없었습니다. 왜냐하면 하나님께서는 오늘 그곳에 악이 가득 찬 것을 보셨기 때문이며, 또한 내일 역시 더 큰 악이 세상에 넘칠 것을 그들의 '마음'(레브)을 통해 보셨기 때문입니다. 위의 성경 구절을 히브리어 어근의 뜻을 살리면서 전후 문맥을 고려하여 다시 번역해 보면 이렇습니다.

'…하나님의 아들들이 그 사람의 딸들에게 들어가 자식을 낳았으니…'(창 6:4).

'여호와께서 그 땅에 그 사람의 악함이 크다는 것과 그 마음의 의도가 만든 계획이 언제나 악하기만 하다는 것을 보시고'(창 6:5).

'여호와께서 그 땅에 그 사람을 만드셨음을 후회하셨고 마음이 아팠으나…지면에서 모든 피조물을 없애 버릴 것이다'(창 6:6, 7).

대홍수 사건 비밀의 단초가 되는 5절을 좀 더 자세히 살펴보면, 하나님께서는 세상을 관찰하면서 두 개의 사실을 파악하셨습니다.

첫째, 그 당시 그 땅의 사람들의 악이 최고 수위를 넘었음을 보셨습니다.

둘째, 그 사람들의 마음속에 있는 '의도'와 '그 계획'을 헤아려 보셨습니다.

우리의 잣대라면, 죄의 수준을 씻어 내야 할 때 첫 번째 사실을 파악한 것으로 충분합니다. 그런데 하나님께서는 사람들의 마음을 들여다보셨는데 왜 그러셨을까 고개를 갸웃거리게 됩니다.

개역성경에서는 마음의 '생각'으로 번역된 마음의 '의도'는, 히브리 원어로 '마하샤바'(어근: 하샤브)입니다. '하샤브'는 '생각하다, 계획하다'는 뜻을 가지고 있습니다. 그래서 명사형 마하샤바는 '마음의 생각' 또는 '마음의 의도'라는 의미가 됩니다. 이것을 구체적으로 설명하면 '마음 안에서 계획하고 고안하는 일' 또는 '마음이 원하는 일'로 번역할 수 있고, '어떤 사람의 마음이 바라는 바가 있어 발아하여 움트고 자라나는 새싹'과 같은 그림 언어로 이해해도 좋습니다. 마치 맛있는 과일을 보고 몸을 일으켜 손을 뻗는 일이 사람의 마음에서 생긴 욕구로 말미암았다고 말할 수 있는데, 이럴 경우 마음이 '하샤브 한다'고 말할 수 있습니다.

또 개역성경에서 '모든 계획'으로 번역된 성경 원어는 '예쩨르'(동사형: 야짜르)입니다. 동사 '야짜르'는 '어떤 대상을 특정한 형태로 만들다'라는 뜻을 가지고 있습니다. 이 본문에서는 '마음의 마하샤바(의도)가 점차 형성되어(계획)…'라고 이해할 수 있습니다. 그래서 개역성경 "그의 마음으로 생각하는 모든 계획이 항상 악할 뿐임을 보시고"를 상기의 5절처럼 해석하였지만 좀 더 세밀하게 설명하여 해석하면 다음과 같습니다.

'여호와께서 그 당시 그 땅의 사람들이 지은 죄가 벌써 하늘에 닿을 만큼 커져 있는 것을 보셨으며, 또 그 사람들의 마음에 꿈틀거리는 욕망(의도)이 점점 자라 구체적인 계획(구상)으로 형성되었는데, 이 마음의 모습들을 살펴보아도 노아 시대의 오늘과 내일은 항상 악하기만 하였다'(창 6:5).

어릴 때 시장에 가면 닭을 직접 잡아 가져올 수 있었습니다. 참 하기 싫은 심부름이었지만 시장 구경이 재미있고 또 거스름돈으로 엿 한두 가닥 살 수 있기에 아저씨가 닭을 잡는 것을 다 지켜보아야 했습니다. 배를 가르고 내장을 들어낼 때 닭 배 속에 미성숙된 작은 계란(?)이 몇 개가 있는 것을 보았습니다. 갈라진 닭 배 속의 가장 큰 알은 내일 낳을 것이고, 아주 작은 것은 며칠 더 있어야 진짜 계란이 될 것입니다.

하나님께서는 마음(내면의 인간)을 보시는 분이시기에 노아 시대 사람들 속에 있는 미성숙된 알들을 다 헤아려 보셨을 것입니다. 오늘의 악도 이미 하늘에 닿을 정도인데 내일 낳을 계란도, 그리고 그 배 속의 알들도 여전히 악하므로 아무리 기다려도 악한 계란을 낳을 뿐이기 때문에 하나님께서 어떤 조치를 취하지 않으실 수 없었을 것입니다.

몸이 움직여 어떤 행위를 하면 사람들은 그 행위를 보고 어떠하다 말할 수 있습니다. 그러나 사실 어떤 행위는 마음으로부터 시작한다고 말할 수 있습니다. 육체의 행동이 있기 전에 마음에서 먼저 '마하샤바'(마음의 생각)가 일어납니다. 그 '마음의 욕구'가 점차 확장되면 어떤 구체적인 틀 혹은 '심리적 행동'이 되는데 그것을 '예쩨르'(마음의 계획)라고 할 수 있습니다. 그렇습니다. 마음에서 조그맣게 생긴 마하샤바(생각, 의도)가 구체화되면 예쩨르(계획)가 생기고, 이 예쩨르는 그 사람이 구체적인 행동을 하도록 만듭니다.

하나님께서 죄로 가득 찬 노아 시대 모든 사람들의 마음을 바라보니, 그들의 '마음의 움직임'이 악할 뿐임을 아셨습니다. 그들은 그 마음의 계획에 따라 내일 역시 악한 삶을 살 것입니다. 이렇게 오늘의 악을 간신히 참으셨던 하나님께서는 그 시대 사람들의 마음의 움직임과 마음의 계획이 늘 악하다는 것을 아셨습니다. 그러면 어떻게 될까요? 노아 시대에는 오늘이든 내일이든 역시 죄악으로 차고 넘쳐 하나님의 공의의 기준을 넘었습니다. 공의의 하나님은 죄의 관영을 외면하실 수 없습니다.

수많은 시간을 기다려도 돌이키기는커녕 계속 죄에 죄를 쌓는 그 시대를 내버려 두실 수 없습니다. 죄악이 관영한 노아 시대에 살던 사람들의 '레브의 마하샤바와 예쩨르'를 보신 하나님의 결정은 홍수로 죄의 수준을 씻어 내는 일이었습니다. 그러므로 홍수의 끔찍한 재앙은 사람들의 뒤틀린 마음이 빚어낸 필연적 결과인 동시에 아픈 가슴을 부여잡은, 세상을 향한 하나님의 구원 행위 중 하나였습니다. 이렇듯 하나님께서는 사람을 '레브'를 통해 이해하셨습니다.

성경은 항상 인간을 레브적 존재로, 통합적 존재로 말해 왔습니다. 감정의 자리, 의지의 자리, 지식과 지혜의 자리, 그리고 도덕과 양심의 자리로 레브는 한 덩어리로 조화롭게 그 사람을 형성합니다. 사람은 어떤 이유나 조건 아래에서든 분류되거나 분해되어 기능화되면 부작용이 생깁니다. 그래서 라마드 성경적 교육은 레브에 적극적인 관심을 갖는 일이라 할 수 있습니다.

라마드는 레브를 변화시켜 사람을 그 창조 본질로 회복함으로 자신의 재능과 능력을 개발하고 발전시켜 나가게 합니다. 결국 '그 사람'은 세상을 섬기는 사역자가 됨으로 자신도 보람과 행복을 누리게 됩니다. 한 덩어리로서의 레브적 인간에 대한 총체적인 훈련이 성경적 교육의 근간이며, 사람은 한 덩어리라는 통전적 접근을 할 때 진정한 삶의 회복이 가능해집니다.

한 덩어리인 레브로서의 인간을 이해하면 우리들은 다음의 조건들이 충족되어야 바르게 살아갈 수 있다는 것을 알 수 있습니다.

① 흙을 소재로 만든 인간 – 물질적 필요를 충족시켜야 합니다.
② 빚어진 인간 – 하나님의 뜻과 의도를 깨달을 필요가 있습니다.
③ 하나님의 모양과 생기(호흡)를 가진 인간 – 하나님의 속성을 닮을 필요가 있습니다.
④ 에덴지기 인간 – 삶에서 사역적 기능을 감당해야 합니다.
⑤ 한 덩어리로 피조됨 – 각각의 요소는 분명하지만 피조된 후 서로 분리될 수 없습니다. 사람은 통전적이면서 한몸이고 한 덩어리라는 점을 양육과 교육 가운데 깊이 이해해야 합니다.

3) 성경적 가치와 라마드(성경적 교육은 좋은 습관을 형성하는 일이다)

레브의 개념은 교육을 어떻게 시행해야 하는지를 결정하게 합니다. 사람이 만약 컴퓨터처럼 지식의 양을 넓히기를 원하여 지식을 습득하는 교육방법만 강조한다면, 지식인이 될 수는 있지만 생명력 넘치는 '그 지은 사람'이기는 포기한 것입니다.

우리는 지식을 이성과 뇌로 처리하려고 합니다. 우리는 이해를 통해 지식을 갖게 된다고 말합니다. 맞습니다. 그러나 이성과 뇌로 처리된 지식은 유용하기는 하나 살아 있지는 않습니다. 우리 삶에 필요한 지식이란 습관과 같은 것으로 우리 몸의 일부여야 하고, 품성과 같은 것으로 우리의 가치관이나 삶에 직결되어 충분한 영향력을 발휘해야 합니다.

우리는 멋진 옷을 보고는 구매하려고 합니다. 그 옷의 옷감이 어떠한지, 어떤 소재를 사용했는지, 바느질은 잘되었는지, 유행에 맞는지 꼼꼼히 따집니다. 그리고 가격과 자신의 구매 능력도 계산합니다. 그러나 점원이 불친절하다거나 밖의 갑작스러운 날씨 혹은 옆 친구의 무표정한 얼굴을 보고는 구매를 포기하기도 합니다.

우리들 대부분은 지식으로 사는 것이 아니라 가슴으로 삽니다. 이때 말하는 '가슴'이 바로 '레브'로 이해될 수 있습니다. 우리가 하나님을 섬기는 일과 이웃을 사랑하는 일은 대체적으로 '가슴'의 일입니다. 이 레브는 지식과 감성을 저장하고 출납하는 장소이면서 동시에 인간을 움직이고 판단하고 행동하게 하는 '생명의 엔진'으로 이해하면 좋을 듯합니다.

그래서 우리는 '레브적 인간 이해'를 통해 성경에서 말하는 '라마드 학습법' 원리를 더 잘 파악할 수 있습니다. 성경적 교육인 라마드는 레브에 대한 일입니다. 그래서 '라마드 교육·학습 원리'는 어떤 지식이 한 사람의 '가슴'에 들어와 그와 한 덩어리가 되게 하는 과정입니다. 그 사람의 '생명의 엔진 능력'을 키우고 활력이 넘치게 만들며 바르게 조정할 수 있도록 만들려는 노력이라고 표현할 수 있습니다. 이렇게 가슴에 들어온 산 지식은 언제나 행동과 삶 안에서 재현되고 발현됩니다. 이러한 지식이 '실력'입니다.

그러므로 우리는 사람이 물질적인 몸을 갖고 있는 동시에 레브라고 표현되는 내면적 자아로서의 영적·육체적 통합체임을 기억해야 합니다. 어느 한쪽을 선택하면서 신속한 효과를 낼 수 있다고 말하는 교육은 도리어 나중에 치러야 할 커다란 손실을 쌓는 일입니다. 어느 쪽이 우선이고 먼저냐가 아니라 전체를 잘 조화시키고 모두 잘 발달시키느냐의 문제로 양육과 교육을 바라보아야 합니다.

창조적 인간관의 조명 아래 다음과 같은 점을 찾아볼 수 있습니다.
① 하나님은 매우 특별하고 기쁜 마음으로 피조 세계와 특별히 인간을 만드셨다.
② 인간은 특별한 소재와 특별한 디자인으로 직접 빚으신 하나님의 걸작품이다.
③ 인간은 외형적 요소와 내면적 요소가 잘 조합된 한 덩어리의 유기체이다.
④ 인간은 피조물을 잘 다스리는 '하아담'적 존재일 때 최고 존재 가치를 갖는다.
⑤ 죄의 개입은 부분이 아닌 온 덩어리의 오염이고, 불순물 그 자체가 되었다.
⑥ 오염되고 불순물이 된 인간은 하아담적 가치를 잃었고, 유한

적 존재가 되었다.

⑦ 유한적 존재가 회복하여 다시 기쁨의 존재가 되도록 성경적 교육 시스템을 명령하셨다.

또한 라마드 교육의 커리큘럼이나 학습 프로그램에서 레브적 인간 이해를 통해 아래의 부분들을 고려하기를 제안합니다.

① 먹는 것, 자는 것, 노는 것 등 육체적 충족
② 영적인 것, 예배자, 하나님을 닮아 가는 것, 진리를 찾고 선을 귀하게 여기는 신적 품성
③ 지식, 탐구심과 창의성, 기술 습득과 체험 등 지적 충족
④ 협동과 섬김, 관계성과 나눔 등 사역적·직업적·관계적 능력 함양
⑤ 달란트, 성취 동기 등 주어진 품성과 특성을 파악하고 꿈과 비전을 갖도록 격려하기 등

하나님께서는 교육을 통해 하나님 백성을 만들고 양육하고 더 확장시켜 나가셨습니다. 하나님의 교육은 라마드라는 단어에서 그 의미와 효과를 발견할 수 있습니다. 교육은 가정과 교회의 주된 임무이고 복입니다. 자녀들에 대한 관심은 곧 우리 스스로에 대한 관심이고 투자입니다. 우리는 우리 자녀에게 행한 대로 우리 자신이 그 결과를 받을 것입니다. 그러므로 우리가 교육한다는 것은 하나님의 교육, 하나님에 의한 교육, 하나님을 위한 교육이 되어야 합니다. 더 친숙한 표현을 하자면, 예수님이 함께하시고 예수님을 가르치며 예수님을 향한 교육이 되어야 합니다.

바른 영향력에 대해 말하자면, 어떤 사람의 영향력은 어떤 한순

간 발휘하는 능력의 총량이 아니라 오히려 방향성과 지속력을 말합니다. 모세와 다윗, 다니엘, 에스라, 느헤미야, 그리고 바울 등 많은 지도자들은 그들의 시대에 커다란 능력을 보였는데, 그 바탕에는 탁월한 영성이 있었습니다. 좋은 자녀교육은 이와 같이 영성으로 대변할 수 있는 품성적 개발과 실력이라 말할 수 있는 전문성 혹은 탁월성을 지향해야 합니다. 그러므로 실력(excellence)과 바른 영성의 표출로서 정직(faithfulness)은 자녀교육의 현실적 목표가 될 수 있습니다.

다음의 질문들은 좋은 자녀교육에 대한 고민을 담고 있다고 생각합니다.

'우리 자녀를 어떻게 경건한 영향력이 있는 사람으로 교육할 수 있을까?'
'그들이 실력을 갖추면서 동시에 정직한 품성을 갖게 할까?'

사람을 만드셨고 또한 사람으로 살아 보셨던 하나님은 사람이 육체와 영혼의 통합적 한 덩어리임을 가르쳐 주십니다. 또한 하나님께서는 인간의 한계와 속성을 잘 아시기에 배워야 하는 존재이며, 동시에 가르쳐야 구원의 완전함과 연속성을 갖게 됨을 잘 아셨습니다. 우리는 가슴이라는 삶의 엔진을 갖고, 또 그것으로 지식과 선택을 결정하며, 그것에서 삶이 발현됨을 성경에서 발견하였습니다. 그리하여 우리는 내면적 인격체와 외적 유기체의 통합이며, 한 덩어리의 개념을 가지고 우리와 자녀들을 이해하려 합니다.

레브적 인간 이해를 바탕으로 한 '라마드 교육·학습법'은 교육받을 대상인 자녀들을 고귀한 하나님의 피조물로 보는 시각에서 시작합니다. 또한 세상은 그 자녀의 온전함으로 한 단계 성숙해지고 더 행복해집니다. 부모의 거룩함이 자녀 세대의 거름이 되고, 자녀 세대의 거룩함으로 부모 세대는 완전하게 될 수 있습니다. 어떤 가치는 그 자체로도 의미가 있습니다. 그러나 그 가치가 습관 가운데 저절로 우러나올 때 그 영향력은 온전하고 또 강력해집니다. 좋은 습관을 갖게 하는 일이 라마드 교육의 일이기도 합니다.

■ 라마드 교육의 7대 핵심 가치와 실천 강령

① 건강(體)의 습관 – 나는 올바른 식생활과 운동과 잠자기로 건강한 사람이 되겠습니다.

② 언어(禮)의 습관 – 나는 칭찬의 언어, 긍정의 언어, 믿음의 언어로 인격자가 되겠습니다.

③ 배움(知)의 습관 – 나는 매일 배우고 항상 배우고 계속 배워서 실력자가 되겠습니다.

④ 정직(義)의 습관 – 나는 거짓말을 미워하고 잘못을 인정하는 멋쟁이가 되겠습니다.

⑤ 경건(聖)의 습관 – 나는 말씀, 기도, 찬양을 통해 참된 예배자가 되겠습니다.

⑥ 섬김(德/리더십)의 습관 – 나는 섬김으로 앞장서는 겸손한 지도자가 되겠습니다.

⑦ 사랑(愛)의 습관 – 나는 용서와 사랑을 실천하는 작은 예수님이 되겠습니다.

졸지도 않으시는 하나님께서는 굳은 마음을 걷어 내고 부드러운 마음 밭에 하나님의 씨를 심는 사람마다 풍성한 삶의 열매와 영원한 생명을 거두게 하실 것입니다.

3.
자녀는 누구인가?
- 라마드의 대상인 다음 세대의 성경적 의미

라마드 이야기 4

김 권사님은 유아교육을 전공한 유치원 원장님이고 또 교회학교 유아부장님으로 헌신하고 있습니다. 큰아들이 어려서부터 똑똑하였기 때문에 엄마 권사님은 기대가 컸습니다. 아들의 학습 결과에 예민해지면서 힘 닿는 한 여러 학원에 다니게 했습니다. 교육 전문가로서 아들이 뛰어놀기도 하고 잠도 많이 자야 한다는 것쯤은 잘 알았습니다. 그런데 아들이 85점 받으면 불안했습니다. 다른 아이나 다른 부모에게 충고할 때는 아이들이 잘 먹고 노는 일이 더 중요하고 점수는 오를 수도 내려갈 수도 있으니 걱정할 것 없다고 말하지만, 막상 자기 아들은 100점이나 일등을 해야 한다는 생각을 내려놓기 어려웠습니다. 아들은 애썼습니다. 그래서 95점 시험지를 보여주고 또 100점 시험지도 보여주였습니다. 그러나 돌아오는 엄마의 말은 항상 같았습니다.

"한 문제만 더 맞으면 100점인데?", "너 이거 계속 유지해야 해, 안 그러면…!"

아들은 엄마를 만족시킬 수 없기에 공부를 포기했습니다. 땅바닥을 몇 시간 들여다보며 곤충을 관찰하던 자녀의 꿈은 예전에 사라졌고, 무기력과 실패감으로 매일 피곤을 느낄 뿐입니다.

눈물의 골짜기를 지나면서도 하나님에 대한 깊은 열정과 자녀 사랑이 넘쳤던 그 가정은 라마드를 통해 어린 독수리 날개에 깃털이 자라고 힘이 생기는 것과 같은 은혜를 체득했기에, 하나님께서는 그 가정을 하늘 높이 날아오를 수 있게 하시며, 그 자녀들은 각자의 길에서 큰 성취를 하게 하시리라 믿습니다.

1) 성경적 자녀관

교사, 학생, 그리고 교육내용을 교육의 3요소라고 합니다. 교육의 창안자이신 하나님께서 시내 산에서 부모 세대와 자녀 세대를 모아 하나님 경외하는 법을 배우고 가르치라고 하신 언약적 교육 명령 안에 이미 이 교육의 필수 요소들이 포함되어 있었습니다.

우리는 먼저 교육의 대상인 자녀에 대해 바른 성경적 이해를 가질 필요가 있습니다. 자녀는 하나님께서 그 부모에게 상급이자 복으로 주신 열매라고 말합니다. 동시에 자녀가 모두 하나님의 것임을 성경은 천명하고 있습니다. 그리고 부모와 자손의 관계는 단순히 혈과 육의 단계를 넘어 하나님 나라의 가족이라는 이해를 가지고 있습니다. 이러한 성경적 자녀에 대한 이해는 성경적 교육이 가정에서뿐 아니라 각종 교육 공동체에서 실행될 때 교사(부모 세대)가 학생(자녀 세대)에 대해 어떠한 태도를 취해야 하는지를 알려 줍니다.

먼저 성경에서 말하는 '자녀'에 대한 개념을 룻기를 통해 알아보겠습니다.

룻기는 한 집안의 이야기를 통해 자손에 대한 성경적 이해를 잘 가르쳐 주는 책입니다(참고: 룻 4:14-17; 창 17:1-9; 렘 32:37-41; 신 29:9-15; 창 3:15). 베들레헴에 살던 아버지 엘리멜렉이 흉년 때문에 모압으로 온 식구를 데리고 이사합니다. 고향집 재산을 이국 땅에 투자하여 가족들의 생계를 꾸려가려 했지만 가장이 일찍 죽고 맙니다. 게다가 장성한 두 아들을 위해 어머니 나오미는 이스라엘 총회에 들어올 수 없는 모압 여자 오르바와 룻을 며느리로 맞이합니다. 그러다 더 큰일이 생겼습니다. 나오미의 두 아들이 차례로 죽었고, 자손도 남기지 못했습니다. 과부 시어머니 나오미에 이어 오르바와 룻도 과부가 되었습니다. 여성에 대한 배려가 거의 없던 그 옛날에 세 과부의 삶은 상상하기 힘들 정도로 고단하였을 것입니다.

결국 시어머니 나오미는 두 자부가 생계를 이어가도록 자유를 주고, 자신은 고향인 베들레헴으로 돌아가기로 했습니다. 그런데 어느새 하나님 신앙을 갖게 된 며느리 룻은 시어머니를 따르겠다고 고집합니다. 이방인 과부가 이스라엘 땅에 들어가 시어머니를 섬기고 또 하나님을 예배하겠다는 기상천외한 발언을 한 것입니다. 이방인이 이스라엘에서 살기가 얼마나 힘든지 잘 아는 나오미는 적극 말립니다. 그러자 룻은 그 유명한 선언을 합니다.

"…어머니께서 가시는 곳에 나도 가고 어머니께서 유숙하시는 곳에서 나도 유숙하겠나이다 어머니의 백성이 나의 백성이 되고 어머니의 하나님이 나의 하나님이 되시리니 어머니께서 죽으시는 곳에서 나도 죽어 거기 장사될 것이라…"(룻 1:16-17).

나오미가 잘한 일이 있다면 며느리 룻을 제대로 가르쳐 하나님을 알게 하고, 바른 선택을 할 수 있게 한 일입니다. 이렇게 두 과부가 베들레헴에 돌아왔고, 룻은 들로 나가 추수꾼이 남긴 이삭을 주워 생계를 이어갑니다.

보아스의 출현은 이야기에 커다란 반전을 기대하게 만듭니다. 룻에게 마음을 빼앗긴 그는 부지런한 '고엘'이 되어 룻을 아내로 맞이합니다. 이렇게 보아스와 룻은 결혼하고 자손까지 낳습니다. 자손을 얻자 스스로를 '고통'(마라)이라 부르던 나오미까지 주변 사람들에게 칭송받으며 회복되는 해피엔딩 장면은 참 감동적입니다. 그런데 이 아름다운 마지막 장면에서 성경은 자손에 대해 커다란 정의를 내리고 있습니다.

> "이는 네 **생명의 회복자**며 네 **노년의 봉양자**라 곧 너를 사랑하며 일곱 아들보다 귀한 자부가 낳은 자로다 나오미가 아기를 취하여 품에 품고 그의 양육자가 되니 그 이웃 여인들이 그에게 이름을 주되 나오미가 아들을 **낳았다** 하여 그 이름을 오벳이라 하였는데 그는 다윗의 아비인 이새의 아비였더라"(룻 4:15-17).

나오미가 아기를 자기 '품에 품었다'는 것은 보아스와 룻의 아기가 나오미 가족의 법적 상속자로서 자기 소유임을 나타내는 것입니다. '품에 또는 가슴에 품었다'는 표현은 대상과 자신이 일체가 되었다는 의미입니다. 예를 들자면, 하나님께서 그 백성을 '품'(헤크, 히)에 안으신다는 표현은 '애정과 소유'라는 의미가 담겨 있습니다. 그래서 나오미가 아이를 품은 행동은 그 아이가 자신의 귀중한 소유임을 선포하는 그림 언어입니다. 그래서 성경은 나오미가 아들을 낳았다고 말합니다.

"그는 목자같이 양 무리를 먹이시며 어린 양을 그 팔로 모아 품에 안으시며 젖먹이는 암컷들을 온순히 인도하시리로다"(사 40:11).
"본래 하나님을 본 사람이 없으되 아버지 품속에 있는 독생하신 하나님이 나타내셨느니라"(요 1:18).

후손을 소유하고 있다는 말은 유한적 존재가 연장되었음을 의미합니다. 자손이 있다는 선포는 새로운 가능성이고 열린 미래입니다. 자손은 그만큼 귀하고 자기 생명과 하나로 여겨지는 존재입니다. 모든 것이 끊긴 나오미에게 오벳이 태어난 일은 매우 감격적이고 희망적인 사건임에 틀림없습니다. 이웃들은 나오미에게 '노년의 봉양자'가 생긴 것으로 여겼습니다. 그러나 자손이 봉양자 이상의 의미를 가지고 있다고 성경은 알려 주고 있습니다.

나오미에게 있어 그 자손은 '생명의 회복자'라고 말을 합니다. 이것은 꽤 특별한 선언이고 의미심장한 성경적 진리입니다. 생명의 회복자의 히브리어 '르메쉬브 네페쉬'(להמשב נפש)를 직역하면 '그 생명을 돌아오게 하는 것'인데, 의역하자면 '나오미의 생명을 돌아오게 해주는 아이'입니다. 이렇게 성경은 룻이 낳은 손자 오벳은 나오미의 생명(네페쉬)을 돌아오게 하는 존재라고 말하고 있습니다. 이러한 이야기는 '자손'이 어떤 존재인가를 명확하게 알려 주는 소중한 선포인 것입니다.

자손이라는 히브리어는 '쩨라'(זרע)인데 '씨, 자손'의 의미로 사용됩니다. 아브람에게 나타나신 하나님께서 계속해서 '쩨라'를 주겠다고 약속하십니다. 아브람은 쩨라를 얻기 불가능하다고 생각되자 갖가지 인간적 방법을 찾습니다. 그러나 하나님께서는 그 모든 것들은 째라가 아니라고 말씀하십니다. 결국 아브라함은 진짜 째라 이삭을 갖게 되었고, 열국의 아비로 믿음의 조상이 되었습니다. 씨는 하나님께서 주신 생명을 품고 있는 가능성이며 미래입니다. 다른 씨는 다른 열매를 맺는 다른 가능성이며 다른 미래일 뿐입니다.

나오미에게도 남편이 있었고 아들이 둘이나 있었습니다. 그러나 그들에게서 째라를 얻지 못했습니다. 그런데 보아스와 룻을 통해 오벳을 얻었고, 그 아이가 째라가 되었으니, 아브람이 아브라함이 된 것처럼 '마라'가 진정한 '나오미'(기쁨)가 된 것입니다. 이것이 성경이 말하는 자손이 바로 그의 '생명의 회복자'라는 개념이며, '째라'의 참 의미가 아닐까 생각합니다.

단순히 생각해도 나오미는 남편과 자녀를 모두 잃었고 물려받을 분깃(재산)도 없습니다. 그녀는 가정과 생계가 단절되었으니 '고통' 그 자체였습니다. 좀 확대해서 해석하자면, 나오미의 존재는 현재와 미래까지 '죽은' 사람인 것입니다. 그러나 신앙심 깊은 며느리와 경건한 보아스의 자손을 통하여 완전히 죽은 그녀가 '나오미'로 회복되었습니다. 그렇기 때문에 나오미의 손자 오벳은 나오미의 '생명의 회복자'입니다.

또 이 표현은 경건한 우리의 자손은 하나님께서 허락하신 복의 통로이고, 유한자가 무한자로 이어지는 희망의 '씨'라는 선언이기도 합니다. 더욱이 나오미의 손자를 통해 하나님께서는 다윗을 낳게 하셨으며, 세상의 구세주의 가문이 되게 하심으로 예수님 족보를 세우셨습니다. 그렇습니다. 우리들의 자손 '오벳'은 죄로 인해 죽을 수밖에 없는 우리를 구원자와 연결해 주는 고리이기도 합니다. 또 무한과 영원으로부터 떨어져 나가 버린 인류를 하나님과 새롭게 이어 주는 '회복자'입니다. 이와 같이 하나님께서는 죄로 개입한 사망을 이기는 강력한 무기를 우리 몸 안에, 그리고 우리 공동체 안에 복으로 주셨습니다.

그런데 반드시 눈여겨봐야 할 대목이 있습니다. 보아스와 룻의 아들 오벳은 다윗의 조상이 될 만한 아이로 양육되었다는 점입니다. 오벳이 어떻게 교육받았고 어떤 품성과 경건을 가졌는지 성경에서 찾을 수는 없습니다. 성경은 살몬의 아들이 보아스이고, 보아스의 아들이 오벳이라는 점만 밝혔습니다. 그러나 룻기에서 나오미가 그의 양육자가 되었다는 구절을 놓칠 수 없습니다. 이방 여인 룻이 하나님의 백성이 되고 보아스가 반할 정도로 그 신앙심과 품성이 좋았던 이유는 시어머니 나오미의 양육이라고 짐작할 수 있습니다. 그런 나오미가 아이를 양육한다고 합니다. 그리고 잘 배운 어머니 룻을 통해, 또 신앙심과 인품이 좋은 아버지 보아스를 통해 교육받을 오벳이 어떻게 성장할는지 상상할 수 있습니다.

현대의 유행 가운데 결혼과 자손에 대해 위험한 의견들이 있습니다. 결혼과 자녀는 마냥 미루거나 없어도 되는 혹이나 짐이 아닙니다. 결혼은 하나님의 세상 통치 방법입니다. 결혼을 통해 자손을 낳고 성경적 교육을 시키는 일은 언약적 명령입니다. 성경에서는 자녀는 가정과 공동체의 기업이면서 또한 하나님의 소유라고 말합니다.

그렇습니다. 자녀는 부모의 것인 동시에 공동체의 보물로서 미래이며, 또한 동시에 하나님 나라의 종말론적 소망입니다. 그래서 부모 세대는 다음 세대를 소중히 여기고 또 성경적 교육과 양육을 통해 성장시키며, 결혼과 출산에 대해 성경적 가치를 가지고 준비해야 합니다. 이런 의미에서 현재 우리의 가정과 교회 공동체는 자녀들의 출생에서부터 양육과 교육, 그리고 새로운 세대를 세우는 일에 깊은 통찰을 해야 합니다.

그런데 우리 가운데 이미 가정 가운데 아픔이 있고 삶 가운데 상처를 입었으며 갖가지 이유로 시기를 놓친 사람들이 있습니다. 지혜롭고 사랑이 풍부하신 하나님께서는 이런 우리를 위해 더 넓은 길을 예비해 주셨습니다. 바로 영적 가족에 대한 이야기입니다.

2) 확장된 자녀관(영적 자녀)

또 한 가지 중요한 개념을 룻기는 알려 주고 있습니다. 구약에서 자녀 혹은 자손(씨)이라는 개념은 혈통으로나 생물학적으로 그 부모로부터 태어난 자녀에 국한되었다 생각하는 경향이 있습니다. 또 지금 우리 역시 자녀의 개념을 우리 가정으로 한정합니다. 그래서 '내 자식!' 또는 '내 새끼'가 귀하여 소중히 여깁니다. 당연한 마음이고 부정할 수 없는 애정입니다. 그러나 성경은 이런 혈통적인 자녀뿐 아니라, 하나님께서 공동체에 허락하신 다음 세대에 대해서도 같은 무게로 다루고 있습니다.

룻기를 통해 이런 질문을 해볼 수 있습니다.
"오벳은 나오미의 혈육으로 그의 손자가 맞나요?"
나오미는 손자 오벳을 품에 품고 자기 자손임을 천명했습니다. 그렇지만 오벳은 나오미와 한 방울의 피도, 한 점의 살도 섞이지 않은 '남의 아이'입니다. 그럼에도 불구하고 성경은 오벳을 나오미의 자녀로, 손자로 인정하였습니다. 이처럼 하나님은 자손을 혈통적으로만 고려하지 않으셨습니다. 도리어 '쩨라'라는 개념은 하나님의 뜻과 통치 방법에 합당하냐 아니냐의 문제인 것 같습니다. 우리는 성경에서 아브라함이 진짜 쩨라 이삭을 얻기까지 겪는 긴 이야기를, 그리고 형과 다투며 이스라엘이 된 야곱의 일대기를 읽을 수 있습니다. 살몬이 보아스 한 명만 낳았는지 아닌지는 모릅니다. 그러나 보아스는 살몬의 자손이라고 기록하였습니다. 또 보아스와 룻이 오벳 한 명만 낳았는지 모르지만 다윗의 조상이라 했습니다. 또 나오미가 혈육 관계가 아님에도 오벳을 '아들 혹은 자녀'라 부르도록 성경은 허락했습니다. 이런 이야기들을 고려하면, 성경에서 '자손'의 개념은 혈통적이면서 또 영적이라는 결론에 이릅니다. 이러한 예는 예수님의 족보에서도 볼 수 있습니다.

그러므로 성경에서 말하는 '자녀', '이스라엘', '하나님의 백성', '성도' 또는 '교회'는 하나님께서 부르시고 인정하신 '하나님의 가족'을 의미합니다. 이런 공동체 자체가 하나님 나라의 구성원이고, 또 그 나라의 미래입니다. 공동체 안에 부모 세대와 자녀 세대가 있습니다. 더 확대해서 이해하자면, 우리는 그 누구의 '자녀'이며, 어떤 사람의 '부모'입니다. 부모 세대로서 자녀 세대를 양육하는 '교사'이고, 부지런히 배워야 하는 '학생'입니다. 이렇게 확장된 공동체를 '영적 가족'이라 말할 수 있고, 그런 의미에서 우리의 다음 세대는 공동체 안에 있는 모든 자녀로서 우리가 길러 내야 할 '영적 자손'입니다.

이러한 개념은 창조 때부터 하나님의 이야기 안에 있었고, 예수님 사역을 통해 명확하게 밝히셨습니다. 복음서에서 예수님은 "누가 나의 가족인가?"라는 질문에 혈통적 가족을 넘어 하나님 나라의 가족의 개념을 제시하셨습니다. 요한복음에서는 하나님 자녀란 '혈통이나 육정으로나 사람의 뜻으로 나지 아니하고 하나님께로 난 자'라고 정의하였습니다. 사도들과 초대교회 제자들은 육체적 이스라엘이 영적 이스라엘로 넓어지도록 사역하였고, 그리스도 안에 있는 모든 사람들이 서로를 '형제'라 불렀습니다. 바울도 성도를 '나의 형제' 또는 '나의 자녀들'이라고 늘 불렀습니다.

이러한 자녀의 개념은 성경적 교육을 창안하시고 언약 가운데 교육 명령을 주신 하나님의 뜻이 반영된 것입니다. 자녀들이 하나님을 경외하는 법을 알도록 가르치지 않고서는 경건한 자손이 되기 어렵습니다. 자녀들에게 성경적 가치를 성경적 방법으로 가르치지 않는다면 하나님의 가족, 예수 공동체가 되지 못하기 때문입니다. 그래서 부모 세대는 자녀를 '영적 대 잇기'라는 개념에서 양육할 필요가 있습니다. 오늘날과 같은 성공주의와 편리주의 시대에 자녀들을 영적 자녀로 대를 이어야 한다는 제안은 받아들이기 어려울 것 같습니다. 그러나 성경은 그 자손이 '생명의 회복자'이며 그 부모의 면류관이라고 말하고 있다는 점을 우리는 잘 압니다. 또 우리 주님 역시 '누가 내 형제며 부모인가?'라고 질문하고 계시고, 그 질문에 꼭 대답해야 한다는 것도 잘 압니다. 더 중요한 사실은 이 질문의 대답과 영적 대 잇기의 선택은 자녀가 아니라 부모에게 있다는 점입니다.

"누구든지 하늘에 계신 내 아버지의 뜻대로 하는 자가 내 형제요 자매요 모친이니라 하시더라"(마 12:50; 막 3:35).
"영접하는 자 곧 그 이름을 믿는 자들에게는 하나님의 자녀가 되는 권세를 주셨으니 이는 혈통으로나 육정으로나 사람의 뜻으로 나지 아니하고 오직 하나님께로서 난 자들이니라"(요 1:12-13).

어떻게 하면 우리의 소중한 자손이 '쩨라'가 되고, 하나님의 뜻에 합한 '자손'이 될 수 있을까요? 황금만능의 시대에 어떻게 하면 영적

대 잇기로 우리와 우리 자손 모두 '생명을 회복'할 수 있을까요? 적절하게 답하기는 어렵지만 생명은 황금보다 귀하다는 말은 맞습니다. 생명은 성공보다 우선됩니다. 자녀의 행복과 보람된 삶은 그들이 어느 시대에 살든 최우선 가치입니다.

생명과 참 기쁨은 오직 하나님께만 있습니다. 세상의 모든 현자들은 물질적 성공보다 지혜를 구했습니다. 성경은 하나님을 가까이 하는 일이 물가에 심겨진 나무와 같다고 하였습니다. 우리 부모 세대는 혈통적이든 그렇지 않든 다음 세대를 언약적 교육 명령 안에서 양육하고 교육해야 합니다. 이것이 우리를 회복시키고 자녀들을 복되게 만드는 참된 길입니다. 우리는 성경적 교육을 통해서 우리 자녀들을 언약의 당사자로 시내 산 앞에 세워 하나님의 백성이 되게 해야 마땅합니다.

이러한 성경적 진리를 깨닫지 못했고 또 알려고도 하지 않았던 어리석은 자가 하나님 앞에 무릎을 꿇고 가슴을 치며 다시 일어서고자 할 때, 하나님께서는 라마드의 길을 열어 주셨습니다. 그래서 모든 세대를 향해, 특히 현대의 삶에서 힘들게 사는 부모 세대에게 위로와 격려의 말을 해주고 싶습니다.

"거룩한 선택을 해야 하는 부모 세대들이여!
모두 하나님을 의지하고 신뢰하는 믿음을 잃지 맙시다!
우리 주변에 산처럼 쌓여 있는 문제들과 파도처럼 밀려오는 세상의 유행에 무릎 꿇지 맙시다!
사람들이 "자기를 사랑하며 돈을 사랑하며 자긍하며 교만하며 훼방하며 부모를 거역하며 감사치 아니하며 거룩하지 아니"하는 시대 풍조에 대항하며 그리스도인의 삶을 살아 냅시다!"
시대마다 우뚝 선, 바알에게 입 맞추지 않은 칠천인의 삶이 필요한 시대입니다. 부모 세대인 우리가 먼저 배우는 일에 열정을 갖고, 돌아서서 자녀 세대를 제대로 가르치는 일을 꼭 실천합시다!

역대하 17장 7-9절에서, 이스라엘이 영적 침체에 빠지고 나라의 운명이 풍전등화 같을 때, 여호사밧 왕은 교사로 하여금 '여호와의 율법책'을 가지고 전국을 순회하면서 백성들을 가르쳐 영적 부흥을 일으키도록 했습니다. 에스라가 그 시대 이스라엘 백성들에게 율법을 가르치지 않았다면 과연 예수님 시대가 도래하였을까요? 우리 다음 세대가 우리 세대보다 더 거룩하고 더 위대해지도록 만드는 일이 지금 우리 손에 쥐어져 있습니다. 성경의 가르침대로 우리에게 허락된 자손이 우리가 누릴 복이라면, 라마드 성경적 교육이라는 소중한 소명을 통해 부모 세대 역시 예비된 커다란 복과 기쁨을 누리게 되리라 확신합니다.

4.
부모의 영향력에 대하여

라마드 이야기 5

아침잠이 많은 성경과 성호 형제는 각각 교회 고등부와 중등부에서 회장단과 찬양단으로 열심히 봉사하는 좋은 학생입니다. 아버지도 착한 집사님이고, 엄마는 적극적이고 다양한 직분으로 교회를 섬기고 있습니다. 그런데 두 형제가 학업에는 두드러진 성취를 내지 못하고 있습니다. 좋은 신앙을 가졌기에 공부에 좀 집중해 주면 멋진 기독 청년으로, 귀한 가장으로 성장할 수 있다고 생각하여 형제에게 집중하여 교육과 훈련을 더 하였습니다. 그런데도 여전히 만족스러운 결과가 나오질 않았습니다.

특별히 중학생 성호를 관찰하고 학습의 문제점을 고쳐 주려 했습니다. 얼마 뒤 성호의 문제는 너무 낮은 집중도에 있다는 것을 알게 되었습니다. 교사는 성경에서 가르쳐 준 듣는 훈련, 집중 훈련을 계속 시켰습니다. 그렇지만 부모도 학생 스스로도 "성실하게 잘 듣고, 집중력이 낮지 않습니다!"라며 교사의 의견을 받아들이지 않았습니다. 그래서 충격 요법을 사용해 보기로 했습니다. 아이들 가운데 집중력이 낮은 세 명을 한자리에 불렀습니다. 그리고 칠판 위쪽 모퉁

이에 'A는 30분, B는 5분, 성호는 30초'라 썼습니다. 아이들이 물었습니다.
"무슨 뜻이에요?"
"너희들이 집중력이 얼마나 안 좋은지 실제로 보여주는 실험을 할 거야. A 너는 내가 알려 준 것을 30분 후면 잊을 것이고, B는 5분, 성호 너는 30초면 다 잊을 거야!"
아이들이 절대 그럴 리 없다고, 특히 성호는 펄쩍 뛰면서 내기를 하자고까지 하였습니다. 그래서 이렇게 다시 확언해 주었습니다.
"성호는 30초 후면 들은 것을 잊을 뿐 아니라 내가 그것을 가르쳐 주었다는 사실조차를 기억하지 못할 거야. 너희 두 명은 증인이다!"
교사는 그들이 헷갈려 하던 영문법 중에서 to 부정사와 동명사에 대해 설명하기 시작했습니다.

"영어에서 동사를 활용하는 방법은 두 가지인데…부정사를 만들 때 동사 원형 앞에 to를 붙이는 〈to + 동사원형〉 형태가 있고, to 가 생략되어 〈동사 원형〉만 사용될 때가 있지. 이런 to 없는 부정사를 〈원형 부정사〉라고 불러요. 그리고 동사 뒤에 ing를 붙이면 〈동명사〉라고 하는데…."
이렇게 약 10분 정도 설명하고 기존 방식대로 여러 예문도 만들어 보게 하고 각자 발표도 시켰습니다. 틀린 문장을 고쳐 주는 등 재미있게 수업이 진행되었습니다. 그리고 잠시 뒤 칠판을 정리하고(위쪽 모서리 30분, 5분, 30초는 지우지 않았습니다), 아이들에게 약 30초 정도 다른 이야기를 꺼내며 주의를 환기시킵니다. 그러다 갑자기 성호에게 물었습니다.
"부정사 형태가 두 가지라고 했는데, 〈원형 부정사〉가 뭐지?"
성호가 얼굴을 찡그리며 단호하게 말합니다.

"그건 안 가르쳐 주셨어요, 선생님!"
옆에 있던 두 친구가 큰 눈으로 성호를 쳐다보며 신음하듯 외칩니다.
"아, 정말이네!"
"선생님, 저 팔에 소름 돋았어요!"

하나님 안에서 성실함과 뜨거운 열정을 갖고 두 아들을 경건한 하나님의 사람으로 양육하고자 애쓰는 이 가정은 점차 복되고, 그다음 세대의 가정도 복되게 되리라 생각합니다. 누구나 겪는 성장통은 사람마다 다르거나 가끔 심할 수도 있습니다. 두 아들이 어느 성장단계에서 잠시 마음이 한쪽으로 쏠려 사람을 놀라게 하였지만, 성실한 품성과 하나님 사랑이 넘치는 마음을 가졌기에 장차 아들들의 삶에서 거두는 귀한 열매가 그 부모 품에 안겨져 더욱 하나님을 찬양하는 가문이 될 것이라 확신합니다.

청소년기 남학생들이 굼뜨거나 결정력이 없거나 의지가 약한 경향을 많이 보입니다. 성장단계의 한 현상일 수도 있겠습니다만, 이런 경우 가정에서 아버지는 소극적이거나 관대한 교육 경향을 보이고 엄마들이 적극적으로 문제 해결의 최전선에 나서는 경우가 많습니다. 바쁘고 경쟁력이 심한 한국 현대 가정에서는 자녀들이 이리저리 생각하고 곰곰이 앉아 고민하는 일이 낭비처럼 여겨지게 되었습니다. 그래서인지 엄마들이 정답과 적절한 방법들을 적극 제시합니다. 때때로 자녀들이 어떤 일을 계획하거나 실천하기도 전에 엄마가 먼저 손써 해결해 버리는 경우가 많습니다. 쓸모 없는 일에 씨름하며 문제 해결에 시간을 끌고 매사 미적지근한 태도를 가진 아들들을 기다려 주는 일이 시간 낭비라고 생각하는 모양입니다.

관용적인 아버지와 적극적인 엄마 아래에서 도리어 아이들은 부모의 이야기에 집중하지 않아도 되는 삶의 편리함을 익힙니다. 수많은 '하라'와 '하지 말라' 명령어를 자녀들이 실천하려 하지만 쉽지 않습니다. 때때로 아이들은 그렇게 하지 않아도 무사히 잘 넘어가는 것을 알게 됩니다. 가정에서 습관 형성에 중요한 청소년 시기에 좋은 습관에 대한 훈련이 없으면 예상치 못한 나쁜 습관이 자녀들의 삶에 자연스레 배게 됩니다. 가정에서 자녀들이 동영상이나 게임에 어릴 때부터 많이 노출된 경우, 수동적이고 단편적 생활방식에 익숙해진 경우 등에서 주의력과 집중력이 현저히 낮다는 것을 알 수 있습니다. 경청하지 못하는 삶의 패턴, 그리고 집중하지 않아도 되는 환경들이 고착되어 나쁜 습관이 되고, 후에 이를 깨닫게 되더라도 그 습관을 고치는 데는 긴 시간과 큰 노력이 들어갑니다.

모든 부모가 '참 좋은 선생님'처럼 되기는 쉽지 않습니다. 기독교인 부모라 해도 성경적 교육에 전문적으로 정통하기 쉽지 않습니다. 현실적으로는 그렇다고 하더라도 성장기 자녀들에게는 그 '좋은 5학년 담임선생님'과 같은 성경적 교육원리에 예민한 부모가 필요합니다. 어떤 경우라도 부모는 그 자녀에게 최초의 그리고 최고의 교사입니다. 그래서 노력하는 부모의 모습과 성경적 선택들은 자녀 세대에 크게 증폭되어 영향을 미치게 됩니다.

"그리고 주께서 모세 앞으로 지나가면서 선포하셨습니다. '여호와, 여호와, 긍휼하고 은혜로운 하나님, 오래 참고 선함과 진리가 풍성하며 수천 대에 걸쳐 긍휼을 베풀고 죄악과 범죄와 죄를 용서하며 죄지은 자들을 징벌하지 않고는 그냥 넘어가지 못하니 아버지의 죄를 그 자식들과 그의 자손들에게 3, 4대에 걸쳐 징벌한다'"(출 34:6-7, 우리말성경).

칠천인의 삶

하나님께서는 모든 부모를 교사로 부르셨습니다. 자손들을 참되고 복된 길로 인도하는 지도자로, 그리고 하나님을 경외하는 삶을 가르치는 주체로 세우셨습니다. 부모는 라마드의 좋은 학생인 동시에 라마드의 진실된 교사입니다. 이런 부모의 역할이 얼마나 중요한지, 그리고 그 역할을 제대로 하지 못할 경우 어떤 결과를 초래하는지를 성경은 가르쳐 주고 있습니다. 하나님 말씀을 잘 지켰던 부모들과 그 자손에 대한 이야기는 한나와 사무엘, 엘리사벳과 요한, 그리고 마리아와 예수님 등 아주 많은 복된 가정이 좋은 본보기로 소개됩니다. 그런데 불행하게도 그 반대의 경우도 많이 기록해 놓으셨습니다. 이런 기록은 모든 세대의 가정이 거울로 삼길 바라기에 남기신 은혜입니다. 부모의 잘못된 선택과 삶이 그 자손에게 어떤 결과를 낳는지, 그 실례를 남북으로 갈라진 이스라엘 역사에서 찾아보고자 합니다.

엘리야 선지자는 '능력의 선지자'로 여겨지고 있습니다. 엘리야 선지자가 활동하였던 때는 하나님에 대한 신앙이 가장 깊은 어둠에 묻혔던 북이스라엘 왕국 아합 왕과 이세벨 시대였습니다. 아합 왕의 아버지 오므리 왕은 왕권을 찬탈하였을 뿐 아니라 선조 왕들보다 더 우상을 섬겼습니다. 오므리 왕은 그것도 모자라 바알과 아세라를 섬기던 시돈 왕의 딸 이세벨을 며느리로 맞아들였습니다. 두 나라가 연합함으로 국가 발전을 도모한 정략적 선택이라고 말할 수 있습니다. 온 나라가 바알과 아세라를 택하였고, 하나님을 섬기는 자들을 박해했습니다.

그 타락한 시대에 엘리야가 하나님의 말씀을 전하는 대변인 역할을 감당하였습니다. 어느 날 엘리야는 혼자서 850명의 우상숭배 제사장들과 대결하게 됩니다. 갈멜 산 전투에서 누가 진짜 하나님인지 생사를 건 대결을 하고, 엘리야는 그 자리에서 우상숭배의 어리석음을 만천하에 드러냅니다.

그러나 아합 왕과 타락한 세상은 하나님이 살아 계심을 보고도 무서워하지 않았습니다. 도리어 이세벨은 엘리야를 죽이겠다고 위협을 했고, 엘리야는 두려움과 좌절감에 사로잡혀 먼 나라 사막 가운데서 죽기를 원했습니다. 그러나 하나님은 엘리야를 만나 주셨습니다. 그때 엘리야는 자신의 커다란 절망을 하나님께 이렇게 표현했습니다. "이제 이 세상에 하나님을 믿는 자는 나 한 사람 외에 아무도 남지 않았습니다." 그때 하나님께서 하신 말씀이 '칠천인'입니다.

> "그러나 내가 이스라엘 가운데 칠천인을 남기리니 다 무릎을 바알에게 꿇지 아니하고 다 그 입을 바알에게 맞추지 아니한 자니라"(왕상 19:18).

하나님은 남은 자가 7천 명이나 된다고 장담하셨습니다. 칠(7)이라는 숫자를 완전 숫자라는 의미에서 본다면, 타락한 시대에도 여전히 헤아릴 수 없는 거룩한 무리가 남아 있다는 말씀으로 이해할 수 있습니다. 그렇습니다. 칠천인은 바로 하나님의 자존심입니다. 그 칠천인은 최악의 시대에서도 '다 바알에게 무릎을 꿇지 아니하고 다 바알에게 입 맞추지 않은' 하나님의 비밀 병기인 셈입니다.

우상숭배란 무엇을 의미할까요?
우상을 숭배한다는 것은 하나님을 배제한 어떤 선택도 가능하다는 선언을 말합니다. 자신을 위해서라면 모든 옵션을 다 취사선택할 수 있다는 자기 신앙을 우상숭배라 할 수 있습니다.

나라를 부강하게 만들기 위해 이세벨을 며느리로 받아들이는 것은 멋진 아이디어일 수 있습니다. 시돈의 부와 발달된 문화를 받아들이기 위해 정략결혼을 성사시킨 일은 왕으로서뿐 아니라 아버지로서 칭찬받을 일인지도 모릅니다. 차기 왕이 될 아들을 위해 무엇이든 유리한 옵션을 선택할 수 있다고 판단했을 것입니다. 오므리 정권이 왕권을 찬탈했기 때문에 국민의 마음을 사로잡고 지지를 받기 위해 멋진 오락물을 던져 주는 일도 시급했습니다. 머리 좋은 오므리 왕은 바알과 아세라 시스템을 도입함으로 성공적인 정책 결정을 했다고 스스로 자랑스러워했을 것입니다.

그러나 하나님의 백성이자 이스라엘의 왕이며 한 가정의 아버지인 오므리는 다윗처럼 하나님께 묻지 않았습니다. 묻기는커녕 하나님의 흔적을 나라에서 없애고, 하나님의 권한을 자기 정치에서 배제시키고, 하나님의 은혜를 국민의 마음에서 지워지도록 만들었습니다. 하나님 없이 정치하는 일이 더 편합니다. 하나님 없이 왕 되는 일은 수월하고 즐겁습니다. 하나님 없이 사는 일은 쾌락적입니다. 하나님 없이 자녀를 키우는 일은 너무 간단합니다. 하나님이 없으니 오므리 왕은 자신의 뜻대로 무엇이든 할 수 있었습니다.

하나님을 알지 못하는 이세벨, 바알과 아세라를 최고의 가치로 여기는 이방 여인을 맞이한 아합 왕은 훨씬 더 편리했습니다. 하나님의 사람들을 모두 죽이고 엘리야 선지자조차 무시해도 왕은 무사했습니다. 하나님 없는 세상의 왕으로 살도록 해주는 아내를 두었으니 그는 정말 재미있었을 것입니다. 철저한 세속주의 아내가 귀찮은 일을 다 알아서 영리하게 처리해 줍니다. 게다가 믿음이 신실한 유대 왕 여호사밧까지 다가와 자신의 힘이 되어 주고 있습니다. 아합 왕과 이세벨은 키득거리며 이렇게 속삭입니다. "이참에 유대 땅까지

다 차지해 버릴까?"

아내 이세벨과 아합 왕은 여호사밧 왕에게 정략결혼을 제안했을 것입니다. 여호사밧 왕은 마음이 착하고 신앙심이 깊지만 이스라엘 왕과 사귀다 보니 삶이 흔들립니다. 여호사밧은 이스라엘 왕과 사돈 맺는 일이 참 좋은 아이디어라고 생각하게 됩니다. 자신의 아들이 큰 나라 이스라엘의 사위가 되면 더 좋겠거니 생각하고 아들 여호람을 이세벨의 딸 아달랴와 결혼시킵니다. 여호사밧의 며느리 아달랴는 누구일까요? 북왕조 이스라엘은 이미 우상숭배라는 유행에 빠져 있었습니다. 외할아버지가 바로 시돈의 왕이고, 또한 어머니 이세벨은 최고의 우상숭배자면서 권력자를 치마폭에 휘감는 수완가였습니다. 그 딸 아달랴 역시 조상과 그 부모로부터 더 심각한 오염된 삶을 전수받았으리라 추정할 수 있습니다. 이제 그가 왕비로 유대 땅에 들어옵니다.

두 아버지의 결정, 즉 오므리 왕은 시돈의 딸 이세벨을 그의 아들 아합 왕의 아내가 되게 합니다. 여호사밧은 오므리의 손녀이자 이세벨의 딸인 아달랴를 자기의 아들 여호람의 아내가 되게 합니다. 이런 결정을 한 두 집안은 어떻게 될까요?

아합 왕과 그 자손은 예후의 손에 모두 죽임을 당합니다. 성경 역사상 최고의 악녀로 평가받는 이세벨도 궁전 밖으로 던져지고 개들이 먹어 시체도 수습하지 못합니다.

유대 다윗 가문은 어떻게 되었을까요?
아합 왕과 사돈 관계를 맺었고, 아달랴를 왕비로 맞이했던 유대

나라 역시 온전하지 못했습니다. 아달랴의 아들이었던 아하시야 왕은 할아버지 여호사밧과 아버지 여호람이 하던 대로 이스라엘 왕(요람)과 친하게 지냈습니다. 그러던 중 요람 왕이 병들자 사돈인 북쪽 이스라엘까지 병문안을 갑니다. 그랬다가 예후가 반란을 일으켜 아합 왕 일족과 이세벨을 처단할 때 아하시야 역시 이국 땅에서 객사하고 맙니다. 친정 집이 모두 망하고 아들 아히시야가 죽자 아달랴는 스스로 유대의 여왕이 됩니다. 그리고 왕위에 오르자마자 모든 다윗 자손의 씨를 없애는 끔찍한 일을 저지릅니다.

메시아 예수님은 육체로 다윗의 혈통에서 나오도록 되어 있습니다. 그런데 우상을 섬기던 여자를 며느리로 맞이한 한 지도자의 결정이 하나님 구원의 역사를 위협하는, 인류 전체의 재앙이 될 뻔했습니다. 신앙도 좋고 마음씨도 착했던 한 아버지가 아들을 사랑해서 내렸던 그 결정이 다윗 왕의 자손들을 한자리에서 몰살시켰습니다. 또한 마태복음 1장 예수님의 족보를 보면 깜짝 놀랄 일이 기록됩니다.

> "이새는 다윗 왕을 낳으니라 다윗은 우리야의 아내에게서 솔로몬을 낳고 솔로몬은 르호보암을 낳고 르호보암은 아비야를 낳고 아비야는 아사를 낳고 아사는 여호사밧을 낳고 여호사밧은 요람을 낳고 요람은 웃시야를 낳고"(마 1:6-8).

예수님의 왕족 족보 가운데 유대 왕 중 6대 왕, 7대, 8대, 그리고 9대 왕 이름이 없습니다. 그들이 누구입니까? 바로 여호사밧의 손자 아하시야, 그의 어머니였던 여왕 아달랴, 그리고 그 뒤의 왕인 요아스, 그의 아들 아마스, 이 네 명은 예수님의 족보에서 배제되었습니다. 그 이유를 명쾌하게 밝힐 수는 없지만, 아달랴의 영향으로 70년

넘는 기간 동안 유대 땅과 유대 왕족의 혈통이 오염된 까닭이 아닐까 생각합니다.

이렇듯 이세벨과 아합 왕은 성경에서 가장 불명예스럽고 악한 지도자로 묘사되며, 우상숭배 가문을 메시아 가문 안에 들여온 아버지의 결정은 구원역사에서 지워지는 수치를 당하였습니다.

오므리 왕과 여호사밧 왕, 두 아버지의 선택에서 보듯이 자녀들은 부모의 선택의 결과를 그대로 받게 됩니다. 하나님의 백성은 바알에게 무릎 꿇지 않는 부모 세대를 요구합니다. 그런데 만약 부모 세대가 조금이라도 바알에게 눈을 돌리면 자녀 세대는 바알이 너무 좋아 입 맞추고 결혼하여 혼잡한 자손을 낳는 결과를 가져옵니다. 그렇습니다. 바알에게 무릎 꿇지 않는 부모 세대가 바알에게 입 맞추지 않는 자녀 세대를 길러 내게 됩니다.

성경 역사에서 보듯이 부모와 지도자에 대한 경고는 분명합니다. 가정이든 국가든 지도자가 편리주의를 따를 것인지, 아니면 성경적 가치를 따를 것인지 선택하라고 합니다. 그리고 그 선택에 분명한 결과가 따를 것이라 말합니다. 그런 의미에서 부모이고 성도이며 세상의 리더인 기독교인들은 잊어서는 안 되는 말씀이 하나 있습니다. 바로 하나님께서 어깨가 축 처진 엘리야에게 장담하셨던 그 말씀 말입니다.

"바알에게 무릎을 꿇지 아니한 부모 세대와 그들이 길러 낸 바알에게 입 맞추지 아니한 자녀 세대, 즉 나의 백성이 세상 가운데에 7천 명이나 있단다!"

그렇습니다. 칠천인이 이 시대에도 있습니다. 바알을 거절하며 세상을 이겨 내는 칠천인은 하나님께서 자랑하고 싶은 각 시대의 경건한 자들로, 그들은 여전히 하나님 나라를 확장시키고 있습니다. 그러니 하나님의 명령을 따르고자 애쓰는 이 시대 부모들과 성도들은 어깨를 늘어뜨릴 필요가 없습니다. 우리는 더 힘을 내야 합니다. 우리는 혼자가 아닙니다. 우리들처럼 애쓰는 수많은 동료가 곳곳에서 승리의 소식을 하늘로 올리고 있습니다.

예수님의 제자로 매일 전쟁처럼 살아가는 리더들과 교사들 역시 걱정할 필요가 없습니다. 성경적 교육 리더들과 함께 성령님께서 더 힘세게 모든 우상을 무너뜨리고 온 땅을 거룩하게 만들고 계십니다. 그러므로 우리는 한마음으로 제자의 삶, 거룩한 칠천인의 삶을 용감하게 살아 내야 합니다. 성경의 가치를 따르고자 눈물 흘리며 기도하는 이 땅의 모든 부모 세대와 교사들은 절대 기죽어서는 안 됩니다. 바알을 거절하고 세상에 거룩한 영향력을 끼칠 소중한 자녀들이 자라고 있기 때문입니다. 우리보다 더 거룩하고, 교사들보다 더 위대하게 바알을 이겨 내며 하나님께 기쁨을 드릴 새 시대 칠천인이 도처에서 무럭무럭 자라고 있기 때문입니다.

두 아버지 오므리 왕과 여호사밧 왕을 통해 지금의 결정이 자손들에게 영향을 미친다는 사실을 배웠습니다. 우리는 아버지로서, 어머니로서, 그리고 각처의 교육 리더로서 온 힘을 다해 세상의 우상들과 싸워야 합니다. 이 시대의 엘리야가 되어서 하나님의 목소리를 내야 합니다. 매일 곁에서 도우시는 성령님의 도움으로 이 시대의 추악한 바알들을 이길 수 있습니다. 바알과 싸워 승리하여 이 시대의 칠천인의 영광을 누리며 예수님의 십자가 승리의 무리에 들어가도록 애써야 합니다. 그러면 우리 자녀들 역시 칠천인이 되어 더 큰 승리의 깃발을 흔들며 살아가게 될 것입니다.

부모 세대가 가슴에 품을 구호가 바로 이것입니다.
"칠천인 부모가 되자!"

그리고 잊어서는 안 될 교훈들!
① 부모의 삶의 질이 자녀 삶의 근간을 이룬다(부부 관계, 언어 습관).
② 부모의 선택 패턴은 자녀 삶에 결정적인 색채를 갖게 한다(부모의 습관과 가치관).
③ 부모의 바른 신앙은 자녀에게 최고의 유산이다(성경 중심, 교회 중심, 예배 중심).
④ 부모의 성경적 훈육은 자녀의 삶을 고양시킨다(교육은 그 사람을 형성한다).

사랑한다는 것은 가치의 순서를 바꾸는 일입니다. 세상보다 하나님을 사랑하는 일이 신앙입니다. 70억 명보다 한 명의 배우자를 사랑하는 일이 부부의 일입니다. 이런 부모를 둔 자녀들은 사랑을 할 수 있는 사람이 됩니다. 또 그런 사랑을 가진 사람에게 하나님께서는 하나님의 사랑을 쏟아부어 주실 것입니다. 모든 부부와 자녀가 하나님의 사랑으로 항상 행복하길 진심으로 기도합니다.

5.
라마드의 교재와 대상

라마드 이야기 6

늦은 나이에 얻은 호감이는 잘생긴 초등학생입니다. 부모 두 분 모두 선천적으로 몸이 불편하였기에 건강하게 쑥쑥 자라는 호감이는 그들의 기쁨이고 자랑입니다. 호감이가 아직 초등학교 5학년이며 또 '귀한 외동아들'이기에 자기중심적이고 장난꾸러기여도 부모님은 웬만하면 다 이해하였습니다.

그 결과 지금 호감이는 교실에서는 학습 분위기를 흐리고 교회에서는 곱게 쳐다보기 어려운 '문제아'의 길목에 있습니다. 여러 가지 장난감과 흥밋거리를 주어도 잠시뿐, 짧은 시간도 집중하지 못했습니다. 사실 호감이는 어릴 때부터 동영상이나 게임을 자유롭게 할 수 있었는데, 초등학교 5학년이 되자 게임 중독 증세를 보였고 또 더 심해지고 있었습니다. 많은 부분 아들에게 관용적이던 부모님들도 이런 여러 가지 일들을 조금씩 인지하게 되자 걱정하기 시작했습니다. 교사도 호감이는 다루기 쉽지 않다는 점을 잘 알았습니다. 호감이의 문제는 그 아이 하나의 문제가 아니라 부모와 깊은 관련이 있는데, 그 부모들은 웬만한 말썽에도 '괜찮아요, 그냥 두세요, 저대로

도 전 좋아요'라는 태도를 버리지 않기 때문입니다. 호감이 부모님들 입장에서는 자식을 얻은 그 자체가 큰 은혜이고, 건강하고 잘 자라는 일 역시 기적으로 여겼기 때문입니다.

성품이 좋은 아버지는 바둑을 잘 두고, 사랑이 많은 어머니는 피아노를 잘 치기에 그래도 호감이는 귀엽고 재능이 있으며 또 에너지 넘칩니다. 교사는 호감이를 관찰하며 재능을 터뜨리고자 여러 가지를 시도합니다. 아버지가 자원봉사자로 바둑 교실을 열어 아이들과 어울리게 해보았습니다. 박물관을 다니며 관찰과 조사를, 조별 활동을 통해 발표나 봉사 활동에도 참여시켜 보았습니다. 과학적 실험, 목공예와 채소 기르기, 동화책과 그림 그리기 등에 노출시켜 보았습니다. 호감이가 금세 싫증을 내면 다른 환경과 대상으로 바꾸어 주었습니다. 드럼 치는 선배들에게 부탁도 하고, 찬양팀에도 끼워 주어 마이크를 잡게 해주었습니다. 역시 가는 곳마다 문제를 일으켰습니다.

그러다가 기타를 가르쳤는데, 호감이는 포기하다가도 다시 배우기를 몇 번 하더니 갑자기 학기말 행사에 기타 연주자로 앞에 나왔습니다. 모든 사람들이 놀랐습니다. 호감이는 무대에 서는 것을 싫어했습니다. 그런 호감이가 모든 사람들 앞에서 능숙한 손놀림, 주법, 그리고 연주에 몰입하고 있었습니다. 부모의 기쁨은 말할 것도 없고, 모든 사람이 호감이의 열정에 환호했습니다.

이처럼 하나님께서는 세상 전체를 아이들의 놀이터로, 학습 교재로 주셨습니다. 자녀 안에 잠자는 흥미와 열정을 발산할 대상과 소재를 세상과 책, 그리고 주변 공동체 가운데 발견하게 해주는 일은 교육의 주된 일 중 하나입니다. 호감이는 다른 무대에도 초대받을 정도로 발전 속도가 빨랐습니다.

성품 좋은 아버지와 하나님 사랑을 깊이 경험한 어머니 밑에서 호감이가 훌륭한 연주가로, 좋은 교사로 성장하리라 기대합니다. 왜냐하면 하나님께서 호감이를 사랑받는 아이로 그 가정에 허락하셨고, 하나님의 사람으로 기르기 원하시기 때문입니다.

좋은 영향력을 가진 사람은 영성(Spirituality) 혹은 정직(faithfulness)과 탁월성(excellence)을 가진 사람입니다. 바르고 풍부한 영적 세계와 재능을 바탕으로 개발한 전문성이 조화를 이루어 삶에서 잘 발휘되는 사람은 자신과 세상을 행복하게 만드는 사람입니다. 귀한 양들을 위해 목자에게는 좋은 막대기(수단, 교재)가 필요합니다.

1) 라마드 교육의 다양한 교재

(1) 하나님 말씀으로서 성경

성경은 하나님과 피조 세계를 배우고 깨달을 수 있는 최고의 교재이며 지식의 원천입니다. 또한 성경에는 하나님의 뜻과 마음이 풍부하게 담겨 있으며, 세상과 삶의 원리를 품고 있는 금광과 같은 책이기에 으뜸 교재입니다.

> "또 네가 어려서부터 성경을 알았나니 성경은 능히 너로 하여금 그리스도 예수 안에 있는 믿음으로 말미암아 구원에 이르는 지혜가 있게 하느니라 모든 성경은 하나님의 감동으로 된 것으로 교훈과 책망과 바르게 함과 의로 교육하기에 유익하니"(딤후 3:15-16).

성경은 인류가 가진 최고의 유산입니다.

세상은 성경에 대해 두 가지 상반된 태도를 보이고 있습니다. 한쪽에서는 겸허함으로 기쁨과 지혜를 발견하며, 다른 쪽에서는 질투와 분노로 성경적 가치들을 무너뜨리려 합니다. 지금도 성경의 입구는 안으로 들어오려는 사람과 그 밖으로 달아나려는 사람들로 북적거립니다. 그러다 보니 양쪽 모두에게 성경은 알아야 하는 '필수 교재'가 되었습니다.

라마드 교육에서 최고의 교과서이고 또 최대의 교재인 성경을 교육하는 일은 하나님께서 인간에게 주신 복을 누리는 일입니다. 그래서 어릴 때부터 성경을 읽고 암송하는 교육은 언어 능력을 향상시키며, 뇌 발달에 적극 도움이 됩니다. 성경의 이야기들과 다채로운 주인공들은 무한한 상상력과 창의력을 키워 줍니다. 다양한 종류의 아름다운 문장들을 통해 어휘력과 독서 능력을 갖게 할 수 있습니다. 또한 세계 여러 나라 언어로 번역되었고 오디오 파일도 쉽게 구할 수 있기 때문에 외국어 학습에도 유용합니다. 부모 세대와 교사들이 자녀들의 학습환경과 학습능력에 따라 이미 개발된 성경 프로그램들을 통해 도움을 받을 수도 있습니다.

태교에서도 가장 좋은 교재가 부모의 성경 읽기와 찬양을 들려 주는 일입니다. 세례 요한의 어머니 엘리사벳과 마리아의 만남에서 볼 수 있듯이, 부모의 영성이 태아에게, 그리고 태아의 영성이 엄마의 삶에 영향을 줍니다. 태아와 자녀에게 가장 좋은 영양분인 말씀과 경건을 먹인다면 그 부모 역시 가장 귀한 것을 섭취하는 셈입니다. 아빠는 침대에서 아이들에게 성경 이야기로 하루를 쉬게 하며, 엄마는 말씀 한 구절이 담긴 도시락을 준비함으로 자녀를 경건하게 양육할 수 있습니다. 교사 역시 조용한 묵상과 사랑과 격려가 담긴 한두 말씀으로 교실을 따스하게 만들어 갈 수 있습니다. 성경의 한 단어가, 한두 줄의 말씀이 생명을 주고 희망 가운데 자녀들을 아름답게 세워 갈 수 있습니다.

그러므로 성경은 태아에서부터 노년에 이르는 모든 세대들에게 최고의 교재이고 최상의 선물입니다. 선물은 이미 받았고, 손안에 놓여 있습니다. 이제 성경을 어떻게 활용하고 어떻게 가르쳐야 할지는 부모 세대와 교사들의 결심과 실천에 달려 있습니다.

> "복 있는 사람은 악인의 꾀를 좇지 아니하며 죄인의 길에 서지 아니하며 오만한 자의 자리에 앉지 아니하고 오직 여호와의 율법을 즐거워하여 그 율법을 주야로 묵상하는 자로다"(시 1:1-2).

(2) 자연과 세상

하나님의 창조물 가운데 사람을 둘러싼 모든 것을 자연 혹은 환경이라고 부를 수 있습니다. 자연은 인간에게 허락하신 터전이자 동시에 함께 살아야 할 생명 공동체입니다. 자연을 잘 섬겨야 하는 이유는, 하나님 창조원리에서 자연과 사람은 한 덩어리이기 때문입니다. 하나님께서는 우리를 세상의 관리자로, 에덴지기로, 섬기는 자로 세우셨습니다. 자연을 섬기며 한 덩어리가 되는 일에는 전문 지식과 다양한 기능들이 필요합니다. 그리고 우리는 이러한 섬김을 통해 하나님께서 심어 놓으신 원리와 규칙, 그것을 통한 새 지식을 얻을 수 있습니다. 피조 세계에는 창조자의 솜씨와 의도가 담겨 있습니다. 또한 그들을 다스리는 관리자의 사역이 우리에게 있습니다. 우리의 자녀들에게 하나님께서 펼쳐 놓으신 원리와 통치 방법을 찾아내어 세상이 건강하고 복되도록 만들 수 있는 지식과 기능을 갖추도록 해야 합니다.

또 오랜 시간에 걸쳐 인류가 이룬 각종 유산들이 있습니다. 건축물, 음식료, 문화, 예술, 전통과 삶의 방식들 안에 사람들의 슬기와 지혜, 아름다움과 멋이 담겨 있습니다. 자녀들이 다양한 체험을 하고 맛보는 일은 이런 지혜를 전수받을 뿐 아니라 자녀 안의 열정, 달란트를 일깨우는 좋은 기회가 됩니다.

이처럼 자연과 세상은 교재로써 자녀에게 가르쳐야 하는 큰 교과서입니다. 자연과 세상을 라마드하면서 실천적 학습을 하게 되고, 실용적 지식을 얻으며 활용 방안을 추구하게 될 것입니다. 이런 학습은 자녀들에게 눈앞의 성적이나 성취와는 비교 불가능할 정도로 소중합니다.

갖가지 탐방 학습 프로그램 혹은 현장 학습은 가정에서나 교실에서도 자주 실행하면 좋습니다. 휴가와 명절 기간을 활용하거나, 가까운 박물관 방문이나, 공원과 작은 산으로 가는 가벼운 산책도 자연과 사람, 귀한 유산을 품고 있는 세상을 배울 기회입니다.

특별히 세상의 중심에 있는 사람에 대한 이해와 섬김의 시작은 하나님과 자연, 세상과 사람의 관계성을 알아가면서부터입니다. 그러므로 주변 세계와 바른 관계를 맺고 섬기는 법을 배워가는 일은 라마드 성경적 교육에 필수 과정입니다. 그러면 자녀들은 넓은 시야와 바른 태도를 갖고 세상을 섬길 수 있는 창조적 인간의 모습을 회복하게 될 것입니다. 이처럼 자연과 세상을 배우는 커리큘럼을 만들면 여기에서 얻는 유익들이 차곡차곡 자녀의 삶을 채워 나가게 됩니다.

"땅의 깊은 곳이 그 위에 있으며 산들의 높은 것도 그의 것이로다 바다가 그의 것이라 그가 만드셨고 육지도 그의 손이 지으셨도다 오라 우리가 굽혀 경배하며 우리를 지으신 여호와 앞에 무릎을 꿇자"(시 95:4-6).

(3) 서적과 정보 매체

좋은 책은 작가의 고결한 노력과 그 결과로 얻은 많은 통찰력을 보여쭙니다. 서적들은 세상과 삶 가운데 흩어져 있는 하나님의 보편적 진리를 찾고자 각 분야에서 힘겨운 수련으로 이루어 낸 지식 창고이기도 합니다. 그래서 좋은 책을 읽는 일 자체가 훌륭한 교육과 학습이기도 있습니다. 자녀 성장과 성숙 정도에 따라 바른 책을 선택하고 바르게 읽는 독서 습관을 길러 주는 일은 부모와 교사의 큰 관심사입니다.

자녀의 독서 습관은 어릴 때부터 부모의 지도에 많이 좌우됩니다. 태아부터 스스로 읽을 수 있기 전까지 부모로부터 성경 이야기나 동화를 자주 들었다면 책을 좋아하게 됩니다. 책을 스스로 읽기 시작할 때부터 내용뿐 아니라 그림과 색상까지 자녀들 정서에 알맞은 책을 주변에 두고 가까이하게 합니다. 그리고 성장에 따라 고전들과 널리 추천하고 있는 도서 목록을 따라가도록 지도합니다. 어떤 사람이 젊은 시절 심취하여 읽었던 한 권의 책으로 인해 10년을 헛되이 방황하게 되었다는 후회를 들은 적이 있습니다. 어린 마음에는 한 권의 동화책이나 만화책이, 한 장면의 동영상이 깊게 각인되어 지속적인 영향을 줄 수 있습니다.

자녀들이 책을 읽을 때 더 선호하거나 덜 선호하는 종류가 있습니다. 다양하게 읽는 것이 좋지만, 더 흥미를 갖는 책은 달란트 개발에 도움을 줄 수 있고 독서 습관을 기르는 데 도움이 될 수 있습니다. 자녀가 책을 많이 읽고 바른 독서를 하도록 읽기를 지도하는 일이 중요하지만 점검과 격려가 자녀에게 심적 부담감을 느끼게 한다면 방법을 바꿀 필요가 있습니다. 독서에 대한 다양한 격려와 읽은 후 기쁨과 성취를 맛보게 하는 점검 방법을 찾아야 합니다. 가정이나 교육 공동체 안에서 새로운 어휘나 개념을 즐겁게 이야기하거나 토론하는 분위기가 된다면 더 좋습니다. 자녀에게 책은 재미있고 더 읽을수록 칭찬이 더해지는 일이어야 합니다.

이와 더불어 인터넷이나 대중매체의 사용에 대해 주의할 점이 있습니다. 유·무선 정보 매체와 스크린 기기들은 빠르고 대량적이며 쌍방향·동시적으로 정보들을 처리합니다. 이것들은 더할 나위 없이 좋은 정보 습득 수단임에 틀림없습니다. 그러나 그와 비례하여 더할 수 없이 충동적·중독적·파괴적 결과를 가져올 수도 있습니다.

예를 들면, 뇌 발달과 더불어 감성, 신체 및 가치관 등이 미숙한 초등학생 이하 자녀들은 동영상이나 영상물에 되도록 적게, 짧게 노출되어야 합니다. 당연한 이야기지만, 게임과 TV 시청을 제약하면 할수록 자녀에게 유익합니다. 3세 이하 아이들을 달래기 위해 영상물을 눈앞에 두는 경우가 많은데, 영상물이 아기들과 어린이들에게 미치는 악영향을 안다면 놀랄 것입니다. 이런 일은 어쩔 수 없는 일이 아니라 하면 안 되는 일입니다. 영상물은 미성숙 자녀에게 시각 손상, 뇌세포 손상, 그리고 감성 왜곡과 언어 장애 등의 피해를 줍니다. 이것은 심각한 상처가 되어 자녀가 평생 불편함을 갖고 살아야 하고, 혹 후에 그것들이 부모들에게 아픔으로 돌아가기도 합니다. 대표적 고통으로는 집중력 결핍, 정서 장애가 있으며, 각종 중독에 쉽게 빠지게 되고, 무력감과 자존감의 상실 등을 호소하기도 합니다.

중학교 이상의 자녀라도 최소한 성인이 되기 전까지 인터넷과 핸드폰 사용에 적극적인 제한이 있으면 좋습니다. 스크린으로 수천 페이지의 정보를 검색하는 일보다 한 페이지의 따스한 독서가 자녀들에게 더 큰 득이 됩니다. 중·고등학생 때에는 게임 중독, 인터넷 중독, 그리고 SNS(소셜 네트워크) 중독에 피해를 입기 쉽습니다. 이런 문명의 이기를 완전 통제하는 일은 어렵습니다. 이것들을 잘 활용할 수 있도록 적극 노출하고 지원하는 일이 중요하다는 주장도 있습니다. 그러나 이런 강력한 유혹과 매력을 스스로 자제하면서 통제할 자녀들이 많지 않다는 데 문제가 있습니다. 다니엘과 세 친구들이 아무 이유 없이 왕의 진미를 거절한 것이 아닙니다. 경계를 잘 긋고 지켜 나가도록 만드는 일이 부모와 교사의 일이고, 또 교육의 일이기도 합니다.

이런 고민과 결정은 어느 시대에든 있었습니다. 완고한 부모 세대와 자유분방한 자녀 세대의 이야기는 항상 흥미를 끄는 소재였습니다. 세상에 단지 여덟 명만 살았던 노아 가정에서도 마찬가지였습니다. 새로운 발명품이 생길 때마다 인류가 지불해야 했던 고통이 있었습니다. 다만 자녀 세대가 이러한 위험스러운 교재들을 어떻게 다루고 어떤 자세를 갖느냐는 시대마다 새로운 토론거리가 됩니다.

새로운 정보 기기에 대하여 부모 세대는 보다 예민하고 명료한 자세를 보여주어야 합니다. 소문과 유행에 대항하여 각종 문명 이기들이 자녀 양육과 교육에 유익할지는 여러 번 되새김질하면서 바른 활용을 고민해야 합니다. 그렇지 않으면 쏟아져 나오는 문명 이기들이 괴물이 되어 우리의 작은 영혼들을 갉아먹게 됩니다. 지혜로운 부모는 날카로운 과도를 장난감으로 주지 않는 것과 같은 원리입니다.

성경과 세상, 그리고 책과 같은 귀한 교재를 많이 활용하면서 인터넷과 대중매체에 대해 자연스럽게 거리감을 유지할 수 있다면 가장 좋은 양육·교육 분위기가 됩니다. 그러므로 부모와 교사가 자녀 세대와 갈등의 기폭제가 된 인터넷과 핸드폰 사용에 대해 두 가지 단호한 태도를 가지면 좋겠습니다.

첫째, 최소한 사용을 위해 최대한 통제를 할 수 있는 규칙을 가족 혹은 교육 공동체 안에서 합의로 만들어야 합니다.

둘째, 통제에 대하여 갈등이 생길 경우, 모든 비용 지불과 책임은 부모(혹은 교육 공동체)에게 있기 때문에 최종 결정권 역시 부모에게 있다는 원칙을 양보해서는 안 됩니다.

하나님께서는 안 되는 것을 "안 돼!"라고 말하라고 가정의 파수꾼으로 부모를 세우셨습니다. 우리 주님 역시 안 되는 것을 "괜찮아!" 허용한 그릇된 교사들에 대해 심하게 질책하셨습니다. 가치 혼동의 시대에 본질적 의미대로 '자녀를 사랑'하거나 '지혜롭게 가르치는' 일이 쉽지 않아 보입니다. 그렇기 때문에 우리는 진리 곁으로 더 가까이 다가서야 합니다. 등대의 밝은 빛처럼 성경적 교육원리와 방법들이 힘겨워하는 부모와 교육 리더들을 비추며 응원하고 있습니다. 멀어지면 희미해지고, 가까이할수록 더 명료해질 것입니다.

(4) 가족과 다양한 공동체

우리의 삶은 개인적이며 동시에 공동체적입니다. 성경에서 말하는 구원이나 회복에 대한 메시지 역시 개개인의 회심의 삶과 동시에 전 공동체의 정의로운 모습을 전제합니다. 그래서 자녀가 개인적 능력과 달란트를 개발하면서 동시에 세상과 관계 맺는 법을 배워야 합니다.

자녀들이 경험하는 삶은 주로 가정에서, 그리고 교육 공동체 가운데서 일어납니다. 먼저 사랑의 관계 안에 있는 가족 어른들, 친척들, 그리고 조부모 세대와 긴밀하게 교제하고, 대가족 공동체, 친목과 취미 공동체 등으로 자연스럽게 그 영역을 넓혀 나가게 해줍니다. 그러면 자녀들은 따스한 공동체와 그 관계 안에서 자의식을 찾게 됩니다. 공동체의 한 사람이라는 것은, 그것과 한 덩어리이면서 동시에 전체 구성원의 하나로서 자기 정체성을 갖고 있습니다. 또한 자신을 포함한 구성원들은 다양성과 독특성으로 전체 공동체에 특별한 맛과 색을 더해 주는 역할 분담과 소속감을 가지고 있습니다.

가족과 공동체 안에서 제대로 성장하는 자녀들은 바른 자기 이해를 통해 자존감과 자부심을 갖습니다. 이런 자녀들이 성장하여 자신의 삶과 그 가정, 그리고 소속된 공동체를 위해 헌신하며 좋은 영향력을 발휘합니다. 이를 위해 교회 활동이나 가족과 이웃, 친구 등의 행사에 적극 참여시킵니다. 선물 구입과 포장, 축하하는 글과 그림을 넣는 일에도 참여시킵니다. 선물 받는 일과 마찬가지로 주는 일에도 즐거워할 수 있는 성품이 되게 해줍니다. 아빠 생일 선물로 '1개월 구두 닦아 드리기' 카드를 드렸다는 이야기는, 그 자녀가 선물은 값이 아니라 가치라는 귀한 개념을 가정 공동체 안에서 배웠다는 반증입니다.

가정과 관계성에 대해서 많은 연구들과 귀한 조언들이 많습니다. 여러 가지 정보와 활용 방안을 찾고 적용해 가면 좋겠습니다.

2) 성장과정과 라마드의 적용

하나님의 사람은 모두 배워야 하고 또 가르쳐야 하는 존재라는 사실을 이미 알았습니다. 그러나 우리는 나이와 성장단계에 따라 특징이 다르고, 라마드의 원리는 같지만 눈높이는 달라야 함을 잘 압니다. 그래서 다음과 같이 자녀의 성장단계에 따라 구별하고, 또 라마드 관점에서 각 성장단계별 특징과 주의할 부분을 살펴보려고 합니다.

(1) 부모 세대(부모교육의 중요성)

라마드의 주동력원인 부모 세대들은 가장 먼저 배워야 하고, 가장 잘 배워야 할 학생들입니다. 모든 사람들이 훌륭한 교사가 될 수 없을지 모릅니다. 그러나 좋은 부모는 될 수 있습니다. 성경에서는 최초의, 그리고 최적의 교사는 부모라고 말합니다. 그래서 좋은 부모가 되기 위해 성경에서 배우려는 노력을 하되, 부모교육은 학생이 되는 일로 시작합니다. 이처럼 라마드 부모교육은 자녀 세대에 가르칠 성경적 교육원리와 방법들을 부모들에게 가르치고 훈련시켜 라마드 교사로 거듭나게 만드는 일입니다.

부모교육의 가장 큰 기대효과는 바로 가정의 회복에 있습니다. 요즘 크리스천들은 하나님 말씀에 크게 목말라 하지 않는 것 같습니다. 그들이 목마르지 않다는 것은 하나님의 명령을 지키는 일에도 열정이 없고, 배우는 일에도 흥미가 없다는 말입니다. 몸에 줄 몇 개를 그려 놓고 얼룩말이라고 말하는 것처럼 무늬만 화려한 성도들이 생겨나는 것 같습니다. 그래서 교회와 가정에 다양한 문제가 생겨났습니다. 최고의 덕목이자 가치로 성경이 제시되지 못하므로 사람들은 고귀함을 팽개치고 맙니다. 지금이야말로 우리 주님의 가르침을 다시 세워 배우고 가르쳐야 할 때입니다. 우리가 고결하고 우아하기를 포기하였을 때 거리마다 짐승들과 더러움이 판을 치기 때문입니다.

부모들을 라마드 교육으로 가르치고 그 가정을 회복시키자는 말은, 결국 자녀가 살고 사람들이 위대함을 되찾자는 의미입니다. 아무리 시대가 악해지고 믿음이 땅에 떨어져도 부모는 자녀를 사랑합니다. 그래서 자녀의 행복 수준이 결국 부모 행복의 수준이 됩니다. 라마드 교육은 자녀들을 잘 가르치기 위한 최적의 도구이면서 동시에 부모 세대가 하나님의 위대한 일에 참여하는 복된 기회이기도 합니다. 그래서 모든 부모는 부모교육에 참여하고, 여러 프로그램에도 관심을 가지고 참여하여야 합니다. 교육 공동체와 부모, 그리고 교사가 한목소리로 자녀를 가르치면 성경적 교육이 더 쉽게 정착하며, 효과가 빠르게 나타납니다.

학생들에게 쉐마 훈련을 시키면서 의무적으로 부모교육을 매달 1회씩 실시했을 때 이런 일이 있었습니다. 학생들은 듣는 것에 집중하고 들은 내용을 중간 중간에 발표시키는 등 듣는 능력을 높여 갔습니다. 그리고 부모들에게는 이 훈련의 유익을 위해 가정마다 인터넷 선을 자르고 TV 드라마를 보지 않도록 했습니다. 몇 주가 지났습니다. 부모들이 학교 예배에 참여하는 때가 있었습니다. 자기 자녀가 예배에 집중하고 찬양과 기도가 뜨거워지는 광경을 보고 놀랐습니다. 또 예배 중에 들은 말씀을 집에 가서 부모님들에게 그대로 전달하는 등 놀라운 변화가 나타나자 정말 기뻐했습니다. 그리고 몇몇 가정은 TV도 없고 인터넷도 없기에 심심해서(?) 예배를 드리기 시작했습니다. 자녀들과 저녁마다 이야기를 나누며 집집마다 웃음소리가 퍼져 나왔습니다. 주말에는 정기적으로 온 가족이 식탁에 둘러앉아 사랑의 시간을 갖는다는 소식도 들렸습니다. 오랜만에 부모들은 진짜 가정을 맛보게 되었습니다.

자녀의 회복이 가정의 회복이며, 다음 세대의 부흥이 공동체의 부흥입니다. 교육은 국가의 백년대계라는 일반적 명제가 다른 곳에서는 어떠할지 몰라도 성경 안에서는 맞습니다. 그렇습니다. 자녀가 건강하면 가정이 건강해집니다. 부모의 행복은 자녀의 행복에서 시작합니다. 부모의 결심과 실천은 자녀에게서 열매로 나타나게 되어 있습니다. 부모교육의 중요성과 부모들의 변화는 조금 과장하자면 하나님 나라의 회복과 확장만큼 중요합니다.

■ 참고) 부모-교사교육내용과 과정 안내

① 1차 부모교육: 총 15시간 동안 라마드의 기초 원리와 방법들을 이론적으로 배우고 이해한다. 이 과정의 목표는 교육을 받은 부모가 각종 라마드 학습 프로그램에 참가하여 교사 도우미 역할을 감당할 수 있도록 하고, 가정에서 효과적으로 자녀를 지도할 수 있도록 하는 것이다.

② 2차 부모교육: 총 10~15시간 동안 라마드 교육의 실전 훈련을 경험하게 한다. 교재 선정이나 학습 프로그램, 시간표 작성 등 실제 학습과 교육 프로그램을 접하게 한다. 이 과정의 목표는 라마드 교육을 실제로 이행하면서 더 깊이 이해하고 실천력을 높이는 것이다. 학습활동과 교육과정에 참여하여 자신의 달란트 등으로 섬긴다. 교육 공동체 안에서 보조교사의 역할을 감당해 본다.

③ 3차 부모교육: 총 15시간 이상 혹은 3개월의 시간을 필요로 한다. 부모가 라마드 교사가 되는 과정으로 1차, 2차 부모교육에 참여한 사람들을 가르치거나, 실제 교육현장에 참여하는 부모들을 돕고, 학생들의 교육과정 가운데 한 부분을 감당하게 한다. 이러한 과정 가운데 부족한 점이나 보충할 부분을 수시로 점검받으면서 세밀한 교사 기능과 역할을 강화시키는 데 목적을 둔다.

(2) 태아와 유아 세대(태교와 유아교육)

태아를 유아기 교육 프로그램과 함께 생각하는 것은 임신하면서부터 태아는 귀중한 생명체이고 인격체이기 때문입니다. 태아는 이렇게 하나님 자녀의 삶을 모체 안에서 시작하기에, 그 소중한 생명체 역시 성경적 양육이 필요합니다. 성경에서 태아 교육에 대한 용어나 과정은 뚜렷하게 보여주지 않습니다. 그렇지만 우리는 역사의 주인이신 하나님께서 역사의 주요한 단락마다 거룩한 부모를 선택하시고 그 씨와 태를 통해 미래의 리더로 세우시는 이야기를 성경에서 많이 볼 수 있습니다. 선택된 부모는 임신 전부터 아이를 가질 준비를 하거나 임신 중에도, 그리고 자녀 양육에서도 하나님의 말씀과 비전 가운데 교육하는 모습을 보여주었습니다. 이런 성경 이야기들을 통해 부모의 임신과 태교, 그리고 유아기 교육을 하나님께서 중히 여기신다는 사실을 발견할 수 있습니다.

결론적으로 말하자면, 임신과 태교는 라마드의 시작이며, 유아기 역시 성경적 교육으로 양육해야 자녀의 전체 삶이 튼튼한 기초 위에 서게 됩니다. 자녀를 준비하는 아버지와 어머니는 나실인의 사명을 갖고 있다고 생각해야 합니다. 임신 후 부모는 태중 아이에게 강력한 보호자로, 성실한 나실인으로, 그리고 성결한 제사장으로 태중 교육의 중심 역할을 하게 됩니다. 이러한 예는 삼손, 사무엘, 세례 요한과 예수님의 잉태 사건 등에서 발견할 수 있습니다(삿 13:12-14; 삼상 1:22; 눅 1:24, 41, 56).

아버지의 씨로서 태아가 어머니와 한 몸이고 한 덩어리라는 것은 누구나 직감적으로 수긍할 것입니다. 부모와 한 덩어리이면서 또한 새로운 인격체로서 태아는 레브적 인간 이해를 바탕으로 양육해야 보다 적절합니다. 태아가 독립된 생명체이지만 부모와 한 덩어리라는 말은 태아와 부모는 서로 영향을 주고받는 관계라는 의미입니다. 이러한 점이 부모가 태교를 할 때 주의해야 할 부분으로, 태교 역시 상호 배우고 가르치는 라마드 관계라는 사실을 잘 알아 둘 필요가 있습니다.

일반적인 경우, 부모가 임신을 알았을 때 태아의 미래에 대해 특별한 계획을 가질 수 있습니다. 예를 들면, 태어날 자녀가 훌륭한 지성을 가진 학자나 교수가 되기를 바라서 특별 프로그램의 태교를 할 수 있습니다. 또는 다른 꿈이 있어 전문가의 조언을 따라 태아를 위해 색다른 프로그램을 가질 수 있습니다. 그러나 성경적으로 볼 때 인위적이면서 일방적인 프로그램들은 태아나 부모에게 바람직하다고 말하기 어렵습니다.

태중에 아이를 가졌던 요한의 어머니 엘리사벳과 마리아에 대해 생각해 봅시다(눅 1:11-56).

하나님께서는 사가랴와 엘리사벳에게 특별한 비전과 사역을 주셨습니다. 바로 아이를 갖고 양육하는 일입니다. 우리는 이 아이가 얼마나 중요한지 잘 알고 있습니다. 거룩한 부모를 통해, 또 거룩한 양육을 통해 구원의 역사를 이루어 가시는 하나님의 일이 400년 시간을 뛰어넘어 세례 요한의 부모에게 반복되었습니다. 평상시 제사장 아버지는 음식에서부터 마음에 이르기까지 정결한 삶을 살았을 것이고, 그 결과 씨를 소중하게 잘 준비하였을 것입니다. 어머니 엘리사벳 역시 제사장 가문의 전통을 따랐을 것이고, 잉태 후에는 아예 다섯 달 동안 숨어 지냈다고 말합니다. 엘리사벳이 다른 사람이나 번잡한 일에서 벗어나 태아에게 집중하였거나 아예 한적하고 안전한 곳을 찾아갔다는 느낌을 줍니다. 마치 마노아 부부에게 말씀하셨던 나실인의 삶처럼, 나이가 많은 엄마는 하나님의 씨 곧 하나님의 꿈을 라마드 방법으로 양육하였다고 추측합니다.

엘리사벳이 태아와 한 덩어리로 된 성경적 태교를 했다는 것은 누가복음 1장을 통해 추정해 볼 수 있습니다. 예수님의 어머니 마리아가 자신의 잉태 사실을 전하는 천사의 입에서 놀라운 소식을 들었습니다. 그 후 마리아는 엘리사벳의 거처를 방문합니다. 마리아가 엘리사벳의 집에 도착했을 때 아이가 복중에서 뛰놀자 세례 요한의 어머니 엘리사벳이 성령의 충만함을 받아 마리아와 마리아 태중의 아이에 대해 노래합니다.

> "당신은 여인들 중에 복을 받았습니다. 당신의 뱃속에 있는 아기도 복을 받았습니다. 내 주의 어머니께서 내게 오시다니 이게 어찌된 일입니까? 보십시오. 당신의 인사말이 내 귀에 들릴 때 내 뱃속에서 아기가 기뻐하며 뛰놀았습니다"(눅 1:42-44, 우리말성경).

마리아가 이 성령 충만한 노래를 듣고 화답하며, 구원하시는 하나님의 일하심을 영으로 찬양합니다.

> "내 영이 내 구주 하나님을 기뻐함은 그분이 자신의 여종의 비천을 돌아보셨기 때문입니다. 이제부터 모든 세대가 나를 복 있다 할 것이니 이는 전능하신 그분이 내게 위대한 일을 하셨기 때문입니다. 그분의 이름이 거룩하시며 그분의 자비는 그분을 경외하는 사람들에게 대대로 이어질 것입니다"(눅 1:47-50, 우리말성경).

누가복음의 이야기를 거룩한 상상력을 통해 조금 더 깊숙이 들어가 보겠습니다.

하나님께서는 이제 새로운 시대를 열고 새로운 구원역사를 시작하십니다. 늘 하셨던 것처럼, 하나님께서는 거룩한 부모와 태를 선택하시고 아이를 준비하십니다. 제사장과 다윗의 자손 가운데 두 태를 여셨습니다. 한 불임의 부부는 벌써 나이가 많아 자녀의 소망이 흐려졌습니다. 한 예비 부부는 아직 어려 가정과 자녀에 대해 생각조차 해보지 않았습니다. 그러나 하나님의 계획은 우리와 다르고 기이하여 불가능 가운데서 구원의 문을 여셨습니다. 두 아이가 6개월 간격으로 잉태되었습니다. 마리아는 먼 친척 엘리사벳이 자기처럼 하나님의 특별한 은혜로 임신했다는 소식을 듣고 찾아갑니다. 어쩌면 어린 마리아는 임신과 양육 등을 위해 도움이 필요했을지도 모릅니다. 마리아가 따스하고 아늑한 친척 집에 도착하자 불안한 마음이 없어지고 갑자기 찾아오는 행복감을 느꼈습니다. 엘리사벳을 껴안고 인사할 때 불룩한 배에서 생명력 넘치는 요동을 몸으로 알 수 있었습니다.

태중의 세례 요한이 막 예수님을 잉태한 마리아의 인사 소리를 듣자 기뻐하며 뛰어놀았습니다. 그러자 어머니 엘리사벳이 태아에게 영향을 받아 성령 충만한 상태가 됩니다. 엘리사벳은 마리아의 잉태 사실을 알게 되고, 자신과 마리아에게 주신 은혜와 하나님의 위대한 계획을 이해하고 결국 찬양합니다. 그러자 태중에 예수님을 품은 어머니 마라아도 큰 기쁨을 맛보고 성령 충만해져서 하나님의 위대한 일을 노래하게 됩니다.

이 누가복음의 이야기는 태중의 아이들과 어머니들이 한 덩어리로 연결된 생생한 모습을 보여줍니다. 세례 요한의 어머니 엘리사벳이 많은 구약의 어머니들처럼 요한을 하나님의 방식으로 태교하였다고 짐작할 수 있습니다. 그리고 3개월쯤 그 집에서 함께 지낸 마리아도 이를 깊이 체험하면서 태중의 예수님을 성경적 태교로 보호하고 양육하였으리라 추측할 수 있습니다.

부모가 자녀의 최고 교사라는 의미는, 건강한 임신에서부터 태교,

양육, 교육, 그리고 그 자녀의 결혼과 새 가정을 이루게 하는 데까지 중심적 역할을 하기 때문입니다. 또한 그 자녀를 떠나보내 독립시킨 이후에도 부모는 그 가정과 그들의 후손들을 위해서 지속적인 응원을 합니다. 하나님께서는 이러한 부모의 아름다운 헌신, 즉 언약적 교육 명령과 사랑을 귀히 여기셔서 기쁨과 영광의 상급으로 갚으실 것입니다.

이처럼 부모가 태아를 '라마드 교육'의 개념을 통해 미리 준비하고 실천하여 레브가 건강하도록 만드는 일은 아주 실제적이며 값진 노력입니다. 주지한 바와 같이, 몸 안에 아이를 품은 어머니가 적절한 라마드 교육을 배우고 실천하는 일은 즉각적으로 태아에게 적용됩니다. 또한 라마드 태교를 하는 어머니 역시 태아로부터 긍정적인 영향을 얻게 됩니다. 이렇게 라마드 교육을 모태에서부터 받은 태아는 그 미래가 모체 안에서 소중하게 다듬어지고 보다 직접적으로 영향을 받으면서 성장하므로 하나님의 뜻을 품을 수 있는 좋은 레브(인격체)가 됩니다. 이것이 성경적 라마드 태교라 말할 수 있습니다.

"그러자 마노아가 말했습니다. '당신의 말씀대로 이루어진다면 그 아이를 어떻게 키우며 또 그 아이를 어떻게 대해야 합니까?' 여호와의 천사가 마노아에게 말했습니다. '내가 네 아내에게 말한 모든 것을 지켜라. 네 아내는 포도나무에서 나온 것은 아무것도 먹지 말고 포도주나 독한 술을 마시지 말고 부정한 어떤 것도 먹지 말아야 한다. 내가 그녀에게 명령한 모든 것을 그녀가 지켜야 한다'"(삿 13:12-14, 우리말성경).

라마드 태교와 유아기의 교육은 어떻게 진행하면 좋을까요?

성경 가운데 관찰할 수 있는 제안들을 다음과 같이 제시해 봅니다.

첫째, 결혼 또는 가정은 하나님께서 인간에게 주신 거룩한 기쁨의 공동체입니다. 그래서 가정에서는 그 자녀의 새로운 가정에 대해 부모 세대와 본인들이 미리 준비할 필요가 있습니다. 먼저 부모는 자녀가 좋은 가정의 모델을 가지도록 좋은 남편과 아내가 되려고 노력해야 합니다. 자녀들도 장차 좋은 남편, 아내가 될 수 있는 인격과 믿음을 준비해야 합니다. 어릴 때부터, 특히 청년기에는 하나님께서 예비하신 결혼과 가정을 위해 몸과 마음과 삶을 준비해야 합니다.

둘째, 임신을 위해, 즉 하나님 나라의 존귀한 사역자로 세워질 태아를 위해 적절한 준비를 해야 합니다. 건강한 믿음과 활기찬 몸의 상태를 만들고, 나쁜 삶의 습관을 고쳐야 합니다. 예를 들면, 슬로푸드(slow food) 개념의 식습관과, 일찍 자고 일찍 일어나며 정기적으로 운동을 하는 등 바른 생활습관이 필요합니다. 삼손의 부모에게 명령했던 나실인의 의무를 기억하여, 자신의 삶에서 실천해야 할 것과 배제해야 할 것들을 체크 리스트로 만들어 실천합니다. 이 체크 리스트를 최소한 임신 전 6개월(가능하면 1년) 동안은 지켜 나가면 좋겠습니다. 이러한 생활 태도가 좋은 습관으로 굳어지게 되면 유아기는 물론 장차 자녀 양육에도 큰 유익이 될 것입니다.

예를 들면, 반드시 배제되어야 할 목록으로는 흡연, 술, 정크푸드, 부부싸움, 스트레스, 게임, 괴기스럽고 난잡한 영상물, 늦게 잠자기 등이며, 반대로 반드시 해야 할 목록으로는 예배와 성경 읽기, 좋은 음식물 섭취, 긍정적 사고, 사랑과 행복의 언어 사용하기, 운동하기, 일찍 자기, 건강한 취미 활동 등입니다.

셋째, 임신 후에는 환경적 요소도 중요합니다. 사전에 임신부가 좋아할 분위기를 만들되 안정감을 느낄 수 있게 합니다. 친척이나 조부모 등의 도움 가운데 격려와 칭찬의 기회도 필요합니다. 대부분의 시간은 어머니로부터 태아가 성경, 기도, 찬양, 그리고 행복한 이야기를 듣게 합니다. 얽히고설킨 세상의 가치와 비속한 언어가 많은 드라마, 토크쇼, 때로는 뉴스까지도 가능한 멀리하면 좋겠습니다. 아이는 태중에서 모체와 한 덩어리로 어머니가 먹는 것을 먹고, 듣는 것을 듣고, 느끼는 것을 느끼며, 하나님의 모양과 형상을 닮은 생명을 만들기 위해 세포수를 늘리고 레브를 성장시키기 때문입니다.

넷째, 현실적으로 이러한 태교가 어려운 형편 아래 있는 사람이 꽤 됩니다. 경제적으로 주거환경이나 가족 안에서 임신부를 잘 보살피고 라마드 태교를 실천하기 불편할 경우에, 부부는 더 구체적이고 세밀한 준비를 해야 합니다. 하나님의 계획은 우리와 다르고 기이하다는 사실을 믿고 부모는 여러 현실의 문제들을 이겨 내는 용기와 지혜를 가져야 합니다. 오늘 부부가 짊어진 삶의 중요한 문제들과 가치들보다 하나님의 계획 안에 자녀를 잉태하고 성경적 교육으로 양육하는 일이 더 크다고 성경은 가르치고 있기 때문입니다. 그 가정에 기쁨과 복으로 허락한 자녀가 있다는 사실이 얼마나 중요한지, 나오미를 통해 그리고 많은 성경의 가정들을 통해 우리는 이미 배웠습니다. 그래서 우리는 우리의 결혼이나 임신 후의 태교, 그리고 자녀교육에 대해 미리 배우고 또 준비해야 합니다. 인생 단계별 라마드 교육이 모든 성도들에게 필요합니다.

태교 형편이 어려울 경우의 대안을 제시하자면, 아빠의 역할이 중요합니다. 태교의 중심에 부부가 다 중요하고 필요하지만 이런 경우에는 아빠가 더 많은 역할을 할 준비가 되어야 합니다. 가정의 여러 가지 일에서부터 감성적 측면까지 예민하게 살피며 엄마와 함께 태중의 아이를 라마드 해야 합니다. 평상시보다 10배의 노력이 필요하므로 어떻게 준비할 것인지 계획하고, 부부 모두 좋은 습관을 갖도록 집중해야 합니다. 환경적 문제는 흔히 부부가 나쁜 감정과 좋지 않은 상태로 빠지게 할 가능성이 높으므로 미리 대처해야 합니다. 임신 준비나 태교에 대해 많은 정보와 도움들이 있습니다. 성경적 관점에서, 라마드의 원리에서 벗어나지 않는다면 부부의 환경에 적절한 도움을 찾아보면 좋겠습니다.

다섯째, 출산 후 젖을 떼기 전까지 아이는 '성장'에 모든 것을 사용한다고 말할 수 있습니다. 그래서 아이에게 투입하는(input) 일을 먼저 생각하면 좋습니다. 먹는 것, 마시는 것, 접촉과 자극이 중요합니다. 유아기에는 좋은 양분 못지않게 따스한 부모의 품에 안기는 일, 부모가 들려주는 이야기들, 자신을 소중히 여겨 주는 사람들과의 접촉이 건강한 내면을 형성하고, 몸과 뇌에 건강한 세포가 증가합니다. 유아기는 가슴(레브)이 생기는 시기이기에 이러한 일들은 평생의 인격체를 형성합니다. 약 3세까지는 부모, 특히 엄마가 직접 키울 수 있도록 가정 설계를 미리 합니다. 현실적으로 불가능한 경우, 부모들이 아이와 최대한의 시간을 나누도록 삶의 시간표를 재구성해야 합니다.

대체적으로 태아부터 초등학교 시기까지는 먼저 육체적 성장에 중점을 두면 좋습니다(건강의 습관). 그렇지만 임신에서부터 유아기의 약 3~4년의 시간은 장차 그 자녀가 어떤 사람이 될지 그 터를 다지는 폭풍 성장의 시기이기 때문에 드러나지 않는 아기의 내면까지 살피는 세밀함이 필요합니다.

(3) 유년 세대(3~7세)부터 중고등학교(청소년 시기)까지

이 시기는 주로 교육 공동체 안에서 성장합니다. 시대의 문제점은 대개 교육 공동체의 방향성에서 야기된다고 볼 수 있습니다. 왜냐하면 교육이 바로 그 사람이기 때문입니다. 그래서 교육 공동체가 조급한 평가, 수월주의, 그리고 결과 중심적 커리큘럼보다 인간의 존귀함과 풍성한 내면의 성장에 더 관심을 갖는 것이 많은 문제를 예방하며, 자신과 공동체 모두에게 유익하다고 생각합니다. 물론 영재 교육이나 선행학습, 그리고 수월성을 확보하기 위한 프로그램은 그 자체로는 훌륭한 노력이고 교육에서 필요한 공급입니다. 그런데 어른들의 욕심이 문제입니다. 교육은 기대의 문제가 아니라 수용성의 문제입니다. 부모의 애끓는 노력에서가 아니라, 아이들의 건강한 노력과 흥겨운 참여로 놀랍게 성장하며 아름다운 결과를 가져오기 때문입니다.

교육이 한 편의 장편 드라마라면, 감독과 주연을 부모가 차지하고 자녀가 관객이 되어서는 성공작이 될 수 없습니다. 도리어 부모는 관객이 되어야 하고 조연은 교사여야 박수를 받을 수 있습니다. 부모가 무대를 꾸미고 화려한 의상을 입고 탁월한 연기를 하고 난 뒤 그의 자녀가 무대에 오를 때, 엄마의 옷을 입고 아빠의 신을 신고 미장센이 맘에 들지 않지만 탁월한 연기를 해야 할 때, 혹 부모는 박수를 치고 기뻐할 수 있겠지만 그 자녀는 어떨지, 그리고 객석에 부모가 있을 수 없을 때 그 자녀가 어떻게 해나갈지 잠시 생각해 보는 일이 바른 교육이라 말할 수 있습니다.

유년 시절에 예수님께서는 하나님과 사람들에게 사랑을 받으며 잘 자라셨다고 성경은 말합니다. 이 말은 부모 세대가 하나님 안에서 성경적 방법으로 양육하면 아이들은 별 문제 없이 성장한다는 말이기도 하고, 가족 공동체와 골목 공동체가 아이들의 좋은 학교라는 말이기도 합니다.

이러한 성장 시기에 부모들이 라마드 교사들과 협력하여 가정 학교, 홈스쿨링 혹은 라마드 학교 공동체 등에서 양육받게 하는 것이 이상적이라고 생각합니다. 현실적으로 자녀들에게 이상적인 교육 시스템은 교회와 학교 공동체가 성경적 교육원리 아래에서 서로 협력하고 서로 견제하며 자녀를 세워 가는 것입니다. 교회는 영성을 관리하고 성경적 원리를 지키기 위해 노력하고, 학교는 라마드 방법으로 세상에 영향력을 줄 수 있는 자녀들을 양육하는 훈련장이 되면 좋겠습니다.

(4) 청년 세대(20~결혼)(청년 교육/결혼예비학교 /예비 부부 교육)

많은 고3 수험생들이 대학에 진학하면, 한풀이하듯 자신을 난잡하게 만드는 데 열중합니다. 허물을 벗듯이 갑자기 어른이 되고자 청소년들은 한두 달도 안 되어 나비가 되고 벌이 됩니다. 그들의 고생을 잘 아는 부모들도 잠시 동안의 일탈을 못 본 척합니다. 또 자녀들도 교회 활동보다는 학교 모임과 행사들을 더 중요하게 여깁니다. 경쟁력 높은 진로와 진학은 또 다른 올가미가 되어, 청년 세대에 해야 할 준비들을 제대로 못하게 만듭니다.

그래서 대학 입학 전에 자녀들에게 대학생활을 위한 교육 훈련이 필요합니다. 가정과 교육 공동체에서는 청년기에 갖추어야 할 준비 사항을 제시하고 훈련시켜야 합니다. 사람들 사이에 살아가는 법이나 사회 공동체의 일원으로서의 자격, 또는 이성교제나 결혼에 대해 반드시 배워야 합니다.

청년 세대를 잘 준비하지 못하면 부모 세대를 살아야 할 그들이 당연히 힘들어 하고 때로는 방황하게 됩니다. 친구와 이성교제, 그리고 배우자에 대해 올바른 지식을 갖지 못하면 잘못된 가치 기준을 가지고 불편한 선택을 할 가능성이 높아집니다. 청년들이 성경적 결혼과 가정을 배운다면 행복한 선택을 통해 하나님의 뜻에 합당한 삶을 살며, 기쁨의 일들이 많아질 것입니다. 그런데 지금 우리는 청소년들과 청년들을 어떻게 가르치고 있는지요?

라마드로 양육하면 청소년 시기에 겪을 사춘기나 방황의 시간도 약하게 지나는 것을 봅니다. 이와 같이 미리 교육하고 훈련하면 청년 세대의 시간도 즐거움과 활력으로 대처할 것입니다. 또한 이러한 청년들은 라마드가 몸에 배어 삶 가운데 습관이 된 성경적 가치를 실천하며 살게 됩니다. 그들은 교사로, 자원봉사자로, 학생으로, 경제적 활동과 각종 사회활동을 하면서 또다시 라마드를 실천할 것입니다. 그들은 누구보다 건강한 하나님의 자녀로 성숙하고 하나님의 거룩한 가정을 갖게 되며, 하나님의 거룩한 자녀를 낳아 부모 세대부터 내려오는 모든 복을 누리고 나누고 가르치며 살게 될 것입니다.

특별히 이성교제(혹은 성경적 성교육)나 예비부모학교(결혼예비학교) 프로그램을 교회와 교육 공동체에서 막 청년이 된 자녀와 기존 청년들에게 실시하면 좋은 결과를 가져오리라 믿습니다.

하나님 말씀을 가까이하여 배우고 연구하여 가르치면, 우리가 들었던 많은 경건한 사람들처럼, 하나님께서는 그의 삶뿐 아니라 공동체와 세상에 큰 족적을 남기는 영향력 있는 사람으로 사용하십니다. 성경을 중심에 둔 모든 교육 공동체에 성삼위 하나님께서 늘 함께하시고 인도해 주시리라 믿어 의심치 않습니다.

6.
라마드 교사의 훈련과 양성

"여러분은 지금쯤 선생이 돼 있어야 마땅한데 누군가 다시 여러분에게 하나님의 말씀의 초보 원리들을 가르쳐야 할 형편입니다. 그래서 여러분은 젖만 먹고 단단한 음식은 먹지 못하는 사람들이 됐습니다"(히 5:12, 우리말성경).

라마드 이야기 7

한국역사를 쉽고 재미있게 가르치는 S선생님 덕분에 학생들은 물론이고 일반인들까지도 따분한 역사 공부를 귀를 쫑긋하며 듣게 되었습니다. 미국의 어떤 선생님은 프랑스 왕정 시대를 가르칠 때, 그 당시 귀족들의 의상을 입고 모자와 신발까지 갖추고 교실에 등장합니다.

어떤 여선생님께 수학 특강을 부탁한 적이 있었습니다. 활기찬 목소리를 가진 그 선생님은 학생들이 어려워하는 부분을 특별한 접근법을 가지고, 그리고 흥미를 유발하면서 3일 동안의 특강을 멋지게 진행하셨습니다. 수학이 그렇게 재미있다는 것을 알게 된 학생들은 해방감과 더불어 도전할 마음이 생겼습니다.

이처럼 다양한 교육 공동체에 유명하지는 않지만 구석진 곳을 잘 찾아 학생들을 격려하고 행복한 경험을 주고자 애쓰는 '시골학교 5학년 담임선생님'들이 계십니다.
이런 교실에 있는 학생들은 행운아입니다. 좋은 교사란 밭을 일구고 씨를 뿌려 자상하게 보살핌으로 풍성한 수확을 하는 착한 농부와 같습니다. 교육은 씨가 발아하여 자라는 일보다 더 위대하며, 그 결과는 농부의 수확보다 정직하고 보람된 일입니다.

첫 학기를 맞은 한 초임 선생님은 잔뜩 준비해 간 교안처럼 높은 열정으로 학생들을 가르칩니다. 그런데 교실의 반응은 기대와 달랐습니다. 가르치는 열정이나 학습법에 문제는 없었습니다. 알고 보니 그 선생님의 목소리가 문제였습니다. 억양 변화도 별로 없으며 가늘고 높은 톤의 목소리가 시간 내내 교실을 가득 채웠습니다. 학생들은 그 시간만 되면 뭔지 모를 불편함과 짜증으로 힘들어 합니다.

어떤 성취동기가 강한 영어 선생님이 중1 담임이 되었습니다. 반 학생들이 더 좋은 성적을 얻어 최우수반이 되길 바랐습니다. 처음부터 학생들을 강하게 밀어붙였습니다. 반 학생들의 자리를 성적순으로 배치하고 낮은 성적을 받은 학생들을 불러 세워, 어떤 때는 닦달하고 어떤 때는 언성을 높이며 입에 담기 힘든, 인격을 모독하는 말도 했습니다. 많은 학생들이 수치심을 느꼈습니다. 그리고 어떤 학생은 영어 공부를 포기했습니다. 담임선생님이 영어 교사이기에.

이런 교실의 아이들은 교육의 아픔을 내면의 상처로 갖게 됩니다.

'라마드' 개념에서 알 수 있듯이 교육은 상호 배움의 교류가 일어나는 현장이지만 본질적으로 교사의 일입니다. 특히 학생 하나하나가 하나님의 소중한 자녀이기에 성경적 교육에서 교사(라마드 교사와 부모)는 교육과정의 중심에 서 있습니다. 이처럼 라마드 교사(부모)는 하나님 교육의 파트너로서 세상의 리더이고 복의 통로입니다. 대부분의 교사들은 조금만 마음을 넓히고 조금만 고치면 그 훌륭한 일을 더 효율적으로 해낼 수 있습니다.

오늘도 어느 교실에서 힘들어 아파하는 자녀들과 그들과 함께 우는 교사들에게 하나님께서 위로가 되어 주시고 새 길을 열어 주시리라 믿습니다.

1) 에스라 광장학교의 교사들

(1) 라마드 교사가 갖추어야 할 자질과 자격

> "하나님이 교회 중에 몇을 세우셨으니 첫째는 사도요 둘째는 선지자요 셋째는 교사요 그다음은 능력이요 그다음은 병 고치는 은사와 서로 돕는 것과 다스리는 것과 각종 방언을 하는 것이라"(고전 12:28).

교육이 특별한 가치를 지닌 만큼 성경에서는 교사를 소중한 리더로 여기고, 동시에 그 사역의 진정성에 대해 책임이 크다고 말합니다. 자녀 양육과 교육에 교사의 필수성과 교사의 우수성은 아무리 강조해도 지나치지 않습니다.

구체적으로 라마드 교사는 중생한 그리스도인으로 성경에서 말하는 교육원리와 방법을 이해하고 자녀 양육과 가르침에 열정이 있으면 자격을 갖추었다고 생각합니다. 게다가 가르치는 달란트와 어떤 분야에 전문적 지식을 가지고 있다면 금상첨화입니다. 일반적 관점에서 말하자면, 전문성, 인품, 인내, 리더십, 사랑, 품위, 단호함, 그리고 경건함이 라마드 교사가 갖추어야 할 자질이라 말할 수 있습니다.

(2) 라마드 교사는 어떻게 가르쳐야 하는가?

느헤미야 8장에서 볼 수 있는, 에스라가 중심에 섰던 '광장학교'는 모세의 '광야학교'를 닮았습니다.

노예처럼 살던 이스라엘 백성들이 이집트와 바벨론으로부터 해방되어 하나님 나라를 세우고자 험난한 여정을 떠납니다. 그들은 다 함께 모여 교사 앞에 서서 말씀을 듣고 배웁니다. 그들은 강력한 하나님의 임재를 경험합니다. 그리고 모든 사람들이 하나님 말씀대로 행하고 실천할 것을 언약합니다. 그러자 믿음 공동체가 생기고 회복과 기쁨을 선물로 받습니다.

느헤미야 8장을 쓰면서 날짜를 명기하고 사람 이름들과 그날의 장면들을 자세히 표현한 것은 그것이 매우 중대한 사건이기 때문이며, 또한 똑똑히 기억할 정도로 그날의 감동이 매우 컸다는 증거라고 생각합니다. 이러한 기록은 출애굽한 백성들이 시내 산 앞에서 언약을 체결하던 그날의 감동과 비슷하지 않을까 생각합니다.

느헤미야는 무너진 하나님의 도성 예루살렘을 재건하는 비전을 가지고 있었습니다. 그런데 하나님의 백성들이 예루살렘 성벽보다 더 황폐되었음을 알게 되었습니다. 그곳 이스라엘 백성들은 하나님의 말씀을 잊었으며 다시 듣지 못했습니다. 그러니 언약을 지킬 수 없었습니다. 이방의 풍습 안에 살고 있었고, 갖가지 바알들에게 중독되어 있었습니다. 이스라엘이지만 예배할 수 없는 그들은 하나님 백성이 아니었습니다.

느헤미야의 리더십은 무너진 예루살렘 성벽을 52일 만에 재건하는 위업을 이루었습니다. 그리고 무너진 이스라엘 백성을 하루 만에 말씀으로 회복시키게 된 일은 기적이었습니다. 이 광장학교에서 회복된 초막절 재현은 사도행전의 성령 강림과 교회 공동체 이야기를 떠올리게 할 정도로 구원역사에 큰 족적이라고 봅니다. 이처럼 느헤미야의 리더십과 에스라의 광장학교는 온전한 예루살렘을 세운 물리적이면서 동시에 영적인 운동이라는 사실을 잘 보여줍니다.

성벽 재건과 예배 회복이라는 이 기적은 어떻게 만들어졌을까요?
이 기적을 허락하신 하나님께서는 우리에게 무엇을 알려 주시려 했을까요?
자녀교육에서 느헤미야의 예루살렘 성벽 재건은 삶의 습관을 고치는 프로그램에 유용하게 사용할 수 있습니다. 실제로 '하자크 52 프로젝트'라는 프로그램을 실시하여 게임 중독 등 나쁜 습관을 고쳐 가는 데 큰 도움을 받았습니다. 또 에스라의 광장학교에서는 성경적 교사의 모습을 찾아 '라마드 교사 훈련' 프로그램에 일부 적용하였습니다. 여기서는 교사들을 위해 성경이 말하는 몇 가지 제안을 찾고자 합니다.

느헤미야는 함께 일하고 섬길 수 있는 리더십으로 공동체를 위해 더 훌륭한 성취를 만들어 냈습니다. 성벽 재건을 할 때 모든 공동체가 참여하여 큰 성취감을 맛볼 수 있게 한 것처럼, 무너진 이스라엘을 세우기 위해 느헤미야는 학사이자 제사장인 에스라를 중심에 세웠습니다. 백성들이 광장에 모여 에스라를 청해 하나님의 말씀을 듣기 원했습니다. 에스라는 강단에 서서 말씀을 선포했고, 백성들은 귀를 기울였습니다. 또한 교사 역할을 하는 레위 사람들이 백성들에게 에스라가 읽어 준 말씀에 대해 해석하고 설명해 줌으로 하나님의 말씀이 이해되기 시작했습니다. 백성들은 말씀을 하나 둘 깨닫게 되자 자신들의 무지와 범죄를 알게 되었습니다. 그러자 온 존재가 떨려 왔고 회개의 눈물로 하나님께 무릎을 꿇을 수밖에 없었습니다.

하나님께서는 이런 무릎 위에 한없는 위로와 회복을 부어 주셨습니다. 하나님의 말씀을 가르침으로 성령님이 온 백성 가운데 운행하며 그들을 진동시키고 관통하여 그들을 씻어 거룩한 하나님의 백성으로 만든 것입니다. 백성들은 말씀에 아멘으로 응답하였고 거룩한 공동체로, 예배 공동체로 변화되었습니다. 이 아름다운 장면에서 우리는 에스라와 교사들이 어떻게 백성을 가르쳤는지 관심을 갖게 됩니다.

라마드 양육·학습 가운데 교사의 역할은 참 중요합니다. 교사는 성경적 가르침의 중심으로, 좋은 교사가 바른 학생을 낳는다고 성경은 말합니다. 느헤미야 8장에서 에스라와 교사들에게 초점을 맞추어 봅시다.

먼저, 에스라는 강단에 서서 말씀을 낭독하였습니다. 교사들은 백성들 사이로 가까이 가서 들은 말씀을 해석해 주고 이해시켜 주었습니다. 이러한 모습은 에스라 광장학교가 잘 준비되었다는 점과 교사들이 체계적으로 가르쳤다는 모범적 교육활동을 보여줍니다.

느헤미야는 안전한 성벽을 성공적으로 완공하였고, 백성들의 자신감과 열정을 회복시켰습니다. 에스라는 레위 사람들을 바벨론에서부터 초청하여 교사를 준비시켰습니다. 에스라의 비전에 함께한 사람들은 에스라 주변에서 힘을 보태고 강단이나 학교나 음식 등을 잘 준비했습니다. 에스라는 일찍이 율법을 연구하여 준행하며 율례와 규례를 이스라엘에게 가르치기를 결심했고, 왕이 인정할 정도의 탁월한 학자로 준비하고 있었습니다.

가르침의 중앙에는 '핵심 가치' 혹은 '교육목적'을 지향하는 커리큘럼이나 교재가 필요합니다. 에스라 광장학교의 중심 교재는, 모세의 광야학교처럼 율법 즉 하나님 말씀이었습니다. 교육 공동체는 하나님의 말씀이 중심이 되어야 변화를 가져온다는 실례를 보여주고 있습니다. 교육목적이, 창조된 사람으로의 회복을 우선하고 또 회복된 사람이 자신의 공동체를 사랑하며 섬길 수 있는 탁월성을 갖추는 데 있기 때문입니다. 에스라 광장학교에서 볼 수 있듯이, 성경적 교육 공동체는 하드웨어와 소프트웨어(외형적으로나 내면적으로)를 잘 갖추도록 적절한 준비가 필요합니다. 또한 그 커리큘럼은 하나님 말씀이 중심이 되어야 하고, 부모와 교사는 가르침의 주체로 학습자에게 친밀하게 다가가 학습자의 배움을 야기해야 합니다.

다음으로, 에스라가 하나님의 말씀을 '낭독'했는데, 낭독으로 번역된 히브리어 '카라'는 '크게 누구의 이름을 외치다'라는 의미입니다. 에스라가 율법서를 '카라' 했다는 표현에서, 강단 위에 서서 아침 햇살에 빛나는 흰 머리카락을 날리며 하나님의 말씀을 낭랑하게 외치는 한 노인의 모습을 떠올리게 됩니다. 이 모습에서 부모·교사는 말하는 기술, 전달력 혹은 스피칭 스킬이 필요할 수 있습니다. 목소리의 톤에서부터 고저장단을 통해 학습자에게 호감을 주고 집중력을 유지시킬 수 있습니다. 이러한 외형적·기능적 준비도 자녀들을 위해 부모·교사가 갖출 필요가 있습니다.

또한 교사들이 말씀을 '깨닫게 하다'(빈)라는 표현이 반복 사용되었습니다. '빈'(히브리어)은 이치나 원리를 이성이나 지성적으로 깨달아 이해하는 것을 말합니다. 배우면서 깨닫게 되면 기쁨이 생깁니다. 성경 이야기나 믿음에 대해서도 마찬가지입니다. 하나님께서는 그 백성이 하나님의 마음을 깨닫고 이해하여 순종에 이르기를 바라십니다. 그래서 이사야 선지자는 지식이 없는 믿음을 미신이라고 했고(사 44장), 호세아 선지자를 비롯해 많은 성경인물들은 올바른 '신지식'을 가지라고 권했습니다.

특히 레위 교사들이 백성들을 깨닫게 해주기 위해 그들에게 다가가서 해석하고 설명해 주었다는 이야기는 부모·교사들이 관심을 가져야 합니다. '가르치다'는 히브리어 피엘형 '라마드'는 학습자가 '배울 수 있도록 하는 교사의 적극적 행동'이라는 어근적 해석을 말한 바 있습니다. 그 개념처럼 에스라와 그 동역자, 그리고 레위 사람들은 적극적으로 백성들에게 다가가 '라마드'하였습니다. 백성들은 오랫동안 히브리어를 사용하지 못했으므로 아마도 에스라가 낭독하는 하나님의 말씀을 이해할 수 없었을 것입니다. 교사가 다가가고 또 그들이 알아들을 수 있는 언어로 설명하고 나서야 깨달았으리라 생각합니다. 광장학교의 교사들은 이렇게 잘 준비하여 성경적 교육법을 백성 가운데 실천한 것입니다.

라마드 교사는 이처럼 학생들이 깨달을 수 있도록 준비하고 다가가야 합니다. 혹 교사의 언어가 학생들에게 사어가 되었거나 이해하기 어렵게 설명한다면, 깨달음은커녕 무의미한 시간이 되고 말 것입니다. 이렇게 라마드의 교사의 가르침은 학생이 깨닫고 변화하는 데 중심 가치가 있습니다.

(3) 라마드 교사를 어떻게 양성할 것인가?

느헤미야 8장에서는 백성들이 지식이 있어 이해할 만한 사람이라고 말하지만, 에스라가 하나님 말씀을 낭독할 때 그들은 대부분 알아듣지 못하였습니다. 이미 모국어인 히브리어를 잊었기 때문입니다. 하나님 말씀을 통역하였고, 또 깨달을 수 있도록 설명해 주는 교사들의 전문성과 차분하지만 열정적인 모습을 상상하면서, 교사의 자질을 생각해 봅니다. 그렇습니다. 교사는 존귀한 직분이면서 자질과 전문적 지식을 갖추는 일이 필요합니다. 상기한 바와 같이, 전문성, 인품, 인내, 리더십, 사랑, 품위, 단호함, 그리고 경건함이 라마드 교사에게 필요합니다. 이를 위해 성경적 공동체가 잘 준비된 교사를 찾아야 하고, 또 교사들을 시간을 가지고 세밀한 계획 아래 잘 훈련해야 합니다.

성경적 교육 공동체(라마드 공동체)를 위해 다음의 두 가지 훈련 프로그램을 지속적으로 실천합니다.

첫째, 부모교육 프로그램입니다. 모든 부모는 교사로 부르셨고, 가정은 성경적 교육에 가장 적극적인 교실입니다. 또 자녀들이 성경적 교육을 받을 때 부모의 전적인 동의와 협력이 필요한데, 이를 유지시키기 위해서도 부모교육을 정기적으로 시행해야 좋습니다. 좋은 부모를 양성하면 좋은 가정 가운데 성품이 좋은 자녀가 나오며, 그 자녀는 교육 공동체에서 좋은 재목이 됩니다. 또한 부모와 교사는 공간적으로 다를 뿐 자녀 양육과 교육에 있어서는 같은 방향을 보며 동역하는 사람입니다. 성경적 교육의 원리인 '라마드 교육'의 기초 원리와 성경적 방법 등에 대해 기초 과정을 이수하면 라마드 부모가 되는 데 크게 도움이 됩니다. 부모교육을 하는 중에 좋은 자질과 가르치는 달란트가 있는 부모는 2차, 3차 부모교육을 받으면서 라마드 교사로 성장하기도 합니다.

둘째, 교사 양성 훈련 프로그램입니다. 교사들은 성경적 교육의 중심이며 배움을 야기하는 원동력입니다. 자질 있고 전문적 지식이 있는 교사라 하더라도 성경적 학습법의 원리와 방법에 대해서 먼저 충분히 익히고 실습을 거쳐야 합니다. 또 가르치는 중에서도 교사(부모)들이 서로 더 좋은 적용을 위해 토론하고 재훈련받는 과정이 필요합니다. 학습자인 하나님의 자녀들은 모두 다르고 다채롭고 특별하기 때문입니다. 교사들이 성경적 교육원리 가운데 교육 공동체마다, 학습자마다 가장 적절한 방법들을 찾을 수 있도록 활발한 토론과 지속적 라마드 훈련이 필요합니다.

실제로 라마드 교육을 하다 보면, 성경적 교육을 수행할 수 있는 교사가 매우 부족하여 어려움을 느끼게 됩니다. 라마드 교사는 기능적으로는 일반 교사의 자질을 필요로 하지만 영적으로나 인격적으로도 성숙하여야 합니다. 학생들 하나하나를 영적 자녀로 길러 내야 하기 때문에 사랑과 관용이 필요합니다. 마치 친절한 성령님처럼, 우리 하나하나를 존귀하게 대해 주시는 예수님처럼 자녀들을 바라볼 수 있어야 합니다.

학생들을 가르치고 접근하는 방법이 달라야 하지만 동시에 학교 공동체이기 때문에 교수 능력과 행정적 일에도 뒤처질 수 없습니다. 또 라마드 교사는 학생 개인별 커리큘럼과 교재를 제시할 수 있어야 하고, 평가나 학습 결과에 대해서도 색다른 자신감이 있어야 합니다. 라마드 교사를 하면 에스라나 여러 선지자들이 이스라엘의 잦은 실패 때문에 옷을 찢고 애통해하는 모습에 동감하게 되고, 모세의 분노를 이해하게 될 정도로 남다른 사명감을 가져야 합니다.

그래서 라마드 교사의 자질을 갖추면 어느 환경에서도 자녀를 성경적 방법으로 길러 낼 수 있고, 다른 라마드 교사를 훈련시킬 수 있으며, 어디라도 성경적 학교를 설립하여 라마드 명령을 수행할 수 있습니다.

부모와 교사는 하나님 나라의 선봉장이면서 하나님의 최측근 용사입니다. 하나님께서 그들에게 튼튼한 갑옷과 투구를 주시고 지혜와 체력을 허락하시며 양날 검과 권능을 한없이 주셔서, 혼란한 자녀교육의 전장에서 승리의 기쁨을 누리게 하시리라 굳게 믿습니다.

"나는 이제부터 너희를 종이라고 부르지 않겠다. 종은 주인의 일을 알지 못하지만 나는 너희에게 내 아버지께 들은 것을 모두 알려 주었으니 친구라고 부르는 것이다. 너희가 나를 택한 것이 아니라 내가 너희를 택해 세운 것이다. 그것은 너희가 가서 열매를 맺어 그 열매가 계속 남아 있게 하려는 것이다. 그러므로 너희가 무엇이든지 내 이름으로 구하면 아버지께서 너희에게 주실 것이다"(요 15:15-16, 우리말성경).

| 2부 |

라마드의 방법들

"자, 밭을 가는 농부를 생각해 보라.
씨를 뿌리려고 준비하는 농부가 날마다 밭만 갈고 있겠느냐?…
농부가 땅을 평평하게 고르고 나면, 그다음에는 밭에다 소회향 씨를
뿌리거나 대회향 씨를 뿌리지 않겠느냐?
또 밀을 줄지어 심기도 하고, 적당한 곳에다 보리를 심기도 하며,
밭의 가장자리에는 귀리를 심기도 하지 않겠느냐?
농부가 응당 이렇게 하는 것은, 하나님께서 그렇게 하도록
가르쳐 주셨기 때문이다.
그렇다! 하나님께서 농부에게 농사짓는 법을 올바로 가르쳐 주신 것이다.
이것뿐이랴! 농부가 소회향을 타작할 때는 도리깨로 떨지 않는다.…
농부의 이런 지혜 또한 전능하신 만군의 주께서 전부 가르쳐 주신 것이다.
보라, 주님의 계획이 신기하고 놀랍지 아니하냐?
그분의 지혜가 크고 경이롭지 아니하냐?"

사 28:24-29, 쉬운말성경

•• 　　　여의도에 63빌딩을 지을 때 바닥이 모래여서 암반이 나올 때까지 애를 많이 썼다 합니다. 건물을 높이 세우려면 깊이 파야 합니다. 기초가 약하면 다른 결과가 나옵니다. 한 사람은 100층 건물보다 귀할 터인데 그 기초에 얼마나 힘써야 할까요? 자녀 양육과 다음 세대를 길러 내는 일에 견고한 기본 원리에 대한 노력이 없으면 자녀를 바르게 세우기 어려우며, 원리에 벗어나면 다른 결과로 가게 됩니다.

　지금까지 보았듯이 우리에게는 다행스럽게도 자녀교육의 견실한 기초, 라마드의 원리가 있습니다. 또한 앞서 모범을 보여주신 참 교사가 계시며, 모든 곳의 교육 공동체와 함께해 주시는 인도자가 계십니다. 이렇게 우리는 원리와 그 위에 세워진 방법들을 가지고 있습니다. 하나님께서 가르쳐 주신 기법들을 전부 적극 사용하고, 때론 지혜자의 인도를 받으면 우리에게 주신 아름다운 씨(쩨라)를 제대로 길러 낼 수 있습니다.

　라마드 원리를 중심으로 세워진 성경적 학습방법들이 성경 곳곳에서 사용되기를 기다리고 있습니다. 이 책의 두 번째 부분에서는 성경에서 발견하고 교육현장에서 사용한 다양한 종류의 학습법을 소개하려고 합니다. 쉐마 학습법, 샤알 학습법, 그리고 라마드 학습법을 적극 사용하고 적용하여 자녀들에게 좋은 결과를 얻었습니다. 피교육생인 자녀들은 라마드의 원리 부분보다는 라마드 방법들(학습법)을 실제로 접하고 익혀 나갑니다. 라마드 원리에서 그리고 성경에서 발견한 학습법들을 자녀들이 습관화하도록 지도할 필요가 있고, 또 습관화된 학습법들은 그들의 삶에서 유익한 습관으로 자리 잡게 됩니다. 이러한 좋은 습관은 인격과 성장에 큰 영향을 끼칩니다.

    이곳에서 소개하는 라마드 방법들이 다양한 교육현장에서 고려되고 사용되길 원합니다. 그리고 여러 교육현장에서 적용하면서 새롭게 더 많이 개발될 '라마드 방법들'도 나올 것이라 기대해 봅니다. 라마드 원리를 근거로 라마드의 학습방법들이 사용되고 또 활용되며, 서로 나누고 개발되면, 성경적 교육에 땀 흘리는 부모 세대와 자녀 세대에게 더 큰 힘이 되리라 믿습니다. 이것이 언약적 명령인 성경적 교육을 통하여 언약에 충실하려는 삶이고, 그 충실한 삶을 사는 자에게는 성경에 약속하신 갖가지 복을 하나님의 뜻 안에서 허락하실 것이라 굳게 믿습니다.

1.
쉐마 학습법

라마드 이야기 8

L양은 서울 모 대학을 수석 졸업하였습니다. 어릴 때부터 책도 많이 읽고 비전과 달란트 개발도 잘된, 소위 모범생이었습니다. 그러나 중·고등학교 시절 좋은 성적은 유지했지만 적극적이고 도전적으로 실력 쌓는 일에는 몰두해 보지 못했습니다.

L양이 고등학교 2학년이 되었을 때 실력 쌓는 일과 적극적으로 공부하는 일에 대해 이야기를 나누었고, 필요한 도움을 줄 수 있었습니다. 되돌아 보면, 그 학생은 성경적 학습법(쉐마 학습법이나 샤알 학습법 등)을 좋은 교사와 학교에서 잘 익혀 왔습니다. 친구 사이에 자연스럽게 학습과 정보를 잘 나누며 관계성도 좋았습니다. 경건한 삶과 학습을 어려워하는 친구들을 돕기도 했습니다(라마드 학습법). 가정에서부터 여러 면에 양육을 잘 받아 장차 아주 좋은 하나님의 재목감이라고 생각되었습니다. 기회가 될 때마다 다니엘과 에스라를 소개해 주며 다른 학습법을 익힐 수 있도록 지도했습니다. 자신의 꿈에 대해 구체적 생각을 그려 보게 하고, 학습목표와 꾸준히 연구(다라쉬 학습법)하는 습관을 갖도록 격려했습니다. 재수를 결정하였

을 때 다니엘처럼 집중력을 더 높여(자카르 학습법) 도전해 보라고 격려했습니다. 이러한 성경적 학습법을 바탕으로 하면 지금의 학습뿐 아니라 점차로 더 좋은 결과를 갖게 될 거라 확신시켜 주었습니다.

그리고 대학에 입학했습니다. 매 강의 시간에, 학업을 준비하면서, 그리고 여러 관계 가운데 L양은 두드러졌습니다. 학년이 올라갈수록 더 우수해지고, 활동이 많아질수록 칭찬받는 사람이 되었습니다. 이것은 L양이 따스한 가정과 기본이 탄탄한 성경적 대안학교에서 양육받았으며, 또 각종 성경적 학습법으로 훈련을 받아 상승하는 날개를 달았기 때문입니다. 대학원에서도 놀라운 성취를 보였으며, 그리하여 얻은 유학 생활에서도 이러한 탁월함이 지속되리라 생각합니다.

라마드 원리를 습득한 자녀들은 사람과 하나님으로부터 '사랑받는' 사람이 됩니다. 가정과 성경적 교육 공동체, 그리고 성경적 교육자들까지도 그 자녀를 통해 하나님의 복을 누리게 되리라고 믿습니다.

우리 곁에 오신 참 교사이신 예수님께서도 여러 방법으로 가르쳐 주셨습니다. 제자들과 따르는 무리를 깊은 사랑으로 양육하시면서 심오한 진리의 말씀을 가르치셨습니다. 복음서에 교사 예수님께서 세우시거나 강의하신 많은 학교가 있습니다. 예를 들면, 산상 학교, 호숫가 학교, 고깃배 학교, 잔디 학교, 식탁 학교, 길가 학교, 우물가 학교, 변화산 학교, 회당 학교, 성전 학교, 동산 학교, 그리고 다락방 학교 등입니다. 이 위대한 교사는 부활의 영광스러운 모습으로도 제자들을 세우며 가르치셨으며, 승천하시면서 복음 전파의 명령을 한 산상 선교사 학교의 파송식은 '소망과 영광의 졸업식'의 한 장면이라 말할 수 있겠습니다.

교육적 관점에서 예수님을 주목해야 할 부분이 몇 가지 있습니다. 예수님은 가르치실 때 주변의 교재를 다양하게 사용하셨습니다. 쉽고 재미나게 설명해 주셨지만 설득력과 권위가 있어 경이로움과 내면의 변화를 촉발시키셨습니다. 특히 삶으로 가르쳤던 예수님은 직접 실천하심으로 본을 보여주셨습니다. 예수님은 최고의 스승으로서 모든 교사, 부모, 그리고 반대자들조차도 닮아 가야 할 최상의 모범이라는 사실을 부인할 수 없습니다. 언약적 교육 명령을 온전히 이해하신 예수님은 모여든 학생들의 눈높이와 내면의 상태를 파악하며 삶의 자리에서 심층적인 교육을 하셨고, 심지어 비판적이고 적의를 가진 반대자들에게도 담대하고 적절하게 변화를 촉구하셨습니다.

그 외 예수님께서 사용하신 교수법은 다양합니다. 예를 들면, 하늘나라 비밀을 이해하기 쉽도록 사용한 여러 비유법들, 주변 소재를 사용한 실물 학습법, 집중도를 높이고 적극적 동참을 위한 질문법, 반론이나 증명을 위한 서적(구약) 인용, 장기 기억을 위한 체험 학습, 실제적 훈련과 성취감을 주기 위한 현장 훈련, 그리고 이해를 쉽게 하도록 다양한 그림언어를 사용하셨으며, 아이를 무릎에 앉히거나 제자들의 발을 씻기는 것과 같은 드라마(시청각)도 사용하셨습니다.

이처럼 예수님은 라마드 원리를 기초로 하여 앞으로 소개할 다양한 성경적 학습법인 라마드 학습법을 모두 보여주셨다고 생각합니다. 이것은 구약성경에서 하나님께서 직접 교육을 명령하셨고 직접 교육현장에서 실천하셨으며, 또 하나님께서 시대마다 세우신 교사들을 통해 이미 다양한 교육방법들도 제시하여 주신 것과 같은 맥락입니다. 이제 하나님의 교육방법, 여러 성경적 교사들이 활용했던 학습법, 그리고 우리 주님께서 더 실제적으로 사용하시면서 보여주셨던 교육과 학습방법들을 찾아서 정리해 보겠습니다.

필자는 이러한 교육과 학습방법들을 실제 교육현장에서 사용하고 적용하여 보았습니다. 교육 역사 가운데 이미 사용하고 있고, 또 세상의 교육현장에서도 유사한 학습방법들이 개발되어 있습니다. 실제로 적용하고 사용한 결과 '변화'를 가져오고, 실력과 영성을 갖춘 하나님의 사람으로 세울 수 있다는 확신을 갖게 되었습니다. 함께 연구하여 개선책과 더 큰 진보를 기대합니다.

1) 에스더에게 배운 학습법

구약성경 중 성경답지 않다고 하여 랍비들이 한때 정경에서 제외시켰던, 소설과 드라마와 같은 역사적 이야기가 바로 에스더서입니다.

바벨론을 쉽게 정복한 고레스 왕의 바사(페르시아) 제국은 후대 왕들도 영토를 계속 넓히고 있었습니다. 에스더서는 고레스의 손자로 알려진 아하수에로 왕(크세르크세스 왕) 시대를 배경으로 합니다. 127개 도에 이르는 거대한 제국을 이어받은 왕은 집권 후 2년 만에 이집트를 평정하고 4년의 준비 기간을 거쳐 헬라 정복에 나서게 되었습니다. 육로로 침입하던 페르시아 군대는 스파르타와의 전투(테르모필레 전투)에서 지체하고, 세계 4대 해전의 하나인 살라미스 해전에서 대패하게 됩니다. 이러한 세계사 배경을 토대로 에스더서의 이야기를 다음과 같이 재구성해 봅니다.

(1) 영웅 에스더 이야기

아하수에로 왕이 전국 127개 도성의 모든 관원과 장수들을 모아

180일간 대규모 잔치를 합니다. 그 후 7일간 수산 성 시민을 위한 잔치도 따로 마련하여 모든 나라에 흥을 돋우었고, 수산 성 주민들에게도 즐거움을 주었습니다. 아마도 페르시아 제국이 그동안 간절히 원했던 그리스 정복 계획의 하나였으며, 또 군사들과 백성들의 사기를 돋우기 위한 일이었을 것입니다.

이 큰 계획 가운데 왕을 당황하게 하는 사건이 발생합니다. 바로 왕비 와스디가 잔치 분위기를 더 흥겹게 하라는 왕의 명령에 순종하지 않은 것입니다. 왕으로서 그리고 남편으로서 전 국민 앞에 체면을 구긴 왕은 몹시 화가 났습니다. 성경에서는 '왕이 진노하여 마음 속이 불붙는 듯'하였다고 말합니다. 대신 므무간이 왕비를 폐위하는 일을 건의하자, 왕후를 내쫓아 버리고 말았습니다.

이 일 후에 아하수에로 왕은 어마어마한 규모의 군사를 이끌고 그리스를 정복하러 갔으나 패배하여 수산 성으로 돌아옵니다. 왕후의 자리도 비어 있고 또 풀이 죽은 왕을 위로하기 위해 측근들이 새로운 왕비를 뽑자고 제안하자, 왕도 좋은 생각이라 여깁니다. 이제 새로운 왕비를 선발하기 위해 미녀들을 모아 후궁에 들어오게 합니다.

이때 유대인 포로였던 모르드개가 양육한 에스더가 왕비 후보로 선발됩니다. 별 이유 없이 에스더는 만나는 사람들로부터 사랑을 받습니다. 페르시아 제국의 왕후를 선발하는 길고 치열한 경쟁이 있었을 것이지만 성경은 간단하게 몇 줄로 설명합니다(참조: 에 2:1-18).

먼저 왕비 후보들을 관리하는 내시 헤개는 "이 처녀를 기뻐하여 은혜를 베풀어" 에스더를 귀하게 대합니다. 그리고 유별나게 치장하거나 자신을 과시하지 않는 에스더에 대해서는 이렇게 표현합니다. "궁녀를 주관하는 내시 헤개의 정한 것 외에는 다른 것을 구하지 아니하였으나 모든 보는 자에게 굄(사랑)을 얻더라." 그리고 더 놀라운 일은 "왕이 모든 여자보다 에스더를 더 사랑하므로 저가 모든 처녀보다 왕의 앞에 더욱 은총"을 받았다고 말합니다. 에스더는 유대인 포로 신분이며 고아 소녀로, 여차하였으면 노예로 살 수도 있었는데 보이지 않는 손의 도움으로 대제국의 왕비가 되었습니다.

에스더는 왕을 포함한 만나는 사람들로부터 '토브와 헤세드'(히, 사랑과 호혜), 그리고 '헨'(호의, 은혜, 매력)을 받았다고 성경은 강조합니다.

그리고 왕후가 된 에스더는 아각 자손 하만의 계략을 물리칩니다. 모든 유대인을 한날에 살육하려는 음모를 바꾸어 도리어 이스라엘의 원수 아말렉 자손을 처단했습니다. 부모도 없는 유대인 포로 신분이었던 에스더가 민족을 구원한 영웅이 되었습니다. 에스더의 조상 사울 왕이 아말렉 왕 아각에 대해 실패한 일이 500년쯤 지나서 그 후손의 손에서 해결되었습니다. 하나님께서 멸하라 하셨던 아말렉을 한 소녀가 감당한 위대한 일입니다. 유대인들은 그날을 부림절로 기뻐하며 에스더를 기억하고 있습니다.

성경에서 표현하는 것처럼 에스더는 이처럼 사랑할 수밖에 없는 매력적인 사람이었습니다. 에스더는 어떻게 그런 품성을 갖게 되었을까요? 부유하거나 특별한 사회적 신분도 없었을 에스더가 어떻게 민족의 구원자가 되는 능력을 갖출 수 있었을까요?

그 이유를 성경에서 시원스럽게 설명하지는 않습니다. 그러나 에스더 부모 대신 모르드개가 어떻게 양육했고, 또 에스더는 어떻게 반응했는지를 추정할 수 있는 성경 구절을 관찰해 보면 에스더의 성장과정을 조금 이해할 수 있습니다.

"저의 삼촌의 딸 하닷사 곧 에스더는 부모가 없고 용모가 곱고 아리

따운 처녀라 그 부모가 죽은 후에 **모르드개가 자기 딸같이 양육하더라**"(에 2:7).

"에스더가 모르드개의 명한 대로 그 종족과 민족을 고하지 아니하니 저가 **모르드개의 명을 양육 받을 때와 같이 좇음이더라**"(에 2:20).

에스더의 양육자 모르드개는 누구일까요?

모르드개는 사울 왕의 후손으로 바벨론 포로 중 한 명이었습니다. 느부갓네살 왕이 예루살렘에서 포로로 잡아간 사람들은 주로 다니엘과 같은 왕족이나 귀족, 그리고 유다의 방백들과 기술자들이었습니다. 모르드개는 성문 문지기였다고 표현되었는데, 페르시아 제국의 관료가 될 정도로 모르드개는 충분한 자격이 있었으리라 생각합니다. 또 미드라시 전승에 따르면, 그는 율법에 정통한 산헤드린 회원이었다고 합니다. 이런 모르드개가 에스더를 '딸처럼 양육'했다고 하였습니다.

에스더는 모르드개의 가르침을 잘 듣고 순종하는 모습을 여러 곳에서 발견하게 됩니다. 심지어 왕비가 된 후, 왕에게 가서 전국에 있는 모든 유대인의 목숨을 구하라는 모르드개의 말을 듣자 "규례를 어기고 왕에게 나아가리니 죽으면 죽으리이다"라며 목숨을 내놓는 순종을 합니다.

(2) 쉐마의 습관

에스더는 성경과 유대인들의 교육에서 중시하는, 잘 듣는 습관이 있었습니다. 하나님도, 예수님도 계속 외치셨습니다. "들어라!" 이 명령을 히브리어로 '쉐마'라고 합니다. 모든 지식은 들음으로 생겨납니다. 단순하게 귀로 듣는 일이 아니라 집중해서 듣는 경청을 의미합니다. 또한 성경적 사고방식에서 '쉐마'는 '경청하라! 그 들은 바를 마음판에 새겨라! 그리고 지켜 행하라!'라는 일련의 과정이 내포되어 있습니다. 그래서 이런 '쉐마의 습관'이 있다면 그 사람은 날이 갈수록 지혜로워지게 됩니다. 또한 가르치는 사람에게 집중하여 듣고, 또 들은 바를 잘 수행하면 칭찬과 사랑을 받을 만한 성품이 형성됩니다. 그래서 쉐마는 하나님의 백성이 갖추어야 할 우선적 가치라 할 수 있습니다.

> "헤개는 에스더가 **마음에 쏙 들어** 특별한 대우를 해주었습니다. 헤개는 에스더에게 신속히 미용품과 특별한 음식을 주었고 왕궁에서 뽑힌 일곱 명의 하녀들을 붙여 후궁의 가장 좋은 곳으로 옮겨 주었습니다"
> (에 2:9, 우리말성경).
>
> "모르드개의 삼촌 아비하일의 딸 곧 모르드개가 자기의 딸같이 양육하는 에스더가 차례대로 왕에게 나아갈 때에 궁녀를 주관하는 내시 헤개의 정한 것 외에는 다른 것을 구하지 아니하였으나 **모든 보는 자에게 굄을 얻더라**"(에 2:15).
>
> "왕이 **모든 여자보다 에스더를 더욱 사랑하므로** 저가 모든 처녀보다 왕의 앞에 더욱 은총을 얻은지라 왕이 그 머리에 면류관을 씌우고 와스디를 대신하여 왕후를 삼은 후에"(에 2:17).

에스더에게는 내세울 것이 없었지만 '쉐마의 습관'이 있었습니다. 평범한 소녀였지만 별처럼 빛나는 내면이 있었습니다. 치장하지 않아도 에스더를 만나면 누구나 마음이 움직여 은혜를 베풀게 되고 사랑을 주었습니다. 잘 들어주는 사람 주변에는 사람들이 모입니다. 소중하게 들어주는 사람을 통해 위로를 얻습니다. 역동적으로 들어줄 수 있는 사람은 다른 사람을 치료합니다. 잘 듣는 사람은 하나님께 칭찬받았고, 귀한 역할을 감당했습니다.

> "에스더가 자기의 민족과 종족을 고하지 아니하니 이는 **모르드개가 명하여 고하지 말라** 하였음이라"(에 2:10).
> "한편 에스더는 **모르드개가 그녀에게 당부한 대로** 자기 집안과 민족에 대해 밝히지 않았습니다. 에스더는 자신을 키워 준 **모르드개의 가르침을 계속 따르고 있었습니다**"(에 2:20, 우리말성경).

에스더서에서는 모르드개가 에스더의 양육자였다는 사실을 반복하여 밝히고 있으며, 또 에스더는 모르드개의 명령과 가르침을 '양육받을 때처럼' 계속 따르는 모습을 보여줍니다. 이것은 이방 민족 안에서도 양육자 모르드개와 그의 딸 같은 에스더가 신명기 6장 쉐마 명령을 철저히 지켜 행하였다는 증언입니다.

> "이스라엘아 들으라…오늘 내가 네게 명하는 이 말씀을 너는 마음에 새기고 네 자녀에게 부지런히 가르치며 집에 앉았을 때에든지 길에 행할 때에든지 누웠을 때에든지 일어날 때에든지 이 말씀을 강론할 것이며"(신 6:4-7).

다음 세대의 양육자이고 또 교사인 부모 세대가 먼저 '쉐마'의 명령을 이행하여 '마음에 새겨야' 합니다. 그리고 돌아서서 자녀 세대에게 '쉐마'의 습관을 갖도록 부지런히 가르쳐야 합니다. 성경적 교육에서 좋은 교사란 듣는 능력이 있는 사람이고, 또 쉐마 훈련을 꾸준히 시키는 사람입니다. 그래서 어느 시대, 어느 곳에서도 모르드개와 같은 양육자, 그리고 쉐마의 능력이 자연스럽게 드러나는 에스더 교육 모델이 나타나게 해야 합니다.

이처럼 자녀교육의 여러 방향 중 첫 번째는 '쉐마의 습관'을 길러주는 일입니다. 먼저 부모와 교사부터 쉐마의 능력을 맛보아야 하고, 또 그 듣는 습관이 삶에서 나타나야 합니다. 그리고 돌아서서 자녀들에게 쉐마를 전수하고 쉐마의 능력을 경험하며 체득하게 해야 합니다. 쉐마의 습관이 있다면 마치 전투에 나서는 용사가 훌륭한 방패와 무기를 갖춘 것과 같습니다. 역동적 듣기를 할 수 있는 사람은 인생의 전장에서 승리할 가능성이 높아집니다. 그래서 하나님께서 자기 백성을 위해 만들어 주신 교육방법 중 하나가 '쉐마 학습법'이라고 믿습니다. 성경에서 사람들을 향해 가장 많이 했던 명령어 중 하나가 "들어라!"인 까닭이 여기에 있습니다.

(3) 쉐마 학습법

쉐마 습관은 어리면 어릴수록, 그리고 부모의 꾸준한 노력이 있을수록 자연스럽게 몸에 뱁니다. 청소년기 이후 자녀들은 쉐마의 습관을 온전히 익히기까지 시간이 필요하기 때문에 교사는 칭찬과 격려로 기다려 줄 필요가 있습니다. 쉐마 학습법을 훈련할 때 다음과 같은 단계를 사용해 보았습니다.

첫째, '눈'으로 듣도록 훈련합니다.
듣는 일은 귀가 하지만 자녀들이 말하는 사람을 눈으로 쳐다보지 않고 듣고 있다면 쉐마하지 않는다고 볼 수 있습니다. 어떤 커뮤니케이션 연구에서 말과 귀로 전달되는 정보는 5% 정도만 인지된다고 합니다. 눈으로 들으면 화자의 표정과 제스처, 그리고 집중도 역시 높아져 전달력이 50~70%까지 이릅니다. 눈을 뜨고 설교를 들어도 머리와 마음은 세계 구석구석을 다니기 쉬운데 눈을 감거나 고

개를 숙이고 듣는다면 어떨까요? 화자는 청자가 지속적으로 집중할 수 있도록 애써야 하고, 청자는 단단히 각오하고 '눈으로 듣기'를 훈련해야 첫 번째 쉐마 훈련 관문을 넘어섭니다.

교실에서 학생들이 필기하지 않게 하고 듣는 것에만 집중하도록 해보았습니다. 그러자 계속 쳐다보는 자세 때문에 불편해했고, 어떤 학생은 중요한 내용을 놓치지는 않을까 걱정했습니다. 그래도 눈으로 수업하는 일을 계속했습니다. 불편한 자세는 때때로 웃게 하거나 필기하는 일을 걱정하지 않도록 설명과 질문을 반복했습니다. 눈으로 듣는 훈련이 중요하기 때문에 교사나 학생이 조금 불편하여도 즐겁게, 그리고 칭찬을 하면서 지속적으로 연습을 시켰습니다. 얼마 지나지 않아 학생들이 교사를 눈으로 쳐다보며 듣는 태도를 갖게 되었습니다. 교사는 학생들의 좋은 반응에 흥이 났고, 전달하기도 더 쉬웠습니다. 필기를 안 해도 되도록 중요한 개념 등은 바로 익히게 했고, 또 반복해서 설명했습니다. 그리고 수업 내용을 학생들이 어느 정도 이해했는지 수시로 질문하며 답하는 방법을 사용하였기에 학생들은 더 잘 듣고 더 집중할 수밖에 없었습니다. 이렇게 자연스럽게 쉐마하는 훈련을 눈으로 시작하였고, 그 가운데 학생들은 자연스럽게 '듣는 실력'이 늘어 갔고, 쉐마의 습관에 젖었습니다.

가정에서도 이와 같은 쉐마 훈련은 중요합니다. 자녀들과 이야기할 경우 항상 눈을 맞추어야 합니다. 부모와 자녀가 서로 얼굴을 보면서 대화할 경우 대화 이상의 교감과 이해가 생깁니다. 일반적으로 가정에서 즐거운 이야기 혹 재미있는 대화를 할 때면 자녀들이 거의 부모를 쳐다보며 말합니다. 그러나 훈계할 때, 혼나거나 경고를 받을 때면 자녀들은 고개를 숙이거나 딴전을 부립니다.

부모님은 자녀의 등에 소리를 지르거나 쫓아다니며 이야기해서는 안 됩니다. 특히 혼을 내야 할 경우 모두 쉐마의 자세가 필요합니다. 부모의 말투나 표정에서부터 분위기까지, 그리고 눈을 맞추면서 말하고 알아들었는지 확인해야 합니다. 사랑이 담겨 있지만 단호한 이런 훈계는 쉐마의 또 다른 효과를 가져오는데, 이런 훈계 역시 가정 안에서의 쉐마 훈련의 하나입니다. 쉐마 방법으로 훈계하면 부모의 권위가 세워지고, 자녀가 잘 알아듣고 선악에 대해 분명한 경계선을 알게 됩니다. 또 이렇게 배운 자녀가 성장해서 부모가 되었을 때 더 멋진 모습으로 그 가정에서 쉐마를 가르칠 수 있게 됩니다.

다음과 같은 구호를 기억해 주십시오.

"쉐마는 '눈으로' 듣는 것이다."

둘째, 들으면서 '반응'하게 합니다.

반응을 잘 이끌어 낼 수 있도록 교사(부모)는 중간에 확인하고 진술하게 합니다. 듣고 반응함으로 더 집중하게 만들며, 더 잘 반응함으로 더 잘 듣는 습관을 익히게 하는 방식입니다. 가끔 엉뚱한 반응과 답변을 하는 학생도 있습니다. 동일하게 훈련을 받았더라도 듣는 능력은 개인별로 편차가 큽니다(또 측정하기도 어렵습니다). 그렇기에 자녀가 듣는 가운데 어떤 반응을 하던지 격려하고 칭찬할 필요가 있습니다. 교사의 질문에 엉뚱한 반응을 하였다고 웃음거리로 만들면 그 학생은 쉐마를 익히는 데 큰 장애를 갖게 됩니다. 엉뚱한 반응이나 잘못된 답변도 특별한 아이디어일 수 있고, 창의적인 발상일 수 있습니다. 사실 엄밀히 말하자면, 교실에서나 가정에서 '잘못되었거나 틀린 답'은 없습니다. '다른 시각, 특별한 상상력, 탁월한 아이디어, 그리고 놀라운 견해'만 있을 뿐입니다. 또 교실(가정)은 틀린 것들을 즐겁게, 부담 없이, 상처가 되지 않도록 교정받을 수 있는 거의 유일한 곳이라는 사실을 잊지 않으면 좋겠습니다.

쉐마의 습관이 증가되어 바람직한 '듣는 능력'이 생길 경우, 학생이 강의 내용을 거의 기억하고, 심지어 교사의 농담까지, 또는 어떤 개념을 설명할 때 제스처가 어떠했으며 그때 표정이 어떠했는지도 묘사할 수 있습니다. 이런 일은 기적과 같은 기억력이 있어서가 아닙니다. 사실 일반적으로 누구나 경험하는 일입니다. 재미있는 영화를 보았거나 황당한 일을 경험했거나 아이들이 친구들 생일 잔치가 어떠했는지 마구 떠들 때, 우리의 기억력과 반응은 그 장소에 있었던 것처럼 생생합니다. 이런 일을 경험한 사람은 마음에 하나의 '그림' 혹은 '영상'이 생기게 됩니다. 순간적 집중력으로 생긴 특별한 경우라고 말할 수 있지만, 집중력 역시 듣기의 습관이나 듣는 능력에서 생겨나는 좋은 습관 중 하나입니다.

쉐마의 두 번째 훈련 단계가 '반응'이라고 했습니다. 가장 좋은 반응 중 하나는, 위에서 이야기한 것처럼 마음판에 '그림'이 생기게 만드는 일입니다. 신명기 6장 6절에 "오늘 내가 네게 명하는 이 말씀을 너는 마음에 새기고"라고 말씀하실 때 '마음에 새기다'라는 표현을 직역하면, '(이 말씀을) 네 마음 위에 놓아두어라'입니다. 마음(레브)이 그 사람의 전 존재 혹은 생명의 엔진이라는 개념에 비추어 볼 때, 이 표현은 '이 말씀이 너의 존재 자체가 되게 하라'라는 의미로 이해할 수 있습니다. 이렇게 마음에 새기는 일이 쉐마의 가장 좋은 반응과 결과가 나타난 상태라 볼 수 있습니다. 들은 것이 삶 가운데 살아나게 할 수 있다면 쉐마의 능력이 높은 단계로 오른 것입니다. 자녀들이 쉐마의 습관을 가지고 있고, 또 이런 반응을 할 수 있다면 날이 갈수록 지식에 지식을 더할 것이며, 지혜로운 마음과 품위 있는 인격을 갖게 될 것입니다.

다음과 같은 구호를 기억해 주십시오.
"쉐마는 반응하는 것이다!"

셋째, 쉐마 고급 단계는 '마음으로 듣기'입니다.

마음으로 듣는 일은 좋은 반응을 넘어 공감의 단계입니다. 적극적 듣기와 역동적 듣기에 능숙해지면 대화 가운데 화자의 마음을 알 수 있습니다. 말과 의도는 다를 수 있습니다. 표현과 내면의 감정은 상이할 수 있습니다. 만약 상대의 마음을 공감하고 들을 수 있다면 진정한 대화가 가능합니다. 이런 대화는 상대를 위로하고, 상대를 행복하게 만들어 줄 수 있습니다. 마음으로 들으면 회복과 치유가 일어납니다. 자녀들이 이러한 단계로 진입하는 데 시간이 걸리고 특별한 훈련이 필요할지도 모릅니다. 그러나 쉐마 훈련 가운데 그들은 자주 이런 경험을 하게 되고, 듣기가 즐거워지며 듣는 힘, 듣는 능력이 생길 것입니다. 특별한 훈련을 받지 않더라도 시간이 지나면서 쉐마의 능력으로 지혜가 쌓이면 '마음으로 듣는' 능력이 생겨날 것입니다.

이처럼 쉐마는 듣는 능력이 어느 정도인가에 상관없이 우리 삶에 가장 기초적 체력이면서 가장 흔히 써야 하는 도구이고, 성장과 성숙의 발판입니다. 계속 잘 듣고, 듣는 습관이 생기고, 그리하여 듣는 능력이 생기면 자녀들 삶 가운데 에스더와 같은 일이 일어날 것입니다.

다음과 같은 구호를 기억해 주십시오.
"쉐마는 마음으로 듣는 것이다!"

왕에게 반역하는 음모를 잘 듣고 막아 낸 모르드개, 하만의 음모를 막아 낸 에스더, 이 두사람은 성경이 우선적 가치로 명령한 '쉐마'의 고수였기에 두 사람은 페르시아 제국의 왕후와 총리로 민족을 구하고, 하나님의 뜻대로 세상에 큰 영향력을 줄 수 있었습니다.

성경에는 모르드개나 에스더보다 쉐마를 통해 큰일을 한 유명한 사람들이 얼마든지 있습니다. 그녀와 그녀의 양육자 두 사람의 짧은 이야기 가운데는 다른 유명한 성경 인물들이 보여주는 다양한 특질이 별로 없어 보입니다. 그럼에도 불구하고 그들은 당당히 성경 역사의 한 획을 그었습니다. 더욱이 에스더는 이방 땅에서 부모도 없는 유대인 소녀로, 그리고 포로로서 힘든 삶을 살면서도 성경적 교육방법 중 하나였던 쉐마 학습법을 통해 민족의 구원자가 되었다고 볼 수 있습니다. 이런 점을 고려하여 에스더를 쉐마의 대표적 인물로 정하게 되었습니다. 그래서 이런 구호를 외치며 자녀들의 마음을 새롭게 하곤 했습니다.

"나는 에스더처럼 쉐마하겠습니다!"

■ 쉐마 학습법 훈련에 참조할 부분들

① 학생의 듣기 능력은 그 학생의 기초 언어 능력과 비례한다.

못 듣는 이유와 안 듣는 이유를 찾아 해결하자(심리적 요인과 기초 학습 능력).

② 듣기는 읽기 능력과도 비례한다. 듣고 읽고 이해하는 과정을 체크하자.

③ 학생들에게 들은 것을 전달하거나 다르게 표현하는 게임 또는 학습활동을 한다.

④ 학습일지, 체크 리스트나 일기를 통해 스스로 듣고 실천한 것을 점검하게 한다.

⑤ 청각 문제, 지각 문제, 이해와 인지의 문제 혹은 신체적·감성적 문제를 확인해 본다.

⑥ 공동체 듣기 훈련은 강의 시간이나 훈육, 설교 시간 등을 통해

훈련할 수 있다(들은 것을 점검하고 반복해 보고 요약해서 발표하게 한다. 반응 훈련을 항시 실시).

⑦ 부모는 즐거운 대화를 유도하고, 눈으로 듣기, 들은 것에 대해 반응 정도를 점검한다. 그리고 부모가 잘 들어줌으로 자녀가 마음껏 말하게 하고, 잘 듣고 잘 말하는 일을 항상 격려하며 칭찬으로 강화시킨다.

참조) 성경적 학습법 중 '쉐마 학습법, 샤알 학습법, 라마드 학습법'은 자녀들이 학습활동이나 가정에서 연계하여 훈련하고 익혀 나가면 효과가 커집니다. 성경이 가르쳐 준 이 세 가지 학습법은 자녀들의 성적 향상을 위해서라기보다는 공부하기 위한 기초 체력에 해당합니다. 또한 인격 형성, 바른 습관, 그리고 사람과 관계를 맺는 삶의 기초 테크닉이기도 합니다. 이 훈련과 습득은 가정에서부터 시작해야 하기 때문에 부모들이 먼저 배워야 하는 훈련 과목이기도 합니다. 잘 듣는 부모, 질문하는 부모, 그리고 상호 정보와 감정을 나눌 수 있는 부모는 행복한 가정을 세우는 최적의 성품을 가진 사람이면서 자녀를 바르게 세울 수 있는 하나님의 복의 통로입니다.

가끔 어떤 가정의 자녀들이 큰 소리로 말을 빨리 하거나 조금 과격한 행동을 하는 광경을 보게 됩니다. 대부분의 경우 부모가 자녀의 말을 차분히 들어주지 않는 가정 분위기가 한 요소로 작용하기 때문이라 생각합니다. 쉐마하는 부모라면 자녀가 이야기를 할 때 우선 눈을 맞추고 들어주는 자세를 취합니다. 자녀의 이야기(그 내용이 때로는 엉뚱하고 부모는 바쁘지만)를 차분히 들어주고, 끝까지 들어주며, 추임새와 함께 질문도 하면서 자녀의 말에 흥을 돋워 주면 그 자녀는 급하게, 소리 지르면서, 또는 관심을 끌기 위해 과격하게 행동할 필요가 없어집니다. 이러한 대화 습관을 갖는 동안 쉐마의 습관이 자연스럽게 몸에 배고, 또한 자기 주장과 의견을 말할 줄 아는 사람으로 성장하게 됩니다.

다른 사람이 내 말을 잘 안 듣거나 무시하면 화가 납니다. 내가 신뢰하는 사람이 안 들으면 더 화가 납니다. 계속 말해도 안 들어주면 분노하게 됩니다. 부부나 자녀의 말을 잘 들어주는 일이 가정 안에 발생하는 대부분의 불행의 요소를 적절하게 해결해 줍니다. 쉐마는 가까운 사람끼리 더 중요하고, 듣는 습관은 가정에서 더 잘 훈련이 됩니다. 가정에서 자녀를 기독교적 가치로 교훈하면서 믿음의 자녀로 성장시키려면 먼저 부모가 자녀와 대화 가능한 관계를 만들어 가야 합니다.

> "또 아비들아 너희 자녀를 노엽게 하지 말고 오직 주의 교양과 훈계로 양육하라"(엡 6:4).
> "유순한 대답은 분노를 쉬게 하여도 과격한 말은 노를 격동하느니라"(잠 15:1).

듣는 것은 저수지와 같고 듣는 능력은 저수지의 용량과 같아서, 쉐마 학습법을 익히면 항상 지식이 흘러 들어와 쌓이고, 또 풍족하게 많이 담을 수 있습니다. 하나님의 지식을 마음껏 담을 수 있는 사람은 좋은 보석과 같아서 더 빛나고 더 귀하게 될 것입니다. 우리와 우리의 자녀들이 듣는 귀를 갖게 해주시고 하나님의 말씀에 순종하는 마음을 심으셔서, 평생 사랑과 은혜를 받는 삶을 살게 해주시기를 전심으로 기도합니다.

2. LAL 학습법
(Learning Foreign Languages by Active Listening)

라마드 이야기 9

어느 날 군 복무를 지하철에서 하고 있던 예전의 제자에게서 메시지가 왔습니다.
"오늘 제가 외국인을 영어로 안내했습니다. 아무도 안 하길래 한번 해봤어요!"
"어떻게 했는데?"
"그냥 생각나는 대로요!"

사실 그 학생은 중학교 2학년이 되어서야 영어 공부를 시작했습니다. 말 그대로 '알파벳부터 시작'했습니다. 학습 훈련 기간 동안 혼도 많이 났고 또 나름 애정도 많이 쏟았던 학생인데, 그때 막 시작한 영어로 꽤 좋은 고등학교에 입학하였습니다. 1학년 때 학교 행사 기간에 자기 반에서 연극을 하게 되었던 모양입니다. 어느 날 꽤 긴 영어 문장을 내보이면서, 찾아와 이렇게 불쑥 부탁했었습니다.
"반에서 아무도 안 해서 제가 영어 극본 한번 써봤어요. 좀 검토해 주세요."

사람을 영으로 낳는다는 것의 의미는 부모의 마음으로 양육하고 가르친다는 것입니다. 우리는 라마드 교육으로 수백 명, 수만 명의 영적 자녀를 낳을 수 있습니다. 이러한 영적 자녀가 우리의 자랑이 되고, 또 우리의 회복자가 됩니다. 라마드 공동체의 영적 자녀들이 하나님의 소중한 그릇으로 성장하고 새로운 세대의 주인공이 되길 두 손 모아 기도합니다.

> "왕의 백성들은 참 행복하겠습니다. 왕의 곁에서 계속 그 지혜를 들을 수 있는 왕의 신하들은 얼마나 행복하겠습니까!"(왕상 10:8, 우리말성경).

시바 여왕이 예루살렘의 성전과 궁정 안의 신하들과 그 시스템을 보고 감탄하며 한 말입니다. 이처럼 일반 백성들과 신하들이 지식과 지혜를 얻어 품격 높은 사람이 된 이유가 무엇일까요? 여왕은 솔로몬으로부터 계속 듣고 지혜를 얻는 백성들과 신하들을 부러워합니다. 그렇습니다. 예루살렘의 성공 신화는 솔로몬이라는 지혜의 원천에 귀를 기울여 '계속 들음'으로 가능했습니다. 여왕의 견문 보고서는 지식과 지혜를 어떻게 얻을 수 있는지 그 정곡을 말하고 있습니다. 마치 저수지로부터 물이 수로를 타고 흘러 논밭을 적시듯 '지속적으로 듣는 일'이 바로 지혜와 지식의 저수지에 물길을 만드는 일입니다.

1) 쉐마 학습법을 활용한 외국어 학습 프로그램

듣기 위주의 영어 학습법이 다수 개발되었고, 또 다양한 공동체에서 사용되는 것을 보았습니다. 이러한 프로그램처럼 LAL 학습법은 쉐마 학습법을 더 적극적으로 활용하여 외국어 학습에 사용하도록 개발된 학습법입니다. 이 학습법은 필자가 기독교 대안학교를 섬길 때 알게 된 영어학습 프로그램으로 학생들이 도움을 받았던 좋은 학습법입니다.

언어는 음성적 신호를 바탕으로 합니다. 대개 사람은 태아 때부터 들었던 모국어를 특별한 학습 과정 없이 자연스럽게 사용합니다. 창조된 사람이 언어를 습득하고 또 사용하는 신비로운 과정이 어떻게 형성되는지 다 설명할 수는 없지만 듣기는 언어 습득의 주요한 통로입니다. 그래서 외국어를 배울 때 먼저 귀를 통한 듣기 훈련과 동시에 눈과 입을 통한 말하기 훈련이 유용합니다. 그러한 훈련 과정에서 외국어에 대한 거부감은 저절로 사라지고, 우리 몸에 그 언어에 대해 자연스런 언어적 감각이 생기게 됩니다. 어떤 언어에 대해 언어적 감각이 생성되면 입과 몸 그리고 손으로 좀 더 원활하게 그 언어를 사용하게 됩니다. 이처럼 언어적 감각은 듣기를 통해서 형성되기에 외국 언어를 배울 때 '지속적 듣기'인 쉐마 학습법을 활용하면 유용합니다.

역동적 듣기(active listening)는 적극적 듣기(positive listening)보다 한 발짝 더 나아갑니다. 듣는 것에 그 마음을 집중하면서 온 감각으로 받아들이고 또 온몸으로 반응하는 것을 말합니다. 적극적 듣기가 재미있는 영화를 보면서 몰입하는 정도라면, 역동적 듣기는 그 영화를 3D 혹은 4D 영화관에서 즐기는 몰입도와 그 반응이라고 이해할 수 있습니다.

구체적으로 LAL 학습법을 설명하자면 다음과 같습니다.

첫째, 영어 학습을 할 때, 학생의 눈높이에 알맞고 흥미 있는 주제의 텍스트(약간 쉬워도 좋습니다)를 선정해 우선 음성 파일을 들려줍니다.

둘째, 그리고 동시에 눈으로 읽고 또 입으로 발음을 흉내 내보도록 합니다. 그리고 반복하여 듣고 발음하게 합니다. 처음 시작할 때 학생이 텍스트를 얼마나 잘 듣고 얼마나 잘 이해하느냐는 중요하지 않습니다. 그저 듣고 반응하는 것에 칭찬하고 용감하게 따라 읽으라고 격려하면 됩니다.

셋째, 1~2주 정도 이러한 준비 단계가 끝나면, 본격적인 훈련 순서에 따라 정해진 시간 혹은 정해진 양의 학습을 하게 합니다. 언어 학습 교재는 학생의 집중력과 실력에 따라 다르지만, 중학생 수준이라면 300~600자 정도의 짧은 글(오디오 파일이 2~3분 정도)이 무난합니다. 또한 동화책이나 스토리북 혹은 영어 신문 기사(오디오 파일이 많이 있습니다)도 도전해 보면 좋습니다. 대부분 적은 분량이면서 재미있고 또 듣기 파일이 있는 교재면 다 좋습니다. 학습자 개별적으로 좋아하는 책을 먼저 선택하게 합니다.

넷째, 처음에는 천천히 읽어 주거나 속도를 조절할 수 있게 해주어도 도전하기 좋습니다. 또 오디오 파일을 들으면서 자신의 목소리를 들을 수 있도록 마이크가 달린 헤드셋을 사용하거나 그렇지 않더라도 큰 소리로 따라 읽도록 합니다. 한 페이지에 그 학생이 모르는 단어가 5~8개 정도인 교재가 학습자에게 적절한 수준입니다.

다섯째, 어느 정도 익숙해지면 영어 성경의 일부분, 즉 요한복음과 마가복음의 이야기들을 LAL 학습 교재로 사용해 보아도 좋습니다. 영어 성경을 교재로 쓰면 다양한 유익을 기대할 수 있습니다. 먼저 대부분의 학생들이 그 내용을 거의 파악하고 있고, 또 자주 보지 못하는 단어(높은 수준의 단어), 다양한 문장 구조, 그리고 풍부한 표현기법(수사법)을 접할 수 있습니다. 게다가 평상시 놓쳤던 성경 구절들이 더 잘 이해되고 의미가 뚜렷해져서 영어 학습하면서 말씀의 단맛을 경험하기도 합니다.

이러한 훈련은 원어민 발음에서 정확하게 표현되는 연음 및 음가, 고저장단 등을 듣게 해줍니다. 그래서 역동적 듣기로 영어 학습을 한 학생들을 보면(LAL 학습을 1년 정도 하고 나면), 언어적 감각이 높아졌고 또한 그들의 얼굴에 있는 발음 근육이 발달되어 자연스럽게 원어민 발음 가깝게 말하게 됩니다. 집중도나 학습의 열정도에 따라 더 쉽게 영어 학습에 큰 진보를 보입니다. 쉐마의 습관이 잘 정착되면 LAL 학습을 하는 데 큰 도움이 됩니다.

■ LAL 7단계로 훈련하기 또는 LAL 4단계 훈련하기

① 책을 선정하고 듣기 파일을 귀로 집중해서 들으면서 눈으로 읽는다(귀 80% 이상 사용, 눈은 보조적으로 사용할 것/훈련이 필요함).

② 다시 귀로 들으면서 눈으로 따라 읽고 입으로 크게 읽으며 자기 소리를 귀로 듣도록 한다(귀 70%, 눈 20%, 입 10%).

③ 위의 단계들을 반복하며 줄거리를 파악해 본다. 잘 들리면 3, 4단계를 생략할 수 있다(듣기에 집중하면서 입의 사용 비율이 높아지도록 노력한다).

④ 위의 단계들을 반복하며 모르는 단어들을 체크한다(문장 의미 추론).

⑤ 모르는 단어를 찾고 정리한다(사전으로 찾기, 정리, 암기).

⑥ 다시 듣고 따라 읽으면서 머리로 해석해 본다(모르던 단어 발음 따라 하기, 중간중간 멈추고 들었던 문장을 눈 감고 발음/입으로 말해 본다).

⑦ 교재를 읽으면서 구조와 문장을 점검한다(문법이나 문장 구조 등

을 점검해 본다. 들으면서 이해가 잘되었으면 이 부분 생략 가능).

LAL 학습으로 외국어를 익히는 일은 말 그대로 역동적·지속적이어야 하기 때문에 자녀들이 흥미와 재미를 유지하는 일에 관심을 가져야 합니다. 많이 듣는 것과 지속적으로 듣는 일이 중요하기 때문입니다. 어느 정도 시간이 경과하면 LAL 학습에 익숙해지고 실력이 늘어 가는 재미에 자신감이 생기게 됩니다. 그래서 영어 초입 과정의 학생들이나 영어에 자신감을 잃은 학생들을 위해 아주 쉬운 교재를 사용하거나 함께 흥미로운 주제부터 시작하기도 했습니다. 또 시중에서 구매할 수 있는 '로제타스톤' 프로그램도 활용해 보았습니다(이보다 더 쉬운 프로그램, 들으면서 흥미를 유지할 수 있는 책들도 개발되어 있습니다).

외국어 학습뿐 아니라 일반 수업과 대화 가운데, 때로는 시청각 시간에도 잘 듣는 능력은 큰 도움을 줍니다. 이처럼 쉐마의 습관과 쉐마의 능력이 생긴 자녀들은 시간이 지날수록 지식이 몸 안에 쌓이고, 그 산 지식들은 새로운 지식을 만날 때 이해와 습득이 쉬워지게 만듭니다.

3.
샤알 학습법
(질문법, 자기주도학습법)

라마드 이야기 10

야생 동물에 관한 TV 방송에서 침팬지들이 도구를 사용하는 모습을 본 적이 있습니다. 침팬지가 단단한 열매를 깨기 위해 돌을 사용하는 것, 그리고 나무 구멍에 있는 꿀을 찍어 먹기 위해 나뭇가지를 잘라 적당한 도구로 사용하는 것을 보고 놀라움을 감출 수 없었습니다. 게다가 사람들이 두고 간 톱을 들고 나무를 자르는 침팬지도 있었습니다. 침팬지들은 다른 침팬지나 사람들이 하는 행동을 흉내 내고 모방함으로 배울 수 있다고 합니다. 다른 동물들 역시 정도의 차이는 있지만 본능과 모방을 통해 생존과 번식 확률을 높인다고 말합니다. 그 다큐멘터리에서는 동물도 사람과 마찬가지로 사회적이라는 점을 부각시켰는데, 침팬지를 제대로 학습시키면 도서관에서 서적을 뒤적이거나 컴퓨터 자판을 치면서 궁금해하던 것들에 대해 정보를 찾을 것만 같은 느낌이 들었습니다.

그렇지만 사람과 동물은 근원부터 아주 다릅니다. 가장 큰 차이는 동물은 질문의 능력이 없다는 것입니다. 예를 들면, '나는 누구인가?', '나는 어디서 왔고 어디로 가는가?' 또는 '곧 있을 죽음 뒤 나의 존재는 어떻게 되는가?'라는 물음을 던지며 턱을 괴고 바위에 걸터 앉아 온 종일 고민에 빠진 침팬지를 방영할 수는 없을 것 같습니다. 한편으로 우리 시대 안타까운 현상이 생겼는데, 그것은 바로 도전적이며 고상한 질문을 하고 이에 걸맞은 품격 넘치는 대답을 찾던 인류가 흉내와 모방의 편리함에 빠져 간다는 사실입니다. 좋은 질문은 좋은 대답을, 위대한 질문은 위대한 답을 얻게 합니다. 그리고 하나님께서도 그 자녀들이 자주 질문하는 것을 아주 좋아하십니다.

지금 우리는 짐승과 같은 시대 조류 가운데 있습니다. 피조물이 우리로 인해 고통받고 우리의 쾌락의 대가를 치르고 있습니다. 이제 우리는 '나는 누구인가?' 또는 '이런 일을 해도 될까?'라는 질문을 할 때가 되었다고 생각합니다. 우리 삶의 추한 일과 악한 모습은 본질적 질문을 하지 못하여 시작되었습니다. 질문하는 사람에게 하나님께서는 답을 주실 뿐 아니라 길까지 열어 주시는 복을 덤으로 주시리라 믿습니다.

1) 다윗에게 배울 수 있는 학습법(삼하 2:1, 5:17-25; 삼상 30:1-8)

다윗이 사울 왕과 요나단이 전쟁에서 죽자 헤브론으로 올라가라는 하나님의 응답을 받고(삼하 2:1) 모든 가족과 추종자를 데리고 이주합니다. 다윗은 거기서 유대 족속의 추대를 받아 왕이 됩니다. 비록 다윗은 왕이 되었지만 한 족속의 왕이었고 나라도 혼란을 벗어나지 못했습니다. 사울 왕의 측근들과 기득권자들이 여러 족속들을 규합하여 사울 왕의 후손을 왕으로 세워 다윗 왕을 대적했습니다. 다윗은 7년 이상을 둘로 나누어진 이스라엘 족속을 규합하는 데 소모했습니다. 여러 힘든 사건을 거치면서 드디어 다윗의 왕권이 확립되고, 모든 족속이 한마음이 되어 통일국가를 이루었습니다(삼하 5:3-5).

그런데 블레셋 사람들이 막 태동한 이스라엘을 침략합니다. 그들은 다윗 왕권이 아직 견고하지 못한 상태이며 아직 나라가 어수선하니 기회를 틈타 이스라엘을 점령하거나 속국으로 만들려는 속셈입니다. 블레셋은 해양 민족으로 여러 나라를 약탈해 온 전쟁에 능숙한 5명의 왕이 다스리는 연합 국가입니다. 또한 그 당시는 이미 철을 잘 다룰 수 있는 기술을 가져 첨단 철제 무기를 갖추고 있었습니다. 반면에 이스라엘 무기 기술은 아직 열악하여 철로 만든 칼은 사울 왕, 요나단 등 몇 사람만 갖고 있고, 다윗은 골리앗에게서 빼앗은 칼을 가지고 있는 정도였습니다.

다윗이 왕이 되었고 이스라엘 전체 족속을 다스리게 되었다는 소식을 들은 블레셋은 그를 가소롭게 여겼을 것입니다. 왜냐하면 사울 왕에게 쫓겨 블레셋으로 도망하여 목숨을 구걸하였던 다윗이었기 때문입니다. 그래서 그들은 이 기회에 다윗을 단단히 혼내고 자기들 맘대로 이스라엘을 흔들고 싶었을 것입니다.
블레셋이 쳐들어온다는 소식에 다윗은 어떻게 해야 할까요?

다윗은 막 왕이 되었습니다. 온 족속을 겨우 통합했고, 예루살렘성도 차지해서 나라의 모습을 만들어 가는 중입니다. 전쟁 소식에 먼저 왕으로서 적을 막아 낼 준비를 해야 합니다. 전쟁에 능한 장수들을 모아 작전 회의를 하고, 전 지파에게 조서를 내려 군인들을 모으는 결정을 해야 합니다. 그런 뒤 왕이 백마를 타고 앞장서서 "하나님의 군사들이여, 전진 앞으로!" 호령하며 당당한 모습을 보여야 왕의 권위가 세워질 것입니다.

그런데 이처럼 불이 발등에 떨어졌는데, 다윗 왕은 오히려 조용한 곳을 찾아 하늘을 우러러 하나님을 바라보고 있습니다. 그리고 이렇게 말합니다.

"하나님, 전쟁을 해야 하나요?"

이 모습을 보는 장수들과 백성들은 어깨에 힘이 풀리고 고개를 갸우뚱거리며, 이렇게 수군거릴 수도 있었을 겁니다.

"참 대책 없는 양반일세 그려!"

"겁쟁이!"

전쟁을 코앞에 둔 왕 다윗이 왜 하나님께 질문하고 있을까요?

다윗의 이야기를 살펴보면 재미있는 사실 하나를 발견합니다. 다윗에게는 '질문하는 습관'이 있었습니다.

먼저 사무엘상 30장에서 그 좋은 예를 볼 수 있습니다.

사울 왕의 집요한 추격을 피해 다윗은 이스라엘의 적대국이며 강국이었던 블레셋으로 망명합니다. 다행히 아기스 왕이 다윗의 무리를 받아 주어 온 가족과 추종자들이 시글락에 안식처를 찾을 수 있었습니다. 얼마 후 블레셋과 사울 왕 사이에 전쟁이 벌어졌는데 다윗 무리도 전쟁에 참여하라는 명령을 받습니다. 다윗은 입장이 참 곤란해졌습니다. 사울에게 쫓겨 결국 적국의 땅으로 피신하였지만, 다윗은 자기 나라와 자기 족속에게 조금도 피해를 주지 않으며 정직하게 살아왔습니다. 그러나 자기 조국과 전쟁하는 블레셋의 군사로 참여한다면 자기 나라와 자기 민족에게 원수가 될 수밖에 없습니다. 그런데 갑자기 블레셋 다른 왕들이 다윗이 전쟁에 합류하는 것을 반대합니다. 과거 골리앗과의 싸움을 기억하며 다윗의 참전을 극구 거절합니다. 옛날 전쟁에서는 군사가 한 명이라도 많으면 유리하고,

게다가 전쟁 경험이 많은 다윗의 무리가 합류한다면 연합국 왕들이 좋아해야 할 텐데, 이상하게도 반대 의견을 굽히지 않습니다. 결국 다행스럽게도 다윗은 자기 민족과 싸우는 일을 피할 수 있게 되었습니다.

다윗과 그의 용사들은 콧바람을 불며 가족들이 기다리는 시글락으로 돌아옵니다. 그런데 이게 웬일입니까? 아말렉 도둑 떼가 쳐들어와 시글락을 불사르고 온 가족들을 노예로 끌고 가버렸습니다. 이 기가 막힌 장면을 성경에서는 모든 용사가 '울 기력이 없을 정도로 큰 소리로 울었다'고 말합니다. 그리고 다윗을 돌로 쳐 죽일 험악한 분위기가 되었습니다. 이 절박한 때에 리더로서 다윗은 어떻게 해야 하나요?

> "백성들은 모두 자기 자녀들로 인해 슬픈 나머지 다윗을 돌로 쳐 죽이자고 했습니다. 다윗은 너무나 괴로웠습니다. 그러나 다윗은 그의 하나님 여호와를 의지해 용기를 냈습니다. …다윗은 여호와께 여쭈어 보았습니다. '제가 저 약탈자들을 쫓아가야 합니까? 제가 그들을 따라잡겠습니까?' 여호와께서 대답하셨습니다. '저들을 쫓아가거라. 네가 그들을 따라잡아 반드시 모두 구해 낼 것이다.'"(삼상 30:6, 8 우리말성경).

다윗은 '여호와께 물었'습니다. 사흘 전에 일이 터졌기 때문에 서둘러 추격대를 만들어 뒤쫓아도 시간이 모자를 판입니다. 그런데 돌을 집어 든 분노한 600명 용사들 앞에 다윗은 돌아서서 하나님께 묻습니다.

"하나님, 제가 쫓아가면 그들을 붙잡을 수 있을까요?"
하나님께서는 답을 주십니다.
"쫓아가라, 그들을 구할 수 있다!"

일반적으로 이렇게 큰일이 나서 사람들이 슬픔에 싸여 어쩔 줄 모를 때면, 리더로서 마땅히 먼저 해야 할 일이 있습니다. 위로의 말도 전하고, 이해할 만한 대책도 내놓아야 합니다. 당연히 급한 일을 수습하러 달려가야 합니다. 그러나 다윗의 선택은 하나님께 먼저 묻는 일이었습니다. 왜냐하면 질문하는 습관을 가진 다윗은 하나님만이 올바른 답을 가진 분임을 잘 알고 있었기 때문입니다. 하나님은 세상의 지혜나 일반 상식을 초월하신다는 사실을 경험을 통해 익히 알고 있었습니다.

2) 샤알 학습법의 실제

(1) 다양하게 쓰이는 샤알 학습

성경에서 질문하는 다윗의 모습을 여러 번 찾아볼 수 있습니다.

> "그 후에 다윗이 여호와께 물어 가로되 내가 유다 한 성으로 올라가리이까 여호와께서 가라사대 올라가라 다윗이 가로되 어디로 가리이까 가라사대 헤브론으로 갈지니라"(삼하 2:1).
> "다윗이 여호와께 물어 가로되 내가 블레셋 사람에게로 올라가리이까 여호와께서 저희를 내 손에 붙이시겠나이까 여호와께서 다윗에게 말씀하시되 올라가라 내가 단정코 블레셋 사람을 네 손에 붙이리라 하신지라"(삼하 5:19).
> "다윗이 여호와께 묻자온대 가라사대 올라가지 말고 저희 뒤로 돌아서 뽕나무 수풀 맞은편에서 저희를 엄습하되"(삼하 5:23).

다윗의 질문하는 습관에서 우리가 꼭 배워야 할 것이 있습니다. 질문은 답을 구하는 가장 적극적인 방법입니다. 지혜를 얻고 진리를 찾는 최고의 방법이 묻고 또 구하는 것임을 성경은 이미 알려 주고 있습니다.

성경에서는 교육과 훈육의 강력한 도구로써 질문을 사용했습니다.
"아담, 네가 어디 있느냐?"
엘리야가 이르되 "너희가 어느 때까지 둘 사이에서 머뭇머뭇하려느냐?"

예수님 역시 진리를 가르치기 위해 위대한 질문을 사용하셨습니다.
"너희 중에 어떤 사람이 양 한 마리가 있어 안식일에 구덩이에 빠졌으면 끌어내지 않겠느냐?"
"사탄이 어찌 사탄을 쫓아낼 수 있느냐?"
"너희는 나를 누구라 하느냐?"

사람들은 질문을 받으면 본능적으로 대답하게 됩니다. 그리고 답변할 때 온 세포, 온 마음이 받은 질문에 적극적으로 반응하게 됩니다. 무슨 답을 할까? 어떤 단어를 쓸까? 말할 때 태도는 어떻게 해야 할까? 순간적이지만 답변자 내부에서는 폭풍이 일어납니다. 모든 지식과 경험을 다 동원해서 적절한 답을 찾으려 저절로 애쓰게 됩니다. 그래서 질문은 교육의 대가들이 즐겨 사용했습니다(소크라테스의 산파술, 공자나 부처, 그리고 많은 연설가와 학자들).

'묻다, 구하다'라는 히브리어가 '샤알'(שאל)입니다. 질문을 통해 학습하고 교육하는 방법을 '샤알 학습법'이라고 말할 수 있습니다. 샤알 학습법을 다르게 표현하자면, '질문을 통한 창의적 학습법' 또는 '자기 주도 질문 학습법'이라 말할 수 있습니다. 이 방법을 학교와 교실에서 사용해 보았습니다. 적용하는 데 시간이 걸리지만 창의적 질문을 하기 시작하면서 자녀들의 뇌가 폭발적으로 성장하고 호기심과 탐구력이 높아졌습니다. 질문이 재미있어지고, 엉뚱한 대답이 칭찬받고, 창의적 대안들을 앞다투어 내놓기 시작하자, 자녀들은 순식간에 에디슨이나 아인슈타인으로 변하였습니다.

좋은 질문 세 번만 잘할 수 있다면 노벨상도 받을 수 있다고 믿습니다. 사과가 땅에 떨어집니다. 공을 높이 던져도 땅으로 떨어집니다. 왜 사과가 땅으로 떨어질까 질문하여 뉴턴은 물체끼리 서로 잡아당기는 힘, 만유인력을 발견했습니다. 아이들에게 질문하는 습관을 만들어 주면 지식이 폭발적으로 확장됩니다. 그리고 좋은 질문을 할 수 있는 능력을 갖게 한다면 우리 아이들은 다윗과 같은 일을 하고, 위대한 업적을 이루는 사람들 가운데 하나가 될 수 있습니다. 좋은 질문을 하는 습관을 갖게 해주는 일이 성경적 교육, 샤알 학습법의 일입니다.

샤알 질문법, 샤알 학습법은 자녀들만 사용하는 것이 아닙니다. 질문을 받는 어른들, 부모 세대, 그리고 교사들에게도 매우 중요한 도구입니다. 아이들이 자꾸 질문하면 귀찮아하거나 "지금은 바빠, 다음에 하자!", "인터넷에 다 있잖니!" 이렇게 말하지는 않는지요?

부모교육과 교사교육을 할 때 당부하는 지침이 있습니다.
'자녀들이 질문하면 즉각 답하려 하지 말라!'
'자녀들에게 적절한 질문을 하여 답을 스스로 찾도록 도와주라!'

그렇습니다. 질문을 질문으로 답하는 것이 샤알 학습법의 정수입니다. 아이들이 질문할 때 부모들이 당황하거나 귀찮아하면 아이들에게 질문의 습관이 생기지 않습니다. 그리고 부모가 모든 질문에 정답을 다 알 필요도 없습니다. 질문하는 그 자체가 소중하기에 칭찬받아야 하고, 질문하는 습관을 길러 주는 일이 목적이기 때문에 어떤 질문이든 반가워해야 합니다.

우리는 이렇게 말하는 버릇이 있었습니다.
아이가 묻습니다. "엄마, 하늘이 왜 파래요?"
엄마 왈, "내가 어떻게 아니? 하나님이 그렇게 만들었겠지!"
아이가 묻습니다. "아빠, 토끼 귀가 왜 저렇게 길어요?"
아빠 왈, "얘, 내가 그런 거 아니다. 절대!"

샤알 학습법에서는 이렇게 하여야 합니다.
"엄마, 하늘이 왜 파래요?"
엄마, "하늘이 파란 걸 알았구나. 대단한데? 네 생각에는 하늘이 왜 파랗다고 생각해?"
"토끼 귀가 왜 저렇게 길어요?"
아빠, "어, 토끼 귀가 정말 길구나! 귀가 긴 이유가 있을 텐데, 왜 토끼는 큰 귀를 가졌을까?"

교사(부모)는 자녀들의 질문에 반향적인 질문을 하면서 자녀의 궁금증을 증폭시켜 주고 답을 찾아갈 수 있도록 유도해 주면 됩니다. 질문하는 것 자체를 칭찬해서 질문하는 습관을 길러 주고 스스로 답을 찾을 수 있도록 이끌어 준다면 자녀들의 뇌 구조도, 그 마음도, 그리고 세상을 대하는 태도까지 달라질 것입니다. 가끔 아이들이 질문에 질문으로 답하면 개구쟁이 마음에 선생님이나 부모님께 이렇게 이야기할 때도 있습니다.

"에, 엄마도 모르죠?"

그렇다고 얼굴 붉힐 필요가 없습니다. 자녀의 샤알을 한 단계 더 끌어올릴 좋은 기회입니다.

"그래, 그건 모르겠는데? 네가 좀 찾아서 엄마한테 알려 주면 고맙겠어!"

자녀들과 이야기하면서 교사나 부모는 정답을 주어야 한다는 부담을 갖습니다. 자녀나 학생이 질문할 때 정말 알고 싶은 마음이나 혹은 탐구심이 발동한 경우가 대부분입니다. 그런 경우 교사가 정답을 주는 일은 그 마음에 물을 뿌려 불을 끄는 것과 같을 수 있습니다. 질문하려는 마음과 질문하는 습관에 영양분을 주는 일이 천 개의 정답보다 중요합니다. 자녀들은 가끔 심심해서 질문하거나 관심을 끌기 위해서 질문하거나 또 아무런 의미 없이 질문하는 경우가 있습니다. 그런 경우라도 흘려보내지 말고 교사(부모)의 좋은 반향을 통해 기발한 아이디어나 흥미로운 상상력으로 이어지게 할 수 있습니다. 질문과 그 답을 찾아가는 탐구 과정이 진지하게 진행될 경우 새로운 주제가 탐구 대상으로 떠오르게 됩니다.

자녀 혹은 학생들이 자신들의 궁금증을 통해 발견하고 찾아낸 결과물이 작은 에세이나 발표물이 되어 그들에게 귀한 경험으로 남게 됩니다. 이렇게 얻은 지식은 대부분 살아 있는 앎이 되고, 어떤 경우 자녀들의 지적 상상력과 재능들이 한 단계 높아지는 '기적의 순간'이 될 수 있습니다.

좋은 질문을 할 수 있는 능력이 바로 실력입니다. 질문을 하고 답을 찾기 위해 애쓰면 탐구력과 창의력이 개발됩니다. 그런 아이들이 자라면 탁월함을 갖게 되고, 바른 영성을 통해 영향력을 발휘하고 세상을 섬길 수 있습니다. 빨리 답을 찾게 하거나 정답을 알려 주는 경우는 대부분 성과주의 혹은 성급한 성공주의 발상에서 나온 것일 수 있습니다. 부모나 교사는 이런 유혹에서 벗어나 기다리며 웃어 줄 수 있는 여유가 있어야 자녀에게 질문의 능력이 생깁니다.

샤알(질문하는 습관)은 성도들에게도 무엇보다 중요합니다. 샤알의 대표적인 모습이 기도이기 때문입니다. 성도는 하나님께 물을 수 있는 권리가 있는 사람입니다. "하나님 아버지, 이런 경우 저는 어떻게 해야 하나요?" 이런 질문을 수백 번, 아니 수천 번 해도 됩니다. 또 매일 해도 되고, 언제든 해도 됩니다. 아버지이신 하나님께서는 질문 받기를 좋아하시기 때문입니다. 그렇게 하면 다윗의 경우처럼 소중하고 정확한 답을 친절하게 가르쳐 주십니다.

또한 모든 인생은 예수님의 질문에 답해야 하는 사람입니다. 세상에 오셔서 모든 인생을 위해 대속의 길을 걸으셨던 예수님이 이렇게 묻고 계십니다.

"너는 나를 누구라 하느냐?"

그리고 주님은 모든 사람을 위해 십자가의 고통과 수치를 감당하시면, 이렇게 물으십니다.

"너는 나를 사랑하느냐?"

이 질문에 수백 번 답하지 않아도 됩니다. 큰 소리로 외치지 않아도 됩니다. 주님을 삶 가운데 주인으로 받아들이면서 나직이 "주님, 저도 사랑합니다" 이렇게 대답하면 인생 모든 문제의 최상의 답이 됩니다.

그렇습니다. 인간은 질문하고 답하기 위해 만들어진 피조물입니다. 특별히 기독교인이란 하나님과 우리 주님, 그리고 매일 우리와 함께하시는 성령님과 질문하고 답하는 존재로 사는 사람입니다. 이것이 거룩하게 살려고 애쓰는 삶입니다. 이렇듯 샤알의 습관은 부모 세대와 자녀 모두에게 삶의 지혜이자 물려줄 귀한 유산입니다.

부모로 또 교사로 항상 많은 것을 배워야 합니다. 그렇지만 익혀야 할 것도 많고 가르쳐야 할 것도 많다고 답답해하거나 두려워할 필요가 없습니다. 그때마다 질문을 적절하게 사용하면 됩니다. 또 라마드의 원리에서 배웠듯이, 우리는 책에게 묻고 주변 사람들과 성경에 질문하며 배우면 됩니다. 다윗처럼 부모 세대와 교사들이 돌아서서 물어보는 습관을 자녀들에게 보이는 것으로도 자녀 세대 역시 샤알하는 삶을 살게 되리라 믿습니다.

자녀들이 묻기를 즐겨 하고 좋은 질문을 할 수 있다면 교육의 기초가 튼튼하게 세워진 셈입니다. 질문의 습관, 샤알의 기법이 자녀들에게 있다면 점점 더 지혜로워지고 더 창의적이며 더 확장적 사고방식을 갖게 될 것입니다. 하나님의 교육방법을 통해 다윗처럼 샤알하는 부모 세대, 그리고 다윗처럼 질문하는 습관을 가진 자녀 세대가 많이 세워지길 기대합니다.

부모 세대(교사)와 자녀 세대 모두 다음과 같은 구호를 외치며 기억하길 바랍니다.

"나는 다윗처럼 샤알하겠습니다!"

(2) 질문법 노트

샤알 학습법을 연습시키고 습관화될 때까지 모든 학생에게 '질문법 노트'를 만들어 주고 그것을 활용하도록 꾸준히 체크해 주었습니다. 질문법 노트 작성의 원칙은 다음과 같습니다.

① 모든 서술은 질문으로 바꾼다.
예) 한글은 세종대왕이 집현전 학자들과 함께 창제하셨다.
→ 누가 무엇을 만들었는가?
→ 세종대왕은 누구인가?
→ 언제 한글을 만들었는가?
→ 집현전은 무엇을 하는 곳인가?
→ 창제는 무슨 뜻인가?
→ 왜 만들었는가?

② 샤알 학습법을 확장하는 방법
교사는 답을 주기보다는 답을 유도하는 질문을 한다. 꼬리에 꼬리를 무는 질문을 즐겁게 진행하려면 지루하거나 짜증나는 일이 생길 수 있다. 교사(부모)의 말투도 고려해 보고, 자녀들이 약간의 도전을 받으면서 답을 찾아낼 만한 수준의 질문을 하면 좋다.
- 물으면/질문하면 답을 내기 위해 온 세포가 활성화된다.
- 물으면/질문하면 두뇌가 기존 지식을 뒤적이고 재조합하는 등 활발하고 적극적 상태가 된다.
- 물으면/질문하면 어떤 종류든지 답이 나온다. 정답보다 답을 찾으려는 노력과 과정을 더 칭찬하고 중요시해야 한다.
- 샤알(질문)의 습관은 사고체계나 목표를 분명하게 만들고 구체화시킨다. 그리고 최종적으로 하나님께 묻게 하므로 정직한 품성, 바른 답을 찾게 만든다.
- 좋은 질문이 좋은 답을 낸다. 좋은 질문을 하려면 훈련이 필요하다.

- 멋진 질문은 성장하게 만든다. 멋진 질문은 칭찬을 통해 만들어진다.
- 훌륭한 질문은 훌륭한 사람이 되게 한다. 샤알의 습관이 있으면 훌륭한 질문을 만들어 낼 수 있고, 훌륭한 결론에 이르게 한다.

③ 누구에게/어디에 물을 것인가?
a. 나 자신 b. 친구 c. 교사/부모 d. 책/인터넷 e. 성경

④ 자기주도학습/샤알 학습법(육하원칙 활용)
a. 노트 정리/자료 수집/매일 학습을 샤알 학습법으로 바꾸기
b. 질문의 습관: 좋은 질문 만드는 훈련, 자료 찾는 법 배우기
c. 피드백(feedback) 하기: 답이 부족하거나 다를 수도 있다. 재질문하기

사랑의 하나님께서, 엎드려 묻는 예배와 목소리 높여 묻는 찬양과 가슴을 치며 묻는 기도와 흐느끼며 묻는 마음의 소원을 다 들으시고 곁에 오셔서, 그 손을 잡아 주시리라 확실히 믿습니다.

4. 라마드 학습법
(상호 역할-협동 학습법)

라마드 이야기 11

박 군은 수학을 좋아하고 잘합니다. 다른 과목은 그리 두드러지지는 않고, 내성적 성격이라 그런지 발표력도 약합니다. 하지만 수학 관련 서적을 여러 권 읽고 수학 공부에 많은 시간을 들였습니다. 어느 날 그런 박 군에게 가르치는 일이 자신과 친구들에게 도움이 될 것이라고 이야기하고, 수학을 어려워하는 2명의 학생들과 팀을 이루게 해주었습니다.

박 군은 차분하고 정성껏 자신에게 맡겨진 제자(?)들을 가르쳤습니다. 친구들이 이해를 못하면 다시 설명하고, 그래도 어려워하면 다른 방법으로 설명하며 끈기 있게 가르쳤습니다. 학생들 사이에 박 군의 칭찬이 점점 높아졌습니다. 친구들은 수학 수업에서 이해가 안 되는 부분이 있으면 쉬는 시간에 박 군에게 갔습니다. 아이들이 주변에 모여들었습니다. 친구들이 박 군을 좋아하게 되었고, 박 군도 주목을 받자 쑥스러워하면서도 가르치는 일을 즐거워하게 되었습니다.

자신감이 없고 관계성이 약했던 박 군의 얼굴에 어느 순간부터 미소가 생겼습니다. 수학자나 과학자를 꿈꾸며 어려운 책에 도전하는 등 적극적인 자세를 보여주었습니다. 남을 위해 가르쳤더니 자신이 성장하는 모습을 스스로 확인한 박 군은 언제나 자기 곁에 오는 친구들을 반겼습니다. 또 전에는 남에게 묻는 일을 어려워하였지만 이제는 친구들을 곧잘 찾아 묻고 토론합니다.

하나님께서 이러한 자녀들에게 깊이와 넓이를 더하셔서 감추인 비밀들을 알려 주시고 감동적인 삶을 누리게 하시며 함께하심으로 더 즐거운 인생의 묘미까지 맛보게 해주시길 기도합니다.

1) 모세에게 배운 학습법

이 책의 제목을 《라마드 교육》이라고 정한 것은 성경적 교육이 하나님의 언약적 명령에서 유래되었음을 강조하기 위해서입니다. 그리고 신명기 4장 10절에서 히브리어 동사 '라마드'가 '너희는 배워라' 그리고 '자녀에게 가르쳐라'라는 이중 의미를 갖고 있다는 점을 보고 교육의 본질이 어떠한가를 깨달았기 때문이기도 합니다. 이런 의미에서 성경에서 말하는 '성경적 교육'은 '모르면 배우고, 먼저 배운 사람이 가르치며, 학습현장에서 배움과 가르침이 상호 영향을 주는' 하나님 백성들의 교육방법이기도 합니다. 그래서 본래 하나님의 교육을 '성경적 교육'이라 말하면 됩니다만, 저자 개인적으로 큰 의미가 있기에 '라마드 교육'이라는 명칭으로 대체하였습니다.

라마드 교육이라는 원리 안에 '라마드 학습법'의 학습방법이 있습니다. 이것은 '상호·협동·역할 분담 교육방법과 그 현장'을 뜻합니다. 다시 말해 '라마드 학습법'은 성경적 교육 안에 있는 여러 가지 학습법 중 하나로, 모세가 광야학교에서 하나님의 말씀을 효율적으로 상호 배우고 가르쳤던 방법이라 말할 수 있습니다. 광야학교에서는 서로 배우고 서로 가르치는 활발한 학습활동으로 하나님의 지혜를 잘 익힐 수 있었습니다.

홈스쿨링이나 소규모 교육 공동체에서는 교사의 부족이 가장 큰 어려움 중 하나라고 호소합니다. 그리고 일반 교육 공동체 역시 교사 한 명이 많은 학생을 골고루 돌보기는 쉽지 않습니다. '라마드 학습법'은 이러한 교육현장에 유익한 학습법으로, 학생들의 활발한 상호 교류를 통해 서로의 이해 수준이나 달란트를 활용하여 서로 교사 역할을 감당함으로 교육 공동체 안에서 역동적 해결책이 될 수 있습니다.

하나님께서 언약 명령으로 교육 명령(라마드)을 주시고 광야학교에서 직접 가르쳐 주셨습니다. 그러나 모세 한 명의 담임교사가 전체를 교육하기에는 한계가 있었을 것입니다. 그래서 모세는 선발된 지도자들에게 가르쳤고, 그 지도자들은 각 소규모 학습 공동체에, 또 소규모 그룹에서 배운 리더들은 가정 공동체 혹은 자녀 세대에게 그 배운 바를 가르쳤을 것이라 상상할 수 있습니다. 광야학교는 교사의 절대 부족과 더불어 대단위의 학습 공동체가 존재했지만, 결국 모두 군사로 잘 세워졌습니다. 이렇게 광야학교에서 적극적으로 사용된 학습법을 '라마드 학습법'이라 부를 수 있습니다. 이 학습법은 '모르면 배우고, 먼저 배운 사람이 돌아서서 가르치는' 방법을 취했습니다.

광야학교의 조직이나 교육활동을 좀 더 구체적으로 상상해 보면,

하나님께서는 성막(교장실)에 계시고 모세가 늘 뵈러 갑니다. 하나님은 모세에게 해야 할 일을 가르쳐 주시고, 고쳐야 할 부분들을 지적하십니다. 모세는 돌아서서 백성에게 그 말씀을 전달합니다. 당시 광야 상황을 엿볼 때 모세는 족속의 대표자 혹은 천부장과 백부장들을 모아 가르쳤을 것입니다. 그들은 그 말씀을 잘 듣고 자신의 족속들과 가족 대표자들에게, 가장들은 가정 안에서 가르쳐 하나님의 명령들을 지켜 행하도록 했을 것입니다. 부모 세대, 리더 그룹들이 먼저 듣고 배웁니다. 그리고 돌아서서 구성원들과 다음 세대에게 가르치는 교육의 흐름이 끝없이 일어났을 것입니다. 한 예로, 슬로브핫의 세 딸에게 기업을 주게 한 이야기에서(민 36:1-12), 이스라엘 가운데 곤란한 문제가 생기면 모세를 찾아가 묻게 됩니다. 모세는 다시 여호와께 묻고 답을 얻으면 돌아서서 백성들에게 법도를 가르쳐 줍니다(참고 성경 민 15:30-36; 출 19:7-9; 출 24:1-3).

광야학교에 입학한 이스라엘 백성들은 초등학교 신입생처럼 하나님 나라에 대해, 하나님을 경외하는 군사의 삶을 경험한 적이 없기에 하나하나 자세히 가르쳐야 할 것이 아주 많았습니다. 먹고 자는 일부터 진 치고 행진하는 법, 그리고 하나님의 명령을 따라 살아가는 훈련까지 일일이 다 배워야 합니다. 혹 그들은 오늘 우리가 상상하는 신입생들보다 가르치기가 더 힘들었을 것입니다. 이스라엘이 오랜 기간 동안 몸에 밴 생활습관, 가치관과 사고방식까지 다 버리고 바꿔야 하기 때문입니다. 언행과 가치관, 또 하나님 나라에 대한 비전까지도 자신들의 경험과 지식이 아니라 하나님의 방식대로 해야만 졸업할 수 있습니다. 요단 강을 건너는 일과 여리고 성을 무너뜨리는 장면을 보면 이스라엘 백성이 얼마나 훈련을 잘 받았는지, 얼마나 하나님의 광야학교가 훌륭하였는지 짐작할 수 있습니다. 이와 같이 하나님의 지혜롭고 다양한 가르침과 더불어 라마드 학습법은 평범한 200만 명을 40년 만에 가나안 땅을 정복할 수 있는 용사로 바꾸었다고 믿습니다. 그렇다면 각 시대 하나님의 군사로 살아야 하는 성도들과 자녀 세대들에게도 이 교육방법은 유용할 것입니다.

그러므로 '라마드 학습법'은 하나님께서 창안하신 '학습·훈련 시스템'으로, 한쪽에는 모세가, 다른 한쪽에는 이스라엘이 있습니다. 모세는 하나님께 배웁니다. 또 모세는 돌아서서 리더들을 가르칩니다. 모세로부터 배운 리더들은 구성원을 가르치기 위해 돌아섭니다. 이 흐름은 한쪽 방향으로만 흐르는 것은 아닙니다. 양방향이고, 서로 영향을 주고받습니다. 하나님의 가르침은 '쉐마 학습법'을 전제합니다. 쉐마는 단순히 듣는 것에서 끝나지 않고, 반응하고 지켜 행하며 점검하고 고쳐 나가는 일련의 과정입니다. 쉐마한 것들을 자기 자신에게서 끝내는 일은 언약적 관점에서 보면 실패입니다. 자신도 쉐마가 '앎이 되도록' 해야 하고, 당연히 주변 사람과 자녀 세대에게 '그 앎을 가르쳐야' 합니다.

모든 교육 공동체 안에서 '라마드 학습' 현상이 실질적으로 나타납니다. 가정에서든 군사훈련소에서든 '배움·가르침'의 일은 자연적이고 사회적 현상으로 언제든 있습니다.

한 예를 들면, 어떤 학생은 선생님에게 잘 집중하고 쉐마의 능력이 있습니다. 수업한 내용을 그 시간에 거의 이해하였습니다. 친구들이 이해가 덜 된 부분이나 안 풀리는 문제를 가지고 먼저 이해한 그 학생을 찾아옵니다. 함께 머리를 모으고 문제를 풀어 봅니다. 어떤 학생은 칠판에서 자신이 이해한 부분을 나눕니다. 또 어떤 친구가 기발한 생각을 제시하고, 다른 친구들은 자신의 답이나 방법을 내놓습니다. 먼저 이해하여 가르치는 학생은 이 과정에서 더 자세하게 이해하거나 더 좋은 방법을 얻게 됩니다. 친구들과 토론하고 가르쳐 주는 과정에서 얻는 이득입니다. 묻는 친구들도 친구의 언어로 듣고 또 맘껏 자기 생각도 말하다 보니 어려웠던 부분들이 이해가 됩니다. 이처럼 학습에 흥미가 유발되고 상호 유익을 나누게 됩니다. 요즘 교실에서는 흔한 광경이 아닐 수 있지만 저자의 학생 시절에는 이런 일이 빈번했고, 서로 큰 도움을 얻었습니다.

라마드 학습은 교육 공동체를 위해 하나님께서 주신, 즐겁고 놀라운 '상호 역할 분담 공동체 학습방법'입니다. 왜냐하면 라마드의 명령 가운데 '먼저 배워라, 그리고 돌아서서 가르쳐라'라는 의미가 있고, '모르면 돌아서서 배워라. 그리고 서로 나누어라'라는 의미도 있기 때문입니다. 그렇습니다. 라마드는 누구나 배워 교사가 되는 일입니다. 그리고 배운 사람은 돌아서서 가르칩니다. 그래서 '라마드 학습법'은 교사가 배움의 자리로, 학생이 가르치는 자리로 기꺼이 옮길 수 있는 상호 학습 시스템이며, 동시에 역할 분담의 나눔 학습법이라고 말할 수 있습니다.

특히 학생들 사이에 서로 가르치고 배우는 '라마드 시스템'은 학습 효과도 좋을 뿐 아니라 학생 각자에게 주신 달란트를 개발하고 촉진시키는 데도 큰 역할을 합니다. 학생마다 각각 잘하는 부분이 있습니다. 재능(달란트)은 어떤 것을 할 때 즐겁고 잘하고 언제나 자신감을 느끼는 성향입니다. 우리는 잘하는 것으로 서로의 유익이 되어야 합니다. 학교와 교실에서도 똑같습니다. 특정 과목에 이해를 잘하는 친구가 있고, 더디지만 놀라운 기억력을 가진 친구도 있습니다. 봉사와 같은 섬김으로 반 전체를 행복하게 만들며, 대단한 용기와 체력으로 교실의 명예를 높여 주기도 합니다. 모든 학생은 다른 학생의 제자이며 스승입니다. 라마드하면 배우기가 어렵지 않습니다. 라마드할 수 있는 교실의 학생들은 경쟁과 성적의 고통에서 다소간 해방됩니다. 자녀들은 라마드하는 과정 안에서 자신의 소질과 재능을 발견하고 비전을 갖게 되며, 즐겁게 하나님의 그릇이 됩니다.

광야학교에서도 이러한 일들이 발생했으리라 충분히 짐작됩니다. 성경적 교육을 하면 변화를 일으킵니다. 모세도 가르치는 가운데 성숙했고, 도저히 바뀔 것 같지 않던 이스라엘 백성이 놀랄 만한 변신을 했습니다. 그리고 모든 백성은 자신이 가진 재능을 가지고 공동체를 섬겼습니다. 성막을 지을 때, 행진하고 진을 칠 때 각자의 달란트로 직분을 감당했습니다. 아주 짧은 역사를 가진 광야학교가 라마드 학습법을 통해 길고 위대한 역사를 쓸 수 있었습니다.

2) 라마드 학습법의 실제

그러면 교육현장에서 라마드 학습법을 어떻게 실천할 수 있는지 몇몇 방법들을 제안해 보겠습니다.

먼저 교육 주체자(교사나 부모)가 라마드 학습법의 개념이 쉽고 실천하는 일이 간단하다는 자신감을 가져야 합니다. 왜냐하면 사실 '라마드 학습'는 일상에서 우리가 매일 하는 일이고 경험했던 일이기 때문입니다. 한번 생각해 볼까요?

우리는 매일 모르는 것에 대해 배웁니다. 새로운 지하철 노선을 탈 때, 새로운 기계에서 표를 구입하는 법이나 생경한 지하철 역에서 집에 오는 방법을 익힙니다. 핸드폰을 새로 구입하거나 신형 자동차를 사면 배울 게 참 많습니다. 우리는 매일 뉴스를 봐야 하고, 새로 나온 상품이나 책을 검색합니다. 며칠만 휴가를 다녀와도 손안에 새로운 것들이 한 더미 쌓입니다. 갑자기 일상이 바뀌어 새로운 매뉴얼로 살아야 할 때 우리는 열심히 배우고 적응하며, 또 주변 사람들을 통해 배우게 됩니다. 그런데 우리는 이렇게 매일 배운 것을 혼자 소유하지는 않습니다. 주변 사람과 정보를 나누고 더 좋은 견해나 비법을 얻으려고 합니다. 또한 정보가 늦은 분들에게나 우리가 속한 교육 공동체에게 열심히 가르쳐 줍니다.

이처럼 배우고 돌아서서 가르치는 일은 보통 사람의 삶 안에 자연스럽게, 사회적인 현상으로 늘 있었습니다. 하나님께서는 오래전부터 이러한 지혜와 적용을 사람들 사이에 은혜로 주셨기 때문입니다. 이러한 지혜를 학교와 교실에서 적극적이며 유익하도록 다듬은 것이 '라마드 학습법'이라 할 수 있습니다. 그래서 우리는 언제나 라마드 교사이고 동시에 라마드 학생이기에 라마드는 쉬운 개념이고, 또 실천하기도 간단한 학습방법입니다.

(1) 라마드 학습법 단계

라마드 학습법을 교육 공동체에 적용하는 단계는 다음과 같습니다.

첫째, 부모와 교사가 즐겁게 배우는 자세를 보여야 합니다.
교사라고 다 알지 못하고 가끔 실천하기 어려운 경우도 있습니다. 이런 모습을 부끄러워하기보다는 돌아서서 적극적으로 배우는 태도를 교육 공동체에 보여주어야 합니다. '모르는 것은 배우면 된다'는 당연한 말이, 교사나 부모가 되면 자녀들 앞에서 잘 지켜지지 않는 것 같습니다. 모른다는 사실을 부끄러워하는 경향이 우리 마음에 있습니다. 그래서 드러내 놓고 배우려 하지 않는 것 같습니다. 이런 태도는 정보사회에서 빨리 버려야 하며, 자녀들 앞에서도 긍정적이지 않습니다. 공부나 탐구를 통해 얻는 큰 성취는 '항상 배우고 계속 배우고 매일 배워야' 좋은 결과를 가져오는 지속성과 항상성을 전제합니다. 배움을 통해 성취를 얻고, 그것으로 세상을 섬기게 됩니다. 그래서 우리 모두는 배우는 습관을 먼저 가져야 합니다. 대부분의 좋은 습관은 부모로부터 심기고, 칭찬을 통해 발아하며, 주변의 좋은 반응들을 통해 활짝 피어납니다. 부모나 교사가 모르는 것에 대해 즐겁게 배우려고 할 때 자녀는 배움의 습관을 갖게 됩니다. 이것이 '라마드 학습법'의 첫걸음입니다.

둘째, 학생을 특정 분야의 교사로 지정해서 세워 줍니다.

라마드 학습법에서 교사와 학생의 구분은 확정적이지 않습니다. 누구든 교사이며 동시에 학생이어야 라마드가 됩니다. 먼저 이해한 사람이 다른 친구에게 설명해 주듯이, 좀 더 재능을 보이는 학생은 어떤 그룹의 교사가 되도록 세워 줍니다. 실제 학교 현장에서 라마드 학습법을 실천할 때, 이들을 '라마드 교사'라고 불렀습니다. 예를 들면, '역사 라마드 교사', '턱걸이 라마드 교사', '피아노와 기타 라마드 교사', '성경 암송 점검 라마드 교사' 등 각 분야, 각 과목별로 라마드 교사를 세웠습니다. 심지어 식사 때 남기지 않고 먹기로 하여 식기를 검사하는 라마드 교사도 있었습니다. '잔반 라마드 교사'는 초등학교 2학년 여학생이었는데, 그 귀여운 녀석이 얼마나 자신감 넘치고 책임감 있게 라마드 직무(?)를 감당했는지 밥풀 하나라도 남기면 누구라도 예외 없이 통과가 안 되었습니다.

셋째, 학생 라마드 교사로 세울 때 자율성을 부여하고 교사는 중간 점검을 합니다.

처음 의도한 것처럼 진행되고 있는지, 소그룹 가운데 어떤 문제가 생겼는지, 또는 더 도와주거나 추가 과제를 줄 수 있는지 꼭 살펴봐야 합니다. 그리고 라마드 교사로 세워진 학생에게 충분한 격려와 보상이 있도록 합니다. 배우는 일이나 가르치는 일 모두 쉽지 않습니다. 어떤 분야에서 두드러질 수 있다는 것은 재능과 더불어 노력이 있기에 가능합니다. 또 자신이 가진 것을 적극적으로 나누는 일 역시 칭찬받아 마땅합니다. 그래서 라마드 교사로 세워져 충실히 맡은 일을 잘할 때 그 수고를 인정해 주고자 작은 보상을 해줍니다. 이럴 경우 칭찬과 보상은 구체적으로 밝히고 공식적으로 이루어지면 좋습니다. 학기말이 되면 부모들과 함께 축제와 같은 마감 예배를 하는데, 이때 라마드 교사들을 충분히 칭찬해 주었습니다.

음악을 별로 좋아하지 않던 친구에게 기타를 배우게 해서 어느 날 여러 사람 앞에서 연주하게 만든 일이 있었습니다. 교사는 한 학생을 약 3개월 전에 기타 라마드 교사로 세우며 이 학생을 가르치라고 맡겼습니다. 3개월 동안 두 사람이 다투기도 하고 여러 번 실망하는 모습도 보였습니다. 계속 격려하고 또 격려하였습니다. 그리고 드디어 학기말 행사에서 서툴지만 새로운 기타 연주자가 생겼습니다. 모든 사람들이 연주에 큰 박수를 보냈습니다. 특히 기타 라마드 교사는 모든 사람 앞에서 적지만 장학금을 받았습니다. 이런 경험을 한 두 학생에게 어떤 일이 생길까요?

우리에게 '라마드'라는 개념이 낯설지 모르지만 모세는 잘 알고 있습니다. 부모들과 교사들은 모세처럼 온 마음과 온 열정을 다해 배워야 합니다. 그리고 모세가 돌아서서 그 백성을 온 목소리를 다해 가르쳤듯이 자녀를 향해 열정적으로 가르쳐야 합니다. 그리고 자녀들 사이에 지식이 증폭되고 달란트가 발현되도록 상호 학습 분위기를 형성해야 합니다. 라마드 공동체는 우리 자녀를 각자의 색감과 향기를 가진 꽃과 열매로 만들어 갈 것입니다.

교사(부모)와 자녀 세대 모두 꼭 기억합시다.
"나는 모세처럼 라마드하겠습니다!"

(2) 라마드 학습법 훈련 · 실천방안

라마드 학습법을 훈련하고 실천하도록 도와주는 몇 가지 방법을 소개합니다.

① 가정과 교실에서 라마드의 장점과 실천을 기본적 학습법으로 설정하고 권장한다.
② 교사는 학생들을 꾸준하게 관찰하여 학과별·분야별 '라마드 교사'가 될 수 있는 학생을 선발하고, 라마드 교사의 할 일에 대해 상의해 본다.
③ 학생 라마드 교사는 가르치는 의무와 책임에 대해 잘 알고 성실함을 가져야 한다.
④ 학생 라마드 교사는 시간별·상황별로 또는 학생의 요청에 의해 교체·종료될 수 있다.
⑤ 이 라마드 학습은 일대일 혹은 일대 소그룹의 형태를 취할 수 있다.
⑥ 학생 라마드 교사에게 배울 때 서로 존중하고 열의를 가질 수

있도록 교사의 점검과 도움이 필요하다.

⑦ 학생 라마드 교사는 누구나 할 수 있도록 배려하고 격려해야 한다. 그리고 특별히 어떤 주제나 과목에 열정을 보이는 학생과 그 팀이 어떤 테마나 프로젝트를 마무리하고 발표 등의 결과를 낼 수 있게 하여 성취감과 자신감을 배가시킬 수 있다.

⑧ 선교지와 같은 경우, 단독 가정이나 홈스쿨링 또는 소그룹 교육 공동체(작은 교회학교 역시)에서 라마드 학습법은 모든 면에서 중요하고 소중한 교사 자원이 되므로 '라마드 학습과 학생 라마드 교사'가 자연스럽게 받아들여지고 진행될 수 있는 분위기 조성이 필요하다. 이를 위해 부모(교사)는 학생 라마드 교사의 성취나 결과에 대해 초월하는 마음을 가지고 기다려 주고 칭찬하고 세워 주는 일을 반복해야 한다(라마드 학습법이 하나의 '놀이'가 되게 하고, 학생 라마드 교사가 되는 일이 칭찬받고 자랑스러워지며 결과에 대해 아예 따지지 말아야 비로소 정착된다).

나눔은 배워야 비로소 알 수 있는 새로운 지식입니다. 나눔은 기술과 같아서 훈련해야 능숙해집니다. 나눔은 생명력 있는 씨앗과 같아서 많이 뿌리면 더 많이 거두고 큰 기쁨으로 돌아옵니다. 자녀들이 라마드 교사가 되면 교사의 마음과 부모의 마음을 닮아 성숙해집니다. 라마드 교사로 성장하는 자녀들에게 하나님께서 부모와 교사들에게 허락한 모든 복을 내려 주시되, 더 많이 거두고 더 큰 기쁨을 맛보는 삶이 되도록 배려해 주실 줄 믿습니다.

5. 다라쉬 학습법

라마드 이야기 12

선교관 뒷산은 돌산이지만 숲이 우거지고 험하지 않아 가볍게 등산하기에 아주 좋습니다. 산을 오르다 보면 여러 갈래 길이 나옵니다. 길은 돌과 나무 틈새를 따라 이리저리 좁다랗게 나 있습니다. 그래도 마주 오는 두 사람이 비켜 갈 만큼의 폭을 가지고 있는데, 그것은 이 산에 꽤 많은 사람들이 오간다는 증거입니다. 길눈이 어두운 아내가 혼자 하산하다가 다른 길로 가서 혼나기도 했지만 결국 산 아래에서 만났습니다.

이 돌산의 길은 어떻게 생겼을까요? 비탈이 심해서 사람들이 덜 다니는 길은 좁았습니다. 그러나 시원한 샘물 근처나 정상 가까이 가는 길은 더 넓었습니다. 길들이 이렇게 좁고 넓어지는 이유가 무엇일까요? 아열대 밀림에 들어가 보아도 길이 있었고, 그곳의 큰 강과 수많은 지류에도 길이 있었습니다. 하늘에도 우주에도 길이 있다고 합니다. 이 길들은 어떻게 생기는 것일까요?

돌산이거나 밀림이라도 사람들이 다니면 길이 생기고, 더 자주 다니면 넓어집니다. 학문의 성취와 깊이도 이와 같다고 봅니다. 전문가들은 어떤 분야에 자주 다니고 많이 다니기 때문에 그 분야에 길을 냅니다. 이처럼 우리의 자녀들 역시 자신이 잘하고 열망하는 것에 빈번히 다니도록 해준다면 결국 전문가가 될 수 있습니다.

하나님께서는 성경 안에서 길을 나서는 자들에게 샘물을 만나게 하실 것이고, 식량을 보내 주시며, 그 옷과 신발이 해지지 않게 해주실 것입니다. 산에도 사막에도, 그리고 광야에도 반듯한 길이 나서 많은 사람들이 그 길로 하나님을 만나게 될 것입니다. 이러한 자녀들에게 깨달음의 희열을 허락해 주시고, 돕는 손과 선한 사람들을 만나게 해주시리라 믿습니다.

1) 에스라에게 배운 학습법

이스라엘 백성이 하나님의 마음을 저버리고 남과 북으로 나뉘어 서로 싸웠습니다. 게다가 이방 신과 여호와를 혼합하여 섬기는 크나큰 죄까지 범하였습니다. 선지자들의 거듭된 경고와 회개 촉구에도 불구하고 두 나라는 하나님 마음을 알려고도 하지 않고 돌아서지도 않았습니다. 결국 하나님을 떠난 북이스라엘은 앗수르에, 얼마 후 남쪽 유다는 바벨론에게 멸망했습니다. 나라가 없어지고, 선택받은 백성들은 침략군의 창칼에 죽임을 당하거나 포로로 끌려갔습니다. 포로들이나 예루살렘에 남겨진 사람들이나 모두 비참하게 살아야 했습니다.

세월이 흘러 이방 세계(지금의 이라크와 이란 지역)에 흩어져 살던 이스라엘 포로 가운데 후세들이 태어났습니다. 그런데 바벨론으로 끌려온 포로들은 예루살렘에 남아 있던 사람들과 달랐습니다.

에스라는 모세의 형이었던 대제사장 아론의 16대 자손으로 시드기야 왕 때 바벨론 포로로 잡혀간 스라야의 아들이라고 성경에 기록되었습니다. 그는 하나님의 율법에 능통한 서기관으로 하나님께 경건한 사람이었으며, 또한 바벨론 아닥사스다 왕도 인정한 뛰어난 율법학자였습니다. 에스라는 왕궁의 특별 배려로 많은 후원을 받아 예루살렘으로 귀환하였습니다. 또 그를 따르는 거룩한 사람들과 함께 예루살렘에 새로운 공동체를 세울 수 있었습니다. 희미해진 것 같았던 구원의 그림이 색감이 살아나고 아름다운 구도가 선명해졌습니다.

에스라를 중심으로 모여든 이 거룩한 사람들을 '에스라 공동체'(혹은 에스라·느헤미야 공동체)라 부를 수 있습니다. 이 공동체는 모세의 언약 공동체를 회복하기 위해 예루살렘 성과 성전 복원에 애씁니다. 언약과 예배가 사라진 허허벌판에서 그들은 토목공이 되고 파수꾼이 되었고, 또한 배우고 가르치는 라마드 공동체로 발전하였습니다. 바벨론에서 요단 강에 이르기까지 신선한 소동이 생겼습니다.

에스라와 이 공동체는 바베론에서 태어난 포로 2세들입니다. 그런데 우상의 세상에 태어나고 자란 다음 세대들이 어떻게 하나님을 알게 되었을까요? 삶의 모든 것을 뒤로하고 척박한 예루살렘을 향해 여정을 떠났던 거룩한 무리는 누가 길러 냈을까요? 바벨론 왕이 인정할 정도로 탁월한 율법학자 에스라는 어떻게 나올 수 있었을까요?

포로들에게는 성전이 없습니다. 약속의 땅도 없고 언어도 다릅니다. 생활방식과 결정권이 제한되어 있습니다. 그러나 유대인 가정과 공동체마다 예배가 끊어지지 않았을 것이라고 생각합니다. 라마드 교육 명령이 다음 세대로 이어졌고, 가정과 공동체는 학교가 되었고, 부모 세대는 거룩한 교사가 되었다고 생각됩니다. 그래서 바벨론 포로 신세였던 유대인들은 모든 것을 잃었지만 다행스럽게 하나님 말씀으로 돌아왔습니다. 그들은 말씀 안에 있던 언약의 하나님을 더 신뢰하게 되었습니다. 교육이 있었기에 거룩한 다음 세대가 가능했습니다. 하나님의 방법대로 배우자 다니엘을 닮아 가는 탁월한 사람들이 세워졌습니다.

가르침이 이어지는 공동체에는 희망이 있습니다. 거룩한 학교가 있다면 하나님께서 사용하실 그릇은 생겨납니다. 성경적 가치를 성경적 방법으로 배우고 가르칠 때 회복과 부흥의 기대가 커지게 됩니다. 나라와 예루살렘을 잃은 시대에 하나님의 약속의 땅이 아니라 도리어 이방의 땅에서 '배움·가르침'의 공동체가 형성되었습니다. 하나님의 교육이 살아 있는 곳이 바로 하나님의 백성이 살아나는 곳입니다. 모든 언약과 약속은 성취될 것입니다. 왜냐하면 장소와 환경이 아니라 하나님의 약속은 말씀의 공동체가 있는 곳에 열매를 맺기 때문입니다.

최악의 환경 가운데서도 믿음의 가정과 교육 공동체가 있었기에 시대를 치료하는 일을 감당할 에스라와 그 무리들을 양육할 수 있었습니다. 우상의 가치와 시대의 조류에 맞서서 라마드 명령을 지키고자 애썼던 부모 세대의 노력으로 거룩한 다음 세대가 나타난 것입니다.

예루살렘 황폐한 땅에도 이렇게 길러진 에스라가 그 배운 것을 다시 가르쳐 부흥의 꽃이 피었습니다. 느헤미야의 지도력과 여러 리더들의 도움을 받아 백성에게 하나님의 말씀을 들려주며 가르쳐 깨닫게 했습니다. 성경에서 보듯 광장에 모인 사람들이 진리의 말씀에 통곡의 회개를 하고 자기 삶을 변혁하기로 결단하자 그곳에 새로운 공동체가 생겨났습니다.

> "사로잡혔다가 돌아온 회 무리가 다 초막을 짓고 그 안에 거하니 눈의 아들 여호수아 때로부터 그날까지 이스라엘 자손이 이같이 행함이 없었으므로 이에 크게 즐거워하며 에스라는 첫날부터 끝날까지 날마다 하나님의 율법책을 낭독하고 무리가 칠 일 동안 절기를 지키고 제팔일에 규례를 따라 성회를 열었느니라"(느 8:17-18).

그런데 대부분 교육을 잘 받더라도 에스라처럼 탁월해지는 것은 아닙니다. 그렇다면 다음 세대를 양육하면서 우리는 어떻게 에스라가 탁월한 학자가 될 수 있었는지 관심을 가질 필요가 있습니다. 에스라의 탁월함은 어디서 나왔을까요? 다행히 도움을 주는 성경 구절이 하나 있습니다. 에스라서 7장 10절입니다.

> "에스라가 여호와의 율법을 연구하여 준행하며 율례와 규례를 이스라엘에게 가르치기로 결심하였었더라"(스 7:10).

에스라는 아마도 일찍이 하나님의 말씀을 연구하고 준행하며 그것을 이스라엘 백성에게 가르치기로 결심했던 모양입니다. 이런 비전을 가졌으니 먼저 배우는 일에 정진하였을 것입니다. 에스라는 이스라엘을 가르치기 위해 우선 성경을 '연구'하기로 결심하였습니다. 지혜의 왕 솔로몬은 세상의 참 지식을 찾기로 '궁구'하겠노라며 전도서 저작 의도를 내비쳤습니다. 바른 것을 발견하기 위해 온 힘을 다해 찾는 행위를 '연구'라고 말할 수 있습니다. '연구하다'라는 히브리어는 '다라쉬'입니다. 다라쉬의 어근을 보면 '자주 다니다, 빈번하게 드나들다'라는 뜻에서 '찾다, 추구하다, 연구하다'로 발전합니다. 이처럼 에스라는 그가 배우기로 결심하였을 뿐 아니라 하나님 말씀에 '다라쉬'함으로 자기 분야에서 탁월한 전문가가 되었습니다.

게다가 에스라는 하나님 말씀을 연구할 뿐 아니라 '준행'하겠다고 결심했습니다. 에스라처럼 가르치기로 결심한 사람은 먼저 배우고 실천해야 합니다. 그리고 돌아서서 가르칠 때, 하나님의 방법으로 가르칠 수 있습니다. 에스라가 하나님의 말씀을 하나님 방식으로 가르치자 이스라엘 백성들은 엉망진창 살던 삶을 회개하게 되었습니다. 그러면서 조각나고 잊혀 가는 하나님 말씀을 연구하였을 것이고, 또한 세상의 학문도 게을리하지 않았을 것입니다. 이와 같이 에스라는 제사장이 되고, 학사가 되고, 또한 이스라엘 지도자가 되었다고 성경을 통해 추정할 수 있습니다.

2) 다라쉬 학습법의 실제

히브리어 '다라쉬'는 호기심을 가지고 '자주 다니고, 자주 행하면서' 조사하고 연구하는 태도입니다. 어떤 분야에 자녀들이 '다라쉬'하게 되면 에스라처럼 그 분야에 전문성과 탁월성을 얻게 됩니다. 그래서 교사(부모)들은 자녀들을 격려하여 어떤 일이나 사물에 대하여 마음을 쏟아 '자주 가보고 부지런히 드나들게' 만들면 전문 지식과 탁월성을 갖게 될 것입니다. 바른 공부나 학습은 책 앞에 있는 시간이나 어떤 행동이 아니라 궁금한 것을 찾고자 자주 드나드는 호기심과 탐구심을 의미합니다. 학습은 '다라쉬'할 때 지식을 발견하며 기쁨을 맛볼 수 있습니다. 사실 '공부한다'는 바른 의미는 '연구하는 습관'입니다.

다윗이 했던 샤알 학습법으로 잘 무장된 자녀가 자신의 달란트를 통해 비전을 갖게 되면 에스라가 했던 결심, '다라쉬 학습'을 할 수 있습니다. 그런 자녀는 흥미와 호기심을 불러일으키는 분야나 대상을 발견하게 되고, 자주 묻고, 찾고, 또 조사하는 학생이 될 것입니다. 이런 의미에서 '다라쉬 학습법'은 공부하는 방법이기보다는 '학습 태도 혹은 공부 습관'이라 볼 수 있습니다. 그래서 자녀들이 '다라쉬 하는 마음'(공부에 대한 태도)과 '다라쉬하는 행동'(연구하는 습관)이 삶에 배도록 만드는 것이 '다라쉬 학습'의 목적입니다.

쉐마의 기초 체력과 샤알의 테크닉을 갖추면 학습의 진보가 나타납니다. 그렇지만 대부분의 자녀들은 아직 에스라처럼 '다라쉬' 하기는 쉽지 않습니다. 그러나 자신의 재능을 알게 해주고 꿈을 꾸게 해주며 또 그 분야에 집중력을 높이고 '자주 다니다' 보면 큰 성취를 경험하게 될 것입니다. 우리의 자녀가 그 시대 왕의 진미를 거절하기로 결심하고 또 자신의 재능을 따라 다라쉬 하는 습관을 갖도록 우리는 칭찬과 배려를 아끼지 말아야 합니다.

그래서 자녀들을 잘 살펴 다라쉬의 단계까지 이끌어 주어야 하는데, 이 과정은 단시간에 이루어지기가 쉽지 않습니다. 예를 들면, 자녀가 다른 곳에 마음이 빼앗긴 경우(게임, 이성 문제, 외모 등)가 없는지 살펴야 합니다. 평범하게 보여도 자녀 역시 복잡한 관계 가운데 살아야 하는 '현대인'입니다. 자녀와 많은 접촉과 대화가 필요하고 격려 역시 중요합니다. 또 드러나지 않는 기초 학습 능력이 부족한 경우도 있는데, 이를 위해 흥미롭게 할 수 있는 언어 학습 보충 프로그램을 생각해 볼 수도 있습니다. 부모와 교사는 조급하거나 얕은 성과에 집착하지 말아야 합니다. 손쉬운 목표부터 달성하게 하여 성공의 경험을 맛보게 하면서 자녀의 마음을 열고 그 꿈이 커질 수 있도록 내면(레브)을 세우는 데 집중해야 합니다. 그럴 때 점차 우리의 자녀들은 비전과 달란트를 찾아가면서 다음 단계의 학습법에 이르는 과정을 밟게 됩니다.

교육 명령인 라마드는 사람을 창조적 모습으로 변화시키고, 또 삶에서 하나님의 사람으로 행복과 보람을 맛보며 선한 영향력을 발휘하도록 개발시켜 나가는 힘이 있습니다. 하나님의 교육 명령은 우리와 우리 자녀들을 위한 지혜이고 은혜입니다. 이러한 성경적 가르침을 부모 세대(교사)는 놓치지 말아야 합니다. 자녀교육의 주요한 목적 중 하나는, 부모 세대가 없더라도 자녀들이 어느 곳 어느 시대든 거룩하고 아름다운 삶을 살며, 부모 세대보다 더 존귀한 사람이 되게 하는 일입니다.

세상의 갖가지 시스템이 그런 일을 할 수 있다고 말합니다. 그런데 시대가 지나가면서 인류에게 고통은 한 짐에서 두 짐으로 도리어 무거워진 듯합니다. 오직 하나님의 방법으로 가능합니다. 왜냐하면 하나님께서는 우리를 기쁨의 존재로 만드셨고 완성시키고 싶어하시기 때문입니다. 언약 가운데 있는 은혜처럼, 그 부모 세대가 성경적 양육법으로 길러 낸 다음 세대들은, 부활로 완성의 열매를 보여주신 것처럼 세상을 아름답게 변화시킬 수 있는 거룩한 세대가 될 것입니다. 달란트를 찾아내고 비전을 심어 주면서 10년을 그 길로 다니게 하면 대부분 '전문가'가 될 수 있다고 생각합니다. 그렇게 자녀들을 길러 세상을 섬길 수 있도록 하는 일이 라마드 교육이고, 다라쉬 학습법으로 더 잘 세울 수 있습니다.

교사와 자녀들은 탁월함을 기대하며 다음과 같이 외쳐 봅시다.
"나는 에스라처럼 다라쉬하겠습니다!"

■ **실천방안**

① 교사(부모)는 학생에게 내재된 달란트, 호기심, 탐구심을 찾아내는 노력을 우선한다.

② 학생의 소질과 특기를 발현시켜 꿈과 학습 동기(성취동기)를 품게 한다.

③ 전문적 지식이나 기능을 가질 때까지 부모와 교사의 지속적인 관심, 칭찬과 격려가 무엇보다 필요하다.

④ 좋은 다라쉬 학습을 위해 학습 환경이나 전문적 기능 획득을 위한 환경적 요소도 중요하므로 물리적·경제적 지원 방법 등도 고려해야 한다.

⑤ 다라쉬 학습은 개인적 동기와 훈련 과정으로 보이지만 가정과 교실의 분위기 등에도 영향을 받는다. 특히 부모의 가치관과 기대감이 큰 영향을 끼친다.

⑥ 학생의 다라쉬 학습을 방해하는 개인적이고 구체적이며 근본적인 요소를 파악하는 일과 그 장애 요소들에 대해 이야기를 나누고 고쳐려는 노력이 수반되어야 한다.

⑦ 특별히 하나님의 뜻과 비전을 품게 하고 구체화시키고 또 확장할 수 있도록 돕는다.

전문적 지식과 기술은 힘이 있습니다. 새 길을 뚫고 다리를 건설하며, 험지와 오지에 빛과 물을 공급합니다. 사막에 꽃을 피우고 얼음 땅에서 에너지와 식량을 구해 옵니다. 어린아이의 마음을 알아듣고 그 울음에 웃음을 주며, 불편한 몸과 감각에 생기를 넣어 줍니다. 세상의 피조물과 더 잘 소통하며 함께 건강한 삶을 나누게 해줍니다. 하나님께서 이러한 길을 가는 자녀들에게 복을 주셔서 에덴동산을 잘 경작하도록 지식의 창고를 열어 주시길 간절히 기도합니다.

6.
자카르 학습법
(집중과 기억 학습법)

라마드 이야기 13

귀여운 연희는 초등학생이지만 중학생 언니들과 함께 수업을 합니다. 연령별이 아니라 학습 능력과 학구열로 반을 구성하기 때문입니다. 연희는 앞줄에 앉아 똘망똘망한 눈으로 설명을 잘 듣고 연신 질문을 하기도 합니다. 수업 중간에 쉐마를 잘하도록, 집중력을 유지시키기 위해 학생들에게 자주 질문을 하는 편입니다. 교사의 질문에 지금 연희는 손을 들고 있습니다. 새로운 개념들을 학생들이 자기 말로 진술하는 연습을 시키는 도중에 한 학생이 말이 막히면 다음 학생이 이어갑니다. 초등학생이 언니들보다 먼저 발표하고 싶어 손을 들고 있는 것입니다. 청소년기에 3년의 나이 차이는 골리앗과 다윗의 차이라고 말할 수 있습니다. 그런데도 교실에서 언니 골리앗들이 쩔쩔매는 경우가 많았습니다.

연희의 이런 학습 능력은 독서량과 집중력에서 나왔습니다. 아빠가 출판 관련 일을 하셔서 그런지 연희의 방에는 참 좋은 동화책이 가득 채워져 있습니다. 연희는 이 모든 책을 다 읽었을 뿐 아니라 재미있는 책은 서너 번 탐독을 했습니다. 책을 읽거나 숙제를 할 땐 밥

먹으라는 엄마 소리를 잘 듣지 못합니다. 연희는 초등학교 3학년에 불과하지만 벌써 10년 가까이 이런 습관을 갖고 있었습니다. 아기였을 때에는 책을 읽어 주면 쫑긋 귀 기울이고 잠드는 아이, 책을 항상 가까이하는 아빠의 모습, 그리고 안정된 가정 분위기 가운데 연희는 저절로 독서량도, 듣는 훈련도, 그리고 집중력도 향상되고 있었습니다.

학생이 새로운 개념을 이해하고 습득하는 과정을 다 설명하기는 어렵지만 학생의 청취 능력, 내면의 기존 지식들, 그리고 장시간의 강한 집중력이 주요한 요인이라 말할 수 있습니다. 연희가 학년이 올라가고 중학교에 진학하더라도 듣는 능력과 집중력이 계속 유지·강화되면 좋겠습니다. 그리고 탐구력과 학구열이 높기 때문에 비슷한 친구들과 적절하게 경쟁력을 유지시켜 줄 수 있는 교사와 교육 공동체를 만나게 되길 기도하고 있습니다.

연약한 자들, 가난한 과부와 헐벗은 자들을 돌아보시는 하나님께서 그 가정을 내려다보시고 복을 주시며, 그 자녀를 귀하고 아름답게 성장시켜 소중한 하나님의 사람이 될 수 있도록 도와주시리라 믿습니다.

1) 다니엘에게 배운 학습법

유다 왕조는 예레미야의 긴박한 경고를 무시하여 멸망의 수렁으로 떨어졌습니다. 왕족과 귀족 가운데 '흠이 없고 아름다우며 모든 재주에 통달하며 지식을 구비하며 학문에 익숙하여 페르시아 왕궁에 설 만한' 소년들이 B.C. 605년 바벨론 왕 느부갓네살에게 사로잡혀 갔습니다. 잡혀간 소년들은 3년 동안 왕이 정한 장소에서 왕의 음식을 먹으면서 갈대아 언어와 학문을 배운 후 왕 앞에 점검을 받게 되었습니다. 바벨론 왕의 점검은 성적의 문제가 아니라 생사의 문제일 수도 있습니다. 그러나 3년의 정해진 기간이 지나 왕 앞에 설 때에 다니엘과 세 친구들은 온 나라의 학자들보다 지혜와 총명이 10배나 더하였다고 성경은 말하고 있습니다. 그중 다니엘은 고레스 원년까지 왕궁에 있었으며, 바벨론과 바사(페르시아) 정책에 커다란 영향력을 끼쳤습니다.

다니엘은 믿음이 돈독한 지혜자이며 동시에 특별한 예언자로 알려져 있습니다. 그런데 다니엘에 대해 깊이 알면 알수록 더 놀라운 사실들을 만나게 됩니다. 다니엘의 지식과 지혜는 비교 대상이 없을 정도로 특출했다고 생각합니다. 그는 영적 세계에 대해서도, 미래의 일에 대해서도, 또 사람들의 마음 깊은 곳에 있는 계획까지도 알 수 있었습니다. 그래서 다니엘은 깊은 어둠의 땅에서 홀로 하나님의 통치방법과 구원계획에 대해 깊은 이해를 갖고 있던 등대 빛과 같은 존재였습니다.

다니엘 이야기는 유대인과 기독교인들에게 사랑받고 있습니다. 이슬람 교도들 역시 그를 숭배하고 특별한 선지자로 여깁니다. 다니엘의 무덤이 서아시아 지역 여러 곳에 있다고 합니다. 현 이란 남서쪽 아와즈에서 북북서쪽으로 117킬로미터쯤 떨어져 있는 수산은 오늘날 수스(Shush)라고 합니다. 이 수산 궁터에서 아래 사우르 강둑의 동쪽에 있는 다니엘의 묘는 이슬람 시아파 교도들에게 중요한 참배처입니다. 또 아무르 티무르 왕은 원정에서 승리한 기념으로 다니엘의 정강이뼈와 오른쪽 팔뚝뼈를 가지고 돌아오다 낙타가 멈춘 곳(사마르칸트)

에 기다란 다니엘 무덤을 만들었습니다. 모술 지역에 있던 다니엘 묘는 IS 극단주의 손에 의해 파괴되었다는 보도가 있었습니다.

그의 무덤이 있는 곳은 주로 이슬람 지역인데 대부분 이슬람인들의 중요한 참배 장소가 되어 왔습니다. 어떤 이슬람인들은 다니엘이 무함마드가 오는 것을 예언했다고 하며, 그의 주검과 무덤이 병을 고치고 평화를 가져온다고 믿고 있습니다. 12세기 몽골군이 다니엘 묘가 갖고 있는 힘 때문에 다니엘의 뼈를 탈취해서 가져온다는 이야기는, 다니엘은 살아서도 그리고 사후에도 오랜 기간 동안 이방 지역에서 강력한 영향력이 있었다는 반증입니다.

또 하나 특기할 만한 일은, 이란(페르시아)에 해발 1,274미터 고지 우루미 지역에는 동방박사 묘지 교회가 있습니다. 예수님 탄생을 예배하고 돌아온 그들은 기독교로 개종하였고, 그 뒤 많은 교회가 세워졌다고 전해집니다. 그러면 아기 예수님을 경배했던 동방박사들은 누굴까요? 동방이라면 어느 지역이었을까요? 그들은 어떻게 세상의 구세주의 탄생을 알고 기대하게 되었을까요?

메시아에 대한 기대는 유대인들이 더 컸을 것입니다. 그런데 왜 유대인들에게는 동방박사들이 알고 찾아와 경배할 수 있었던 '메시아의 별'과 같은 징조들에 대한 정보가 없었을까요?

성경은 그런 것에 대해 말하는 바가 없습니다. 또 정확한 기록과 믿을 만한 정보가 많지 않습니다. 그러나 확실한 사실 하나는, 예루살렘 공동체에는 없었지만 동방 페르시아 지역에는 다니엘과 그를 따르던 무리가 있었다는 점입니다. 이 다니엘 공동체는 후손일 수도 있고, 제자일 수도 있습니다. 그 공동체는 다니엘의 가르침의 핵심이었던 메시아 오심을 기다렸습니다. 페르시아 지역은 천문학과 수학에 능했고, 다니엘 가르침을 믿었던 이 공동체는 '징조'를 알게 되었으며, 다니엘의 소망과 혹 유언에 따라 서쪽으로 여행하였을 것이라고 생각합니다. 그리하여 동방박사라고 불리던 그들 외에는 아무도 할 수 없었던, 즉 예수님의 오심을 경배하고 증언할 수 있는 복을 누리게 되었다고 추측합니다.

또한 다니엘서에는 징벌로 이스라엘과 유대 나라가 멸망하지만 그럼에도 불구하고 이러한 흩어짐을 통해 하나님 나라가 더 확장되는 숨겨진 구원의 은혜가 담겨 있습니다. 마치 요셉을 이집트로 미리 보내 하나님 백성을 폭발적으로 확장시킨 것처럼, 하나님은 다니엘을 바벨론과 페르시아로 미리 보냄으로 메시아 소망 공동체와 말씀 예배 공동체를 준비하셨습니다. 이러한 다니엘 공동체는 에스겔 선지자를 비롯한 선지자 그룹과, 에스라와 느헤미야의 말씀 회복 공동체, 그리고 모르드개와 에스더의 민족 구원역사 등을 이루었습니다. 하나님의 방법으로 획득한 지혜를 갖게 된 다니엘을 통해 하나님의 새로운 구원계획이 확장되면서 예수님 시대에까지 이르게 되었다고 볼 수 있습니다.

이처럼 구원사의 크나 큰 다리 역할을 감당한 다니엘은 유대인으로가 아니라 세계인으로 구원자이신 예수님에 대한 소망을 갖게 해 준 하나님의 사람이면서 정치 지도자로서 큰 족적을 남겼습니다. 또한 하나님의 구원역사를 온 세계에 선포한 선지자였으며, 이방 땅에 하나님의 이름을 전파한 선교사였습니다. 다니엘의 개인적 삶을 들여다보아도 우상의 땅에서 믿는 자의 승리를 삶으로 증명한 경건한 예배자였습니다. 이처럼 다니엘은 알면 알수록 감탄을 넘어 존경할 수밖에 없는 성경 인물입니다.

이렇게 장황한 묘사를 하는 이유 가운데 하나는, 다니엘이 갖게 된 탁월한 지식에 관심을 갖기 때문입니다. 당연히 하나님의 섭리와 은혜가 있었기에 그의 세상을 덮을 만한 지식과 지혜가 가능했다고 넘기기 쉽습니다. 그러나 우리는 여기에 다음의 질문을 던지며 다니엘과 그 친구들이 했던 학습과 성취에 대해 집중하려 합니다.

'어떻게 다니엘은 3년의 짧은 기간 동안 외국 언어와 그 학문에 탁월한 성취가 가능했을까?'
'다른 경쟁자들과 같은 조건 아래에서 어떻게 그들보다 더 좋은 결과를 얻었을까?'
'우상숭배의 풍조와 성과지상주의 땅에서 그들이 선택한 삶의 방식은 무엇이었을까?'

성경적 교육(라마드)의 기본 원리는 하나님께서 교육을 창안하셨으며, 또한 자녀 양육과 학습의 방법도 알려 주셨다는 사실에 견고히 서 있습니다. 그래서 '다니엘이 보여준 성취'를 '자카르 학습법'이라 부르고, 그 구체적 내용을 다니엘로부터 다음과 같이 배우고자 합니다.

다니엘과 세 친구들은 3년이라는 정해진 시간 안에, 그리고 정해진 장소에서 새 언어와 새 학문을 배워 왕 앞에서 시험을 보아야 했습니다. 이 시험에서 그들의 미래가 좌우되기에 그들은 무엇보다 강한 집중력과 강한 기억력이 필요했습니다.

대부분의 지식은 기억을 기반으로 합니다. 좋은 기억력을 가진 학생들이 같은 조건 아래라면 대부분 학습 결과가 좋습니다. 그래서 기억에 대한 다양한 연구와 방법들이 많이 소개됩니다. 성경에서도 하나님 공동체에게 "기억하라"는 명령을 많이 합니다. 기억하는 일은 개인이나 공동체에게 매우 중요하기 때문입니다. 하나님께서 이스라엘에게 행하신 일을 기억하고 개인과 공동체가 실패한 일을 기억하는 일은, 복과 구원의 문제이기도 합니다. 교회 역시 기억 공동체로서 예수님의 만찬에 참여하고 성경의 가르침들을 반복하고 있습니다.

'기억하다'의 히브리어는 '자카르'입니다. 이 단어는 '표시하다, 집중하다, 묵상하다, 언급하다'는 여러 가지 의미를 갖고 있습니다. 이것은 기억하기 위해 집중하고, 기억하기 위해 표를 해두고, 기억하기 위해 깊이 생각하며, 기억하기 위해 표현도 한다는 복합 활동을 말하는 느낌을 줍니다.

야곱이 잠에서 일어나 돌베개를 기둥 삼아 기름을 부었는데, 그것은 꿈을 기억하고 서원을 기억하기 위한 일이었습니다. 하나님께서는 여호수아에게 요단 강에서 돌 열두 개를 가져다 표징으로 삼아 기념이 되게 하라 명령하셨습니다. 요단 강물이 끊어진 일을 이스라엘 자손이 기억하게 하기 위해서였습니다. 이처럼 쉐마(들어라)한 것을 자카르(기억하다)하여 지켜 행하는 일은 하나님 백성의 삶 그 자체이기도 합니다.

학습활동 안에 국한하여 고려해 보아도, 어려운 개념 등을 외울 때 소리를 내거나 글로 쓰거나 하여 연상법을 활용하는 일련의 복합 행동이 '자카르' 개념 안에 들어가 있다고 볼 수 있습니다. 특별히 기억하기 위해서는 집중도를 높여야 합니다. 집중력은 호기심과 관심에서 주로 시작하며 증가합니다. 또 절박하거나 특별한 한계 상황에 처한 사람들에게도 놀라운 집중도가 나타나는 것을 종종 봅니다.

다니엘과 세 친구들은 쉐마의 습관이 있는 사람들이었습니다. 또한 그들은 매우 절박한 처지로 정해진 시간 안에 더 좋은 결과를 내야 했습니다. 그들이 왕의 진미를 거절하고 하나님의 삶의 방식을 선택한 일은 배수의 진을 친 장수의 결심을 보여줍니다. 왕의 진미 가운데 공부했던 다른 소년들은 어떻게 생활하였고 그 집중도와 절박함이 어느 정도였을지는 오늘날 게임에 빠진 학생들을 생각하면 쉽게 상상할 수 있습니다. 세상의 편리주의에 한눈팔고 시대의 유행에 편승하며 하루를 채우는 사람에게 3년은 쾌락의 한순간이거나 지루한 감옥 정도가 됩니다. 그러나 최후의 선택과 최고의 집중력을 가지고 쉐마하는 사람에게 3년은 알렉산드리아의 도서관 책들이 적을 것이고, 지식들이 살아 숨쉬게 되어 통찰력과 지혜의 문이 열리게 될 것입니다. 그래서 '자카르' 학습으로 졸업한 다니엘과 세 친구들을 만난 세상은 입을 다물지 못하고 감탄하게 되었습니다.

라마드의 원리와 교육방법 관점에서 좀 더 설명하자면, '에스더의 쉐마'를 통해 우리는 삶의 기초 체력을 갖추게 됩니다. '다윗의 샤알'을 통해 지식과 창의적 탐구력, 그리고 정보 탐색 기술도 갖게 됩니다. 그리고 '모세의 라마드'를 통해 지식이 교환·확장되고 달란트를 따라 호기심이 상승되며 자신의 꿈(비전)을 갖게 됩니다. '다니엘의 자카르'를 통해 학업과 진도에 탁월한 성취를 얻고 깨달음의 기쁨을 맛볼 수 있게 됩니다. 또한 '에스라의 다라쉬' 학습방법으로 분야별 숙련가와 전문가가 되며, '느헤미야의 아싸'처럼 실천하고 적용하면 좋은 영향력을 발휘하여 아름다운 결과를 맛볼 수 있습니다.

성경에서는 바른 기억을 위해 모세가 이스라엘 백성에게 강조한 것처럼 '마음에 새겨야' 합니다. 이 말은 들은 바를 '마음 위에 두어라, 마음이 되게 하라'는 의미입니다. 지식의 최종 창고는 마음에 있습니다. 마음에 쌓인 것이 입으로 나오고, 행동으로 나타납니다. 마음에 있는 것들이 곧 습관이며, 삶에서 실천됩니다. 마음에 새기려면 그 일이 최고의 관심거리가 되어야 합니다. 지식의 창고인 마음이 비어 있어야 될 뿐 아니라 용량도 넉넉해야 도움이 됩니다.

다니엘과 세 친구의 선택은, 진정한 지식이 마음을 빼앗는 것들과 함께 거할 수 없고, 당장의 욕심을 채우기에 급급한 성공주의가 참 지식이 될 수 없다는 원리를 잘 알려 주고 있습니다. 배운 것들이 지식이 되고 자신의 것이 되려면 배움의 그 시간이 최종 선택이 되어야 하고, 배움 그 자체가 최고의 가치로 여겨져야 합니다. 이 일이 '자카르'입니다. 다니엘과 세 친구는 그렇게 하기로 선택하여 실천했고, '자카르 학습법'의 결과를 세상에 보여주었습니다.

> "때가 오면 사람들이 바른 교훈을 받지 않고 오히려 욕심을 따라 귀를 즐겁게 하는 말을 하는 스승들을 많이 모아들일 것이다. 또 그들은 진리에서 돌이켜 허황된 이야기에 귀를 기울일 것이다"(딤후 4:3-4, 우리말성경).

2) 자카르 학습법의 실제

자카르 학습법의 핵심 가운데 하나는 집중력입니다. 그런데 이 시대 자녀들의 집중력을 높이기 위해 먼저 해야 할 일은 관심과 호기심을 높이는 일이 아닙니다. 도리어 관심을 흩뜨리고 집중력을 빼앗아가는 정보들과 눈요기들을 절제해야 합니다. 이것이 바로 왕의 진미를 거절하는 일입니다. 그때의 왕의 진미는 우상의 음식이기도 했고, 또 다니엘과 세 친구들의 마음을 빼앗는 다양한 유혹이었을 수 있습니다. 그래서 그들은 그것들을 거절하였으며, 왕이 원하고 세상이 중시하는 가치가 아닌 하나님의 뜻과 성경적 방법을 선택함으로 3년의 학습에 심도 있는 집중을 하였으며, 결국 커다란 성취를 이루게 되었다고 생각합니다.

이렇게 마음을 차지하고 삶을 미혹하는 것들을 끊고 집중하면 기억력과 그 성취가 달라집니다. 그러니 먼저 왕의 진미에 대해 고민해야 합니다. 우리 자녀들에게 왕의 진미가 무엇일까요? 한두 가지가 아니라 너무 많아서 헤아릴 수 없을 정도입니다. 왕의 진미를 거절하자는 제안에 어떤 부모(교사)들은 자녀들이 시대의 정보와 문명의 이기들을 다룰 줄 아는 테크닉도 필요하고 남들보다 앞서 가야 한다고 말하기도 합니다. 유행에 뒤처지지 않아야 하고, 또 시대를 읽고 세상을 잘 파악해 나갈 수 있는 기술 습득이나 활용의 기회도 자녀들에게 중요하다고 합니다. 너무나 당연한 말입니다. 그렇지만 지금 대다수 자녀들에게 이 시대의 문명 이기들과 각종 문화들(게임, 인터넷, 동영상, SNS, 아이돌, 그리고 외모지상주의와 자기 중심주의 등)을 통제력을 가지고 조절할 수 있는 삶의 습관 혹은 성숙도가 있을까요?

특별한 경우를 제외하곤 자기가 잘 알아서 통제하고 제 할 일을 찾아서 척척 해내는 자녀들이 많지 않습니다. 자녀를 혼자 두어도 유혹을 이길 수 있고, 또 자녀 주변에는 좋은 정보도 많고 교사와 친구가 있으니 안 좋은 것들은 피하고 나쁜 것을 단번에 거절하면서 컴퓨터나 휴대폰을 사용할 거라 장담할 부모가 몇이나 될까요? 지금 전 세계 최고의 기업들은 최고의 인재를 모아 수많은 자본을 투자하여 게임이나 콘텐츠를 만들어 세상에 내놓습니다. 그런 강력한 유혹과 중독성을 이겨 낼 사람들, 아니 어린 자녀들이 얼마나 될까요?

다니엘과 세 친구의 경우를 보거나 지금의 현실을 살펴볼 때, 자카르 학습법은 자유와 제한에 대한 논쟁의 주제가 아닙니다. 한 손에 유혹을, 그리고 다른 손엔 책을 들고 '자카르'할 수 없다고 성경은 말합니다. 통제되어야 할 시간에는 통제되어야 집중력과 바른 지식이 쌓인다고 말하고 있습니다. 자카르 학습법은 한 번에 익히는 쉬운 습관이 아닙니다. 쉐마의 습관에서 시작해서 다른 학습법을 경험하면서 얻어지는 성숙하는 과정이며, 성취의 기쁨을 맛보며 점차 습관화되는 기나긴 훈련이기도 합니다.

정해진 장소와 정해진 기간 안에 명확한 성취를 얻는 데 자카르 학습법을 사용하면 큰 도움이 됩니다. 그리고 더 큰 성취를 위해 자녀들이 쉐마, 샤알, 그리고 라마드 학습법으로 훈련을 받고 또 이를 학습활동에 꾸준히 활용하면 자녀들에게는 장차 훌륭한 무기를 그들 삶에 갖게 되는 일도 됩니다.

■ **실천방안**

① 집중력과 집중 시간을 높이기 위해 연령, 성취동기, 호기심(탐구심), 비전, 학습 습관, 선호과목 등을 고려하여 훈련한다.

② 5분 집중 훈련 등 단기 집중력 강화 훈련을 하고, 시간을 늘려가는 연습을 한다.

③ 내면의 기본 지식은 새로운 지식을 이해하고 기억하기 쉽게 해 준다. 기존 지식(학습활동)을 활용하여 연상 기억법, 이미지 기억법, 청크 기억법 등을 학생들의 기호에 맞게 훈련시켜 본다.

④ 학습한 내용들 혹은 주요 개념들을 장기 기억으로 만들기 위해 실제로 적용하거나 실천 학습(라마드 학습법과 아싸 학습법) 등을 통해 활용하는 기회를 제공한다.

⑤ 흥미와 재미가 있는 교육·학습 시스템을 개발하고 적용한다.

특히 스토리텔링 방식의 학습 진행은 상상력과 창의력 향상에 도움이 된다.

⑥ 듣기-질문-자기 언어로 재진술하고 이해하기-다른 개념과 연관 맺기 등 단절되거나 일회용 학습이 아니라 앎이 되는, 연속성을 갖는 커리큘럼 개발과 학습 지도를 한다.

⑦ 집중력을 높이기 위해 시청각 교재가 많이 사용되지만 자녀의 연령 등을 고려하여 통제해야 한다. 시청각 교재는 빠른 정보 획득이나 결과(성적)를 위해서는 도움이 된다고 하지만, 장기적으로 볼 때는 도리어 자녀의 집중력과 기억력을 약화시킬 수 있다. 청소년기와 청년기까지 시청각 학습활동에 의존하면 뇌세포의 활동력과 창의력이 정지되거나 고착화되기 쉽다. 그리고 가슴(레브)이 확장되지 못하고 감수성이 약해지거나 공감 능력이 저하되고, 깊은 사고력과 통찰력을 필요로 하지 않는 습관에 젖게 된다. 시청각 교재나 일방적 지식 전달의 학습에 많이 노출되고 의존하는 기간이 길어지면, 심하게 표현해서 그 자녀는 뇌와 마음이 단순한 '입력 장치'가 될 가능성이 높아진다. 동영상 학습에 대하여서도 성경적 방법을 찾고 적용해 보자.

백지를 가지고 네 살 아이는 낙서와 같은 그림을 그립니다. 학생들은 숙제를 프린트하고 시인은 시를 씁니다. 어떤 이는 식탁 위에 깔기도 합니다. 백지여서 그렇게 사용합니다. 마음이 깨끗한 자녀들에게 하나님께서 큰 그림을 그리시며, 삶을 깨끗하게 비운 자녀들에게 소중한 것을 선물하실 것입니다. 더러움과 마음을 빼앗는 유혹을 거절하는 자녀들에게 하나님께서 매일 하늘과 땅의 비밀을 가르쳐 알게 하시고, 탁월한 사람으로 영향력을 세상에 펼치게 해주시길 간절히 기도합니다.

7.
자카르 영상 학습법
(시청각 교재 활용)

라마드 이야기 14

참 잘생긴 부부 찬양 사역자로 딸과 아들 두 자녀를 둔 가정이 학교를 찾아왔습니다. 두 자녀 모두 초등학생이어서 수용할 수 없다고 거절하였지만 일반 공교육을 받게 하고 싶지 않아 적당한 대안학교를 찾기 전까지, 또 부부의 사역을 돕고자 임시로 두 자녀를 학교에서 돌본 적이 있습니다.

그런데 두 자녀에게 안 좋은 습관들이 있었습니다. 두 자녀 모두 학습 능력이 현저히 떨어져 있고 집중력이 아주 약했습니다. 초등학교 1학년의 아들은 관계 맺는 일도 어려워했습니다. 두 자녀가 귀엽고 학교의 막내여서 다른 언니, 오빠, 형들이 데리고 다니거나 다양한 일을 '라마드' 해주고 싶어 했습니다. 큰딸은 다행히 곧 친해졌고 악기를 배우거나 미술 공작 시간에는 흥미를 보이기도 했습니다. 아들은 아직 글을 읽거나 쓰지 못하고 음식도 많이 가렸습니다.

학교에서는 식사 시간이 즐거운 시간으로 서로 웃고 떠들며 함께 먹습니다. 그리고 건강식을 제공하고 모든 음식을 골고루, 자기 음식은 남기지 않는 '건강의 습관'의 수업 시간이기도 했습니다. 그러나 두 자녀는 이 즐거운 식사 시간이 그리 반갑지 않았습니다. 라마드 해주는 형들과 어울리는 일이 아들에게는 가끔 울음보를 터뜨리는 '사건'이 되었습니다. 배우는 시간과 말을 듣고 발표하는 일도 두 자녀 모두 '고생의 순간'이 되었습니다. 학교도 부담이 되고, 학생들에게도 안 좋은 영향력을 주지 않을까 걱정도 되었습니다. 그러다가 예상했던 기간보다 더 빨리 그 가정은 학교를 떠났는데, 나중에 들어 보니 딸은 그래도 조금 적응하였는지 학교를 더 다니고 싶어 했다고 합니다.

그 사역자 가정에서 어떻게 두 자녀를 양육했을까요? 큰딸과 가끔 이야기를 나누면서 격려하고 달란트 등을 찾는 일을 시도해 보았습니다. 그때 나눈 이야기로 추정하자면, 바쁜 부모는 패스트 푸드를 주로 사 먹는 생활 패턴을 가졌습니다. 찬양 연습할 때나 사역을 할 경우 두 자녀만 있어야 하는데, 주로 아빠와 엄마 핸드폰을 가지고 동영상을 보는 시간이 많았습니다. 집에서도 대부분 늦게 자고 늦게 일어나는 일과로 인해 어린아이들에게는 좋지 않는 습관이 들어 있었습니다.

늦게 잠드는 습관을 가진 두 자녀들은 울기 시작할 아기 때부터 7년 가까이 동영상과 추천하기 힘든 음식을 주로 접촉하고 먹었습니다. 이들의 건강 습관을 고치려면, 특히 동영상에 익숙해져 버린 뇌 구조와 가슴을 바르게 세우려면 얼마의 시간과 노력이 들어야 할까요? 그 당시 학교에 여력이 조금 더 있었고, 부모들이 조금만 더 협조적이었다면 좀 더 노력해 볼 수 있지 않았을까 하는 아쉬움이 지금도 있습니다.

하나님이 우선순위가 된 가정은 하나님이 주인이십니다. 잠시 쫓기고 잠시 허둥거렸지만 그 가정과 그 자녀들은 주인의 인도로 쉼과 기쁨이 있는 곳으로 가게 될 것입니다. 그리고 두 자녀에게 주신 재능이 잘 발현되어서 보람되고 행복한 삶으로 하나님과 세상을 기쁘게 하리라 믿습니다.

1) 영상 학습 시 주의할 점

현대는 동영상이나 인터넷을 활용한 학습과 정보 습득이 필수 불가결하게 되었습니다. 이런 시대 상황 속에서 한편으로는 자녀들이 영상물이나 인터넷에 되도록 적게 노출되게 해야 하고, 또 한편으로는 적극적으로 활용하는 기능적 향상과 더불어 대항할 수 있는 힘도 길러 주어야 하는 모순된 과제가 부모와 교사에게 생겼습니다.

홈스쿨이나 선교지에서 또 성경적 교육현장 등에서 교사의 부족이 문제가 됩니다. 게다가 다양한 학생들의 학습 요구가 시시각각 다릅니다. 이를 적절히 수용하는 데 동영상 강의(혹은 인터넷 강의)를 사용하면 도움이 됩니다. 또한 이미 친숙해진 이런 문명의 이기는 폐해를 동반하기에 어떻게 사용하느냐에 대한 준비도 중요합니다. 그리고 잘 준비된 사용과 활용에 따라 그 효과와 경제성·편리성도 크게 달라집니다.

먼저 동영상 강의와 인터넷 강의를 사용할 때 주의할 점들에 대해 알아보겠습니다.

첫째, 동영상 강의 혹은 인터넷 학습(영상 학습)은 본질적으로 부모·교사-자녀 관계 가운데 이루어지는 양육·교육이 아니라 주로 기능적-지식 전달 위주의 일방적 정보 전달의 학습 형태이기 때문에, 필요한 경우에만 한정해서 사용해야 합니다. 특히 어린아이들에게는 사용하지 않을수록 도움이 된다는 전제를 잊지 말아야 합니다.

둘째, 시력이나 청력 등 신체 감각이 예민한 시기에 지속적이고 집중적인 강한 자극으로 인하여 신체적 혹은 감성적으로 보이지 않는 피해를 입을 수 있습니다.

셋째, 학습과 관련 없는 영상물, 게임, SNS, 기타 불필요한 검색 활동 등에 노출되거나 유혹되기 쉽습니다.

넷째, 의도하지 않더라도 시대의 성공주의, 시대의 유행과 조류 등 '성경적 가치'와 대치되는 자극과 충동을 접하게 됩니다. 이는 성장의 예민한 시기에 큰 자극이 될 수 있습니다.

이것 외에 여러 가지 단점이 많습니다. 그럼에도 동영상(인터넷) 강의의 강점과 필요성이 있기 때문에 다음과 같은 준비와 조치를 하면서 사용하면 좋습니다.

2) 영상 학습을 위한 준비

첫째, 동영상 강사와 그 강의 내용에 대해 사전 검증이 필요합니다.
학생들은 강사의 언어 수준과 언어 습관에 영향을 받기 쉽습니다. 학생들은 대개 강의 내용보다도 강사의 말투나 유행어, 유머나 농담 등을 쉽게 기억하고 따라 하기도 합니다. 강사의 언어 가운데 내포된 가치관 등이 금세 학생들에게 전파되는 것입니다. 그래서 교사(부모)가 강의를 몇 번 직접 들어 사전에 확인할 필요가 있습니다. 또 자녀들이 사용하는 언어나 표현에서 평상시 없던 것들이나 그릇된 것들이 생기면 즉각 이야기를 나누면서 교정해 줄 필요가 있습니다.

둘째, 동영상 강의를 듣는 시간과 장소를 적절히 정하고 점검해야 합니다.

어떤 가정에서는 거실에서만 컴퓨터를 쓰게 하고 강의를 듣게 합니다. 강의 수준도 점검할 필요가 있습니다. 무조건 유명한 동영상 강의이고 또 괜찮은 강사라는 이유로 모든 학생에게 다 적합한 것은 아닙니다. 먼저 부모나 교사가 세 개 정도 동영상 강의를 점검하고 고른 후 학생들이 그중에서 고를 수 있도록 하면 좋습니다(학생들의 참고서나 교재를 고를 때도 이런 방식을 추천합니다).

예전에 학교에서 동영상 학습 시간을 하곤 했습니다. 그 시간이 되면 갑자기 행복해하며 노트북을 들고 구석을 찾아가는 놈들(?)이 있었습니다. 그리고 그 네 명은 노트북에 빠진 것처럼 정말 열심히 공부했습니다. 우연히 헤드셋에서 오락실 소리가 흘러나오기에(볼륨이 얼마나 큰지!) 가보니 그들은 '단체 게임'을 즐기고 있었습니다. 혹 주변에 공부(인터넷 강의)를 한다고 심각하게 말하면서, 방문을 닫거나 구석을 찾거나 스크린을 안 보이게 하는 학생들이 있다면, 100%의 자유를 누리고 있는 중입니다!

셋째, 이렇게 동영상 강의를 시작한다면 먼저 시간표를 작성해야 합니다.

강의 교재를 사전에 보면서, 최소한 '개념' 정도는 먼저 파악하게 합니다. 그리고 시작 시간과 끝내야 하는 시간을 정해야 하고, 일주일에 몇 강을 들을 것인지, 그리고 더 중요한 것은 교사(부모)가 어떻게 감독하고 점검할 것인지에 대해 계획을 세워야 합니다. 동영상으로 공부하라는 것이, 교사나 부모에게는 드라마 보는 시간이 되고, 자녀에게는 '네 마음껏 컴퓨터 보고 인터넷 서핑도 해라'는 '허락된 오락 시간'이 되게 해서는 안 됩니다.

넷째, 동영상 강의는 집중력의 유지가 중요합니다.

눈을 뜨고 귀로 듣고는 있지만 꿈나라에 가 있거나 딴생각에 잠길 수 있습니다. 집중력을 높이기 위해 동영상 플레이 속도를 110~120%로 빨리 듣게 합니다. 좀 더 연습하면 그 이상의 배속까지도 적응할 수 있습니다. 빠른 영상은 집중을 더 요구합니다. 동영상 강의를 느리게 보거나 빨리 보거나 일반 학생들의 학습 습득 정도나 이해 정도 역시 비슷합니다. 혹 이해가 덜 된 부분이 있다면 다시 그 부분으로 돌아가 복습하는 것이 더 효과적입니다.

이처럼 자녀들의 동영상(인터넷) 강의 활용을 위해서는 사전 검토, 학습 계획표, 감독과 점검, 그리고 동영상으로 공부하는 법 등에 대해 연구하고 준비를 해야 폐해보다 유익이 커지게 됩니다. 이런 준비를 잘하면 장소와 공간적 한계를 넘어 여러 학습 공동체에 유용한 학습 도구로써 활용할 수 있습니다. 특히 다양하게 개발된 이런 학습 프로그램(동영상·인터넷 강의와 학습)들은 이해 속도도 빠르고 성취 동기도 강한 자녀들에게 교사(부모)들이 배려해 줄 수 있는, 경제적으로도 유리한 학습 도구가 됩니다.

또한 여러 나라에서, 다양한 언어로 만든 학습 영상 매체들이 개발되어 있습니다. 선교지에서, 홈스쿨링과 소그룹 교육 공동체에서, 그리고 외국어를 배우고자 할 때 유용한 학습 수단이 됩니다. 교사(부모)들이 찾아보고 정보를 얻어 자녀들의 눈높이에 맞추어 활용해 보길 바랍니다.

이러한 것들 외에도 더 좋은 학습 프로그램이나 사용 방법이 있으리라 생각됩니다. 필요하지만 나쁜 영향도 있다는 사실을 잘 파악하여 자녀들을 위해 적절하게, 또 잘 준비하여 적용하면 좋겠습니다.

　효과가 좋다고 모든 것이 괜찮은 것은 아닙니다. 마약은 마약일 뿐입니다. 사용해야 할 때가 있고 사용해서는 안 되는 때가 있습니다. 자녀들에게 문명 이기가 그렇습니다. 자녀와 자신을 위해 절제하며 돌아서는 용기를 가진 부모 세대와 자녀 세대 모두에게 하나님께서는 평강과 지혜를 주시고, 또 더 큰 성취와 기쁨을 허락해 주실 것이라 믿어 의심치 않습니다.

8.
아싸 학습법
(실천-경험 학습법)

라마드 이야기 15

나무를 톱으로 자르고 드릴로 구멍을 뚫고 망치로 못을 박고 드라이버로 나사못으로 조이는 DIY 수업 시간이 있습니다. 이 시간에 학교에서 필요한 물품을 만들기도 하는데, 학생 중에 몇은 팔을 걷어붙이고 다가와서 큰 흥미를 보입니다. 작업 현장에서 학생들에게 나무결이나 나무의 유익함에 대해 질문을 합니다. 나이테를 보면서 "이 나무는 몇 년생일까?" 또는 "이 나무는 나뭇결이 거의 없는데 왜일까?" 그리고 "만약 나무가 없다면?"과 같은 질문과 재미있는 대답이 이어집니다. "이 톱을 양날톱이라고 하는데 톱날이 두 개인 이유가 무얼까?", "못의 모양을 자세히 보면 앞쪽은 뾰족하게, 그리고 뒤는 넓게 되어 있는데 왜 이렇게 만들었는지 추측해 볼 수 있니?", "나사못과 피라미드의 관계를 누가 설명해 볼 수 있을까?"

이런 엉뚱한 질문을 하는 이유가 무엇일까요? DIY 시간이 단순히 기술 전달이나 달란트 발견의 기회 그 이상이 되도록 만들기 위해서입니다. 학생들이 교실이나 교과서에서 애써 배운 지식이 실제 삶에서 나온 것이고, 또 지식이 활용되어야 바른 지식이라는 사실을 알려 주고 싶어서입니다. 또 자녀들 안에 살아 있는 지식은 성적 이상으로 중요하기 때문입니다.

넉넉한 화단이나 큰 밭이 없더라도 교육 공동체 프로그램 안에 노작 수업이 가능합니다. 콩나물 혹은 양파를 키울 수 있고, 플라스틱 병으로 벌레집을 만들고 배춧잎을 넣어 줄 수 있습니다. 학생들 나름 각자의 취미(?) 생활 가운데 자신의 교과서가 실제의 지식이 되어 생기를 얻고 있습니다.

학생들은 열린 마음과 이마의 땀방울을 통해 몸과 삶으로 공부합니다. 이를 통해 학생들은 생물 공부, 여러 지역의 기후나 환경 문제, 물리와 역학, 음식과 건강, 그리고 세계사까지 자신의 지식이 삶과 깊숙이 연관이 있다는 사실을 깨닫게 됩니다. 더디거나 혹 낭비하는 것 같은 이 과정은 각자에게 특별하고 중요한 수업이기도 합니다. 머리에서 맴도는 지식이 몸과 마음(레브) 속에 스며들어야 언제든 꺼내 쓸 수 있는 창의적 산 지식이 됩니다. 이러한 지식을 가진 사람은 미래에 다양한 삶의 환경 가운데 실제적 대안을 제시할 수 있게 됩니다. 머리에 맴돌다 곧 증발하는 학습보다 이렇게 몸 안에 쌓여 있는 지식은 날이 갈수록 더 확장되고 증폭됩니다. 세상에서는 창의적 대안을 제시할 수 있는 사람이 영향력 있는 사람이 됩니다.

1) 느헤미야에게 배운 학습법

느헤미야는 유대인 포로 출신이지만 바벨론 왕궁의 높은 관료였습니다. 그는 탁월한 행정가이면서 실천가로 예루살렘 성벽을 52일 만에 재건하는 기적적인 일을 해내기도 했습니다. 또 에스라를 도와 황폐해진 이스라엘을 회복시켜 말씀 공동체의 싹을 틔웠습니다. 이런 느헤미야를 좀 더 알 필요가 있습니다.

에스라는 하나님의 특별한 은혜로 B.C. 458년 바벨론의 아닥사스다 왕 제7년에 약 1,750명 가량의 남자를 이끌고 예루살렘으로 제2차 포로 귀환을 주도하였습니다. 예루살렘으로 돌아온 에스라는 엉망이 되어 버린 이스라엘 백성에게서 거룩한 하나님 백성의 모습을 되살리려고 대대적인 개혁을 실시하였습니다. 느헤미야의 지도력과 여러 리더들의 도움을 받아 모든 백성을 모아 하나님의 말씀을 듣게 합니다. 말씀을 들었던 사람들은 회개를 하고 기존의 나쁜 태도를 바꾸며 자기 삶의 변혁과 사회의 혁신을 이루었습니다.

느헤미야가 만든 안전한 성벽 안 광장에 모인 사람들을 '에스라·느헤미야' 공동체라고 부르겠습니다. 이 공동체는 에스라로부터 하나님의 말씀을 듣고 깨달아 커다란 변화를 맛보았습니다. 에스라·느헤미야 공동체는 예루살렘 '광장학교'에서 새로운 삶을 결심합니다. 이 광장학교는 모세의 광야학교를 여러 면에서 닮았습니다.

에스라는 바벨론 포로였던 이스라엘 백성을 군사의 보호도 없이 예루살렘 성까지 무사히 데리고 옵니다. 또한 느헤미야의 도움으로 무너진 예배를 다시 살리고, 하나님 나라로 상징되는 예루살렘 성을 재건합니다. 시내 산 앞의 모세처럼 에스라는 광장에 사람을 모으고 강단 위에서 하나님 말씀을 낭독합니다. 언약의 선포와 마찬가지로 언약의 기억 역시 언약 백성에게는 중요한 일입니다. 백성들은 에스라로부터 배운 교사들에게 설명을 듣고 새로운 마음을 갖게 됩니다. 그들은 하나님 백성으로 살 것을 약속하며 회개의 눈물과 회복의 기쁨으로 다시 살아납니다. 그리고 모세가 명령했던 칠칠절 절기를 회복하는데, 특히 하나님의 말씀을 모든 사람과 자녀들에게 선포하고 배우고 가르치라는 초막절 명령을 이스라엘 역사상 처음, 거의 천 년 만에 준행하며 새로운 말씀 공동체가 탄생합니다(신 31:10-13).

에스라의 탁월함은 다라쉬를 통해 확인할 수 있었습니다. 그런데 그 탁월한 전문 지식이 느헤미야의 리더십이나 실천력 없이 가능했을까요? 모세에게 아론이나 천부장 등의 도움을 주는 사람들이 있었듯 느헤미야는 새로운 말씀 공동체를 형성하는 데 중요한 주역입니다. 우리는 느헤미야로부터 탁월한 실천력을 배울 수 있습니다. 왕 앞에서나 원수들과의 관계에서 기민하면서도 적절한 느헤미야의 대응력과 임기응변 능력은 운이 좋아서 가능한 일이 아닙니다. 도리어 깊이 몸에 밴 실력과 그 지식들을 삶에서 활용 가능한 실행력에서 나오는 올바른 반응들이었습니다.

지식이 체득되고 소화되어 몸에 배어 저절로 상황에 올바로 대처할 수 있는 것이 참 '실력'이 아닐까요? 그래서 실력이 좋다는 말은 시험의 종류에 따라 대체적으로 만족한 결과를 얻는 것과 같고, 예기치 못한 상황에서도 알맞은 출구 전략을 찾는 것이라 말할 수 있습니다. 공부를 잘하고 다양한 지식을 가졌지만 실제 사용하기 쉽지 않다면 어딘가 고칠 부분이 있습니다.

요즘은 정보가 너무 많고 지식의 종류와 양이 거의 무한대여서 학습자가 일일이 맛보고 체감하며 습득하기 힘들다고 합니다. 정해진 시간 안에 배워야 할 양이 너무 많으니 중요한 것을 머리에 '욱여넣고 쌓아 놓는' 일을 우선시합니다. 그 과적한 지식 덩어리를 시험

날짜까지 잘 간수하여 좋은 성적을 얻고자 애씁니다. 그리고 시험장에서 풀어 놓은 그 '욱여넣은' 지식들이 그 후에는 휘발되든 엉켜 버리든 상관하지 않습니다. 그래서 그런지 '실력'을 제대로 갖춘 학습자를 만나기 힘듭니다.

A라는 시험을 보기 위해 A의 유형에 알맞은 준비를 하려고 A시험 전문 학원에 다니거나 A유형에 맞추어 나온 학습 교재로 열심히 공부합니다. 그러다가 B의 시험을 준비하게 되면 또다시 B라는 유형 학습을 하려고 분주합니다. 왜냐하면 B시험은 A시험과 다르고, 자기에게는 새로운 시도라고 생각하기 때문입니다. 그런 사람은 시험 종류마다 항상 새롭게 공부해야 하고, 새로운 학습 프로그램으로 도움을 받아야 합니다. 많은 학습자들이 이와 비슷한 푸념을 합니다.

당연한 말인 것 같은데 한편으로는 오류가 있다고 생각합니다. A학습을 하면서 충분한 '실력'을 갖추었다면 B학습에서 그 지식은 다시 사용되는 경우가 많으므로 B학습은 전부 새로운 것, 또는 새로운 시도가 아닐 수 있습니다. A와 B의 학습에서 '실력'을 잘 쌓은 사람이 또 다른 C나 D의 시험을 준비할 때, 그의 실력은 도움이 되고 그 준비는 더 쉬워질 것입니다. 실력이란 배운 것들이 잘 흡수되었을 뿐 아니라 필요할 때 언제 어디서든 자연스럽게 사용되는 앎을 의미하기 때문입니다. 또한 이처럼 살아 있는 지식들은 스스로 창의적 결합과 통찰력을 통해 새로운 지식으로 증식하여 다음의 학습량이 줄어들거나 또는 새로운 개념을 배우더라도 쉽게 이해되고 습득됩니다.

학습을 하면서 배운 것이 실력이 되게 하는 일을 '아싸 학습법'이라고 말할 수 있습니다. 히브리어 '아싸'는 '행동하다, 실천하다'라는 뜻을 가지고 있고, 성경에서는 그 듣고 배운 것을 지켜 행해야 마땅한 결과를 얻게 된다고 강조하고 있습니다. 교과서에 있는 지식이나 학습의 내용들은 '죽은 지식'이 아니고, 시험 성적을 위해 나열해 놓은 유물이 아닙니다. 과거로부터 온 것들이기는 하지만 세상의 지식 가운데 중요한 것들을 모은 교과서는 자체로도 유익하고, 또 학습하는 과정 가운데 획득하는 정보 처리 능력과 통찰력은 학습자에게 미래에 닥치는 문제들에 적절하게 대응하는 능력을 줍니다. 그래서 어릴 때부터 공부하는 모든 것은 실제 삶에서 어디서나 적용·활용 가능한 좋은 정보 이상이라는 점을 잊지 말아야 합니다.

이것들은 하나님께서 허락하신 지성과 감성 등을 활용하여 애써 만든 소중한 우리의 유산(기업)이기도 합니다. 그런데 단순히 시험 성적 때문에 '욱여넣는' 학습을 한다면 얼마나 아까운 낭비일까요? 배운 것이 살아 있는 지식이 되게 하고, 적절한 경험과 학습활동을 통해 실력이 되게 하는 일이 시간과 노력의 낭비가 아니라 도리어 적금과 같이 자녀들 안에 쌓이는 재산이 됩니다.

2) 아싸 학습법의 실제

느헤미야가 보여준 실력들은 어디서부터 나온 것일까요? 느헤미야 역시 에스라나 에스더처럼 성경적 가르침으로 시작한 지식들을 배웠을 것입니다. 그런데 유대인 교육에서 중시하는 바와 같이, 자녀들은 부모와 교사들 사이에서, 그리고 친구들과 질문하고 토론하며 나누는 일을 자주 합니다. 이처럼 배운 것들(지식의 근본인 말씀)을 생활 가운데 또 삶에 적용하는 학습을 어릴 때부터 하면 '지켜 행하는 일'이 습관이 됩니다. 부모 혹은 친구들과 나누고 실천하며 그 가운데 오류와 잘못을 고쳐 가면, 행동과 삶에서 말씀이 살아 있는 지식 곧 '실력'이 됩니다. 참 지식이 마음에 새겨지고, 삶과 행동이 그 앎과 괴리되지 않습니다.

　이런 지식들을 근간으로 느헤미야를 비롯한 유대인 자녀들은 바벨론 최고의 학자들과 겨루어 그들을 능가하게 됩니다. 다니엘, 에스라, 느헤미야와 에스더 등 유대인 자녀들은 바벨론의 척박한 상황 가운데서 실력을 발휘하며 위대한 성취를 이루었습니다. 죽은 학습법이 아니라 '행동하고 실천하는 학습법'으로 지식과 살아 있는 말씀을 배우면 실력이 쌓이게 됩니다. 이것이 '아싸 학습법' 원리라 할 수 있습니다.

　하나님은 "지켜 행하라!"라는 명령어를 "쉐마하라!"라는 말과 함께 늘 하셨습니다. 예수님께서도 들은 것을 지켜 행하면 그것이 믿음의 표현이며 복이 될 것이라 말씀하셨습니다. 하나의 개념을 완전히 이해하고 활용할 수 있다면 그 사고체계 전체로 쉽게 진입할 수 있듯이, 하나의 실천이 가능한 지식은 지혜로 성장하는 생명력이 있습니다.

　현대 지식이 다양하고 복잡하여 배운 바를 전부 실천해 보거나 경험을 통해 검증하기는 어렵다는 현실적 문제가 있습니다. 체험과 경험을 하기에는 시간이 아깝고 비경제적 학습활동이라 지적하기도 합니다. 그러나 고등학생 이전의 학생들에게는 이론적 접근보다는 과정 중심적 체험 위주의 학습활동이 더 효과적이라고 생각합니다. 대부분 초등·중등 과정에서 배워야 할 실제 학습량은 경제성을 따질 정도로 그렇게 많지도 복잡하지도 않습니다. 굳이 경제논리로 따지고자 한다면, 그 시기에는 학습과 지식을 늘리는 일보다 체력 증진이나 좋은 습관을 갖추는 일과 달란트를 개발하는 기회에 더 많이 그리고 과감하게 투자하면, 그 자녀의 전 생애에 더 경제적·효율적 결과를 가져오고, 돈으로 평가할 수 없는 행복감과 만족감을 주는 삶을 누릴 수 있습니다.

많은 시간과 투자가 없어도 매일 실천하고 시행할 수 있는 방법들을 찾아낼 수 있습니다. 현미경 하나, 천체망원경 하나라도 잘 사용하면 값비싼 실험실을 대체할 수 있습니다. 교과 내용을 DIY 제작이나 텃밭에서 재현하고 실천해도 좋습니다. 멀리 유명한 곳에 가지 않아도 멋진 경험과 귀한 교육 대상을 맛보게 할 잘 짜인 탐방 학습 프로그램도 생각해 낼 수 있습니다.

특히 '일용할 양식' 프로그램은 가정에서든 어떤 학습 공동체든 쉽고 효과적으로 적용하며 사용하여 매일 실천할 수 있는 학습활동 수단으로 사용될 수 있습니다. 제3부 라마드의 적용과 활용에서 재론하겠지만, 일용할 양식을 'Daily Bread'(DB)라는 제목으로 한 달치 노트를 만들어 줍니다. 그 노트는 세 부분으로 구성됩니다. 첫 번째는 '영적 양식'으로 성경 구절 암송, 두 번째는 '지적 양식'으로 새로운 개념이나 언어 영역 등 학습 분야에 해당됩니다. 세 번째 '자기 점검' 부분으로 일기를 쓰거나, 독서나 특정 느낌 등에 대해 짧은 글짓기를 하거나, 그림을 그려도 됩니다.

주의할 점은, 이것은 공부하거나 학습량을 늘리는 프로그램이 아니라는 점입니다. DB를 교사 혹은 부모가 반드시 매일 점검해야 하는데, 이것이 자녀들과 대화하고 격려와 칭찬을 하는 통로가 되도록 하는 것이 중요합니다. 그러므로 단순하고 짧은 시간에 할 수 있는 양이 되어야 합니다. 그리고 학습하는 습관을 길러 내는 일과 기초 개념들을 알고 이를 통해 글 쓰는 능력을 올리며, 자기 점검을 통해 생각이 깊어지고 통찰력이 생기도록 하는 데 그 목적이 있습니다. DB 작성의 실력이 높아지면 매일 먹어야 하는 '일용할 양식'도 조금씩 늘려가면 됩니다. 부모나 교사가 노력하면 학습 습관도 붙고, 칭찬을 통해 학습량도 쉽게 늘어갑니다. 그리고 매일 배운 것이 즉각적으로 활용되고 점검되므로 '아싸 학습'이 매일 실천됩니다(데일리 브레드 프로그램은 쉐마 학습법, 샤알 학습법과 아싸 학습법 등을 중심으로 라마드 교육에서 활용하는 다양한 학습법을 골고루 사용하게 하고 습관화시키는 효과가 있습니다).

이처럼 지식의 가치는 삶에서 재현되어 유익을 줄 때 나타납니다. 그래서 학습에서 실제와의 연관성을 강조하고 또 학습 내용을 경험하게 하는 일은 중요합니다. 이러한 교육 자세 혹은 학습활동을 중요시하는 일이 '아싸 학습법'의 가치입니다.

만약 우리 자녀들이 다니엘처럼 집중하여 기억하는 지식이 많아지고, 에스라처럼 '다라쉬' 하여 전문적 지식과 기능을 쌓아 가면서, 느헤미야처럼 실천력이 높아지며 현실 문제에서 실력을 발휘한다면, 장차 좋은 영향력을 발휘하는 삶을 살게 될 것입니다. 하나님의 가치를 하나님의 방법으로 교육하고 양육하면 우리의 자녀들은 하나님의 사람으로 아름다운 삶을 누리게 될 것이라 기대할 수 있습니다. 왜냐하면 라마드는 언약의 핵심 명령이기에 지키면 성경에서 강조하는 언약의 복을 보장받기 때문입니다.

"그런즉 너희는 이 언약의 말씀을 지켜 행하라 그리하면 너희의 하는 모든 일이 형통하리라"(신 29:9).

■ **실천방안**

① 현장 체험, 탐방 학습 등의 커리큘럼에 교사·부모·학생들이 다 함께 참여함으로 체험과 경험의 정도를 강화시킨다.
② 일상적 학습활동이나 주변의 일에 대하여서도 '계획·실행·점검'되도록 체크 리스트를 사용한다.
③ 일기, 자기 성찰, 토론과 상담을 통해 점검받도록 한다.
④ 사회 현상, 윤리적 문제, 철학적 논쟁, 시사 문제 등을 읽고 나눠 본다. 신문을 활용하여 교과서적 지식과 실제 상황과의 관계성을 찾아본다.
⑤ 실천에 앞서 기도하는 자세, 절제하는 마음, 섬김과 사랑의 가슴을 갖게 한다.

학교에서는 개인별 아싸 학습활동과 단체별 아싸 학습활동으로 구분됩니다. 개인별 아싸 학습활동으로는 매일 DB 작성이나 작물 기르기, 벌레 기르기 같은 개인 취미 활동(?)을 하게 하고, 단체 활동으로는 탐방 학습과 DIY 같은 실습 시간에 팀별로 활동하게 합니다. 팀별 활동은 리더십을 기르거나 관계 맺는 법을 익히게 해주는 효과도 있습니다. 소그룹 교육 공동체에서 이런 아싸 학습법을 활용한 체험 프로그램을 자주, 많이 가질 수 있는데, 좋은 계획을 세우면 큰 효과가 나옵니다.

푼돈을 하나하나 모으면 이자와 함께 목돈이 되듯이, 믿음은 지켜 행함으로 기쁨으로 수확하는 가을의 풍요함과 같습니다. 하나님께서는 지켜 행하는 사람에게 약속한 복을 내려 주십니다.

9.
짤라흐 학습법
(은혜의 손길)

라마드 이야기 16

성경적 학습법으로 교회와 학교를 시작할 때, 모든 면에서 참으로 변변치 않게 출발했습니다. 도심형 대안학교를 꿈꾸었기에 수도권에 자리를 잡았지만 장소, 인력, 경제적 능력 등 어느 한 가지도 내놓을 만하지 못했습니다. 게다가 개인적으로도 이름이 있지도 못했으며, 주변 사람들에게 무엇을 부탁하지도 않았습니다. 하나님께서는 그냥 많은 시간을 성경만 보게 하셨고, 오래 기다리게 하여 빈손으로 출발하도록 하셨기 때문입니다.

그런데도 시작부터 재미있었습니다. 알지 못하던 사람으로부터 도움을 얻게 하시고, 지나가던 사람들로부터 응원을 받게 하셨습니다. 자녀들을 보내시고 그들을 먹일 쌀과 반찬들이 넘쳐나게 해주셨습니다. 어느 날에는 귀한 손을 통해 신형 12인승 밴을 문 앞에까지 가져다 주시는 일도 있었습니다. 자녀들과 마음껏 활동을 해도 첫 달부터 재정이 부족한 적이 없었고, 어딜 가든 넘치는 즐거움을 허락해 주셨습니다. 자녀들이 변하고 가정이 변했습니다. 하나님의 방식으로 성경적 가치를 가르쳤더니 하나님께서 기뻐하셔서 먼저 큰 손을 내밀어 주시는 경험을 했습니다.

자녀들에게 성경적 가치를 성경적 방법으로 배우게 하고 바로 세우는 일은 언약적 명령이자 복 그 자체입니다. 부모 세대라면 누구나 그 교육 명령을 수행해야 합니다. 하나님의 공동체라면 언약을 지켜야 마땅합니다. 우리가 마땅한 일을 하는 것임에도 하나님께서는 그 일을 아름답게 여기시고 마음껏 축복해 주십니다. 거룩한 자녀를 세우는 일은 하나님 나라를 확장하는 일인 동시에 하나님께 거룩한 씨를 통해 구원계획을 완성할 기회를 드리는 일이기 때문입니다. 저는 이런 일을 '하나님께 빚을 내드리는 일'이라고 말합니다. 하나님께서 인간에게 빚지거나 부탁할 일이 어디 있겠습니까? 사람은 자녀를 낳고 거룩하게 세울 수 있습니다. 비록 하나님의 허락 아래에 있지만, 이 일은 사람만이 할 수 있는 일입니다. 빚진 하나님께서 그 사람에게 어떻게 갚으실까요?

'짤라흐 학습법'은 다른 학습법과 달리 실제로 적용하거나 사용한 학습법이 아닙니다. 그럼에도 여러 학습법 가운데 하나로 제시하고자 합니다.

경건한 부모로부터 양육받은 자녀들의 삶은 그렇지 않은 사람들과 달랐습니다. 하나님의 보이지 않는 손이 늘 함께하셨고, 성경적 가치를 성경적 방법으로 행하려 할 때 보너스 같은 일들이 생겼습니다. 우리 자녀들이 이러한 '보너스'를 바로 알기 원했습니다. 그래서 은혜 학습법이라 말할 수 있는 '짤라흐 학습법'의 개념을 이해시키기 위해 다른 학습법과 함께 구호로, 삶으로 익히게 했습니다.

이제까지 히브리어 단어를 사용하여 이름 지었던 쉐마, 샤알, 라마드, 자카르, 다라쉬, 그리고 아싸 학습법을 정리해 보았습니다. 그리고 그 학습법을 교육현장에서 적절히 적용하기 위한 활용 학습법도 살펴보았습니다. 이것들은 언약 안에 '배우고 가르쳐라' 명령하셨던 자녀교육과 양육 원리를 삶에서 적용하여 사용 가능한 방법을 찾고 적용해 보려는 작은 노력들이었습니다. 또 이 방법들은 성경에서 좋은 평가를 받은 인물들이 실천했던 방법이기도 했습니다. 그리고 이러한 교육·양육 방법들 외에도 삼위일체 하나님께서는 부르신 사람들을 시대와 상황에 따라, 깊은 이해와 위로를 주시면서 다채롭고 효과적인 방법을 사용하여 가르치고 인도하셨습니다.

성경적 가치관으로 하나님의 교육 명령과 그 원리에 충실하고 또 자녀 양육에 지금까지 제시한 방법을 제대로 사용한다면 반드시 좋은 결과가 나타납니다. 왜냐하면 하나님 경외하는 법을 잘 배운 부모와 교사들이 하나님의 마음으로 잘 키우고 또 그 자녀들은 하나님의 말씀들을 잘 듣고 지켜 행하는 삶을 산다면 성경에서 약속하신 복된 삶을 누리게 될 것이기 때문입니다. 게다가 그 자녀들이 성장하여 경건한 부모 세대가 되므로 그다음 세대에게 더 아름다운 삶을 유산으로 물려줄 수 있기 때문입니다. 이러한 경건한 가문의 대를 잇는 일은 세대가 거듭될수록 그 세대의 바알을 거절하고 이겨 내어 하나님의 사람으로 존경받게 될 것입니다. 그 부모 세대와 자녀 세대는 '형통한 복' 가운데 살게 되며, 사도행전의 29장, 30장을 이어가게 될 것입니다.

우리 주 예수님의 성장기에 대해 누가복음 이렇게 기록된 것을 볼 수 있습니다.

"아기가 자라며 강하여지고 지혜가 충족하며 하나님의 은혜가 그 위에 있더라"(눅 2:40).

"예수는 그 지혜와 그 키가 자라가며 하나님과 사람에게 더 사랑스러워 가시더라"(눅 2:52).

자녀들이 '지혜가 자라가고 하나님과 사람에게 더욱 사랑스러워' 간다면 바로 성경적 교육, 라마드의 가장 이상적 양육이라 할 수 있습니다. '하나님의 은혜' 혹은 '사랑스러워'의 어근은 헬라어로 '카리스'입니다. '카리스'는 하나님이 주시는 영적 혹은 마음에 미치는 영향력으로, '은혜, 선물, 감사'로 번역됩니다. 이런 은혜(카리스)는 평상시 수혜자 자신은 깊이 인지하지 못합니다. 그러다 어느 순간 자신의 삶을 되돌아볼 때 혹은 고난이나 기쁨의 어떤 순간에, 보이지 않는 손이 삶과 선택 가운데 항상 함께하였다는 사실을 깨닫게 됩니다. 이때 저절로 터져 나오는 '감사와 감동', 그리고 갑자기 느끼는 '가슴 가득 차오르는 벅찬 행복감'을 '은혜'라 말할 수 있습니다.

이렇게 보이지 않지만 믿음의 사람들을 돕는 그 은혜를 히브리적 표현으로 말하면 '짤라흐'라 표현할 수 있습니다. 아브라함의 종 엘리에셀이 맛보았던 형통, 그리고 요셉, 여호수아, 다윗, 다니엘, 에스라와 느헤미야와 같은 사람들이 하나님의 보이지 않는 손의 도우심을 받았습니다.

"그 주인이 여호와께서 그와 함께하심을 보며 또 여호와께서 그의 범사에 형통케 하심을 보았더라"(창 39:3).

경건한 부모에게 삶을 배우고 언약적 교육 공동체 가운데 성장하는 예수님에게는 하나님의 이런 은혜, 즉 카리스(짤라흐)가 항상 있었습니다. 그러므로 라마드 가운데 애쓰는 부모 세대와 교사들, 그리고 그 자녀들에게도 형통하게 하시는 그 돕는 손이 항상 있다고 저는 믿습니다. 우리는 예수님으로부터 많은 것을 배울 수 있지만, 특별히 라마드 교육을 실천하면 '지혜가 자라고 하나님과 사람들에게 사랑'받을 수 있는 '은혜의 약속' 때문에 예수님을 더 의지하게 됩니다. 그래서 학습법이라고 말할 수는 없지만, 라마드 명령을 따르고자 다르게 사는 우리 모두에게는 '돕는 손'이 함께하리라는 믿음을 갖게 하기 위해, 학생들과 부모 세대에게 '짤라흐 학습법'도 있다고 말해 왔습니다.

그렇습니다. 하나님께서 세우신 언약 명령을 실천하고 주님께서 부탁하신 일들을 애써 행하며, 성령님의 인도를 따르는 교육현장마다 분명히 '은혜'가 넘칩니다. 그래서 우리는 짤라흐 학습법을 여러 중요한 학습법 가운데 넣어 구호로 외칩니다. 기도처럼, 믿음의 고백처럼, 때로는 도움을 바라는 간절함처럼 이 구호는 하나님 귀에 들릴 것이라 믿습니다. 짤라흐 학습법을 외치는 자녀들에게 '복'에 대하여 '공짜' 심리를 일으키려는 목적이 아닌, 하나님의 말씀대로 배우고 그에 충실하라는 가르침이 그들의 삶과 믿음 가운데 깊게 하려는 의도가 있습니다. 짤라흐 학습법에 대해 가르칠 때마다 '짤라흐'는 믿음의 순종과 실천에 따르는 노력의 결과이며, 우리가 기대에서가 아니라 하나님의 뜻에 절대 의존하기에 그렇습니다.

■ **매일 실천할 학습법과 구호**
"나는 에스더처럼 쉐마하겠습니다!"
"나는 다니엘처럼 자카르하겠습니다!"
"나는 다윗처럼 샤알하겠습니다!"

"나는 에스라처럼 다라쉬하겠습니다!"
"나는 모세처럼 라마드하겠습니다!"
"나는 느헤미야처럼 샤마르-아싸하겠습니다!"
"나는 예수님처럼 짤라흐하겠습니다!"

■ 라마드 학습법(성경적 학습법) 요약표

학습법 이름	학습법 주내용
쉐마 학습법	듣는 습관, 듣는 능력을 갖추기
LAL 학습법	듣기 위주의 외국어 학습법
샤알 학습법	질문의 능력, 자기주도학습
라마드 학습법	상호·협동·관계성 학습법
다라쉬 학습법	연구, 심도 깊은 학문과 전문화
자카르 학습법	집중력과 기억력 향상
영상 학습법	집중력 있는 동영상 활용
아싸 학습법	실천 현장 학습, 앎과 실력
짤라흐 학습법	형통 학습법, 은혜 학습법

| 3부 |

라마드의 적용과 활용

"이 원리를 따라 사는 사람들에게 그리고
하나님의 이스라엘에게
평강과 긍휼이 있기를 빕니다."

갈 6:16, 우리말성경

•• 　　　　부모·교사교육을 할 때면 먼저 성경적 교육원리와 방법(1부, 2부)을 가능한 자세히 설명합니다. 참석자들 대부분은 성경적 교육에 동의하고 이해하며 큰 관심을 보입니다. 그리고 실제 교육현장에서 어떻게 사용될 수 있을까 궁금해합니다. 그러면서 특별하게 사용했던 교재는 무엇인지, 또 라마드의 교육 결과가 어떠했는지 알고 싶어 합니다.

　몇 마디 말로 라마드 교육의 교재나 결과를 쉽게 설명할 수는 있습니다. 그러나 이상하게 들리겠지만, 자세한 정보를 좀 늦게, 천천히 주려고 애씁니다. 왜냐하면 우리들 대부분도(기독교인이지만) 성과주의에 물들어서 '적용하고 활용하여 좋은 결과'를 얻는 것에 집착하는 경향이 있기 때문입니다. 교육의 결과는 자녀 세대의 소유물입니다. 교육 주체나 부모 세대가 당장에, 자신의 때에, 그리고 자기 손 안에 자녀 세대로부터 열매를 거두려 한다면 원하지 않는 부작용이 생길 수 있습니다.

　세상의 프로그램 가운데 특수한 방법과 교재로 성적을 올리고 경쟁력 높은 대학에 진학하게 만들었다는 이야기를 종종 듣게 됩니다. 그렇지만 그런 노력들을 여기에서는 '좋다, 나쁘다' 말하기 어렵습니다. 그런 종류의 성공담은 그 프로그램과 연관된 사람들에게 '중요한 일'일 수는 있지만 자녀의 인격이나 행복한 삶, 그리고 하나님 나라와 세상을 섬기는 일을 추구하는 라마드 교육에서는 우선순위가 다릅니다. 성경적 교육을 하면서도 성적 향상이나 진학의 좋은 결과를 말할 수 있습니다. 그러나 성경적 교육 테두리 안에서 이런 일이 첫 번째 관심사는 아니기에, 라마드 교육을 안내할 때 소위 '좋은 결과' 혹은 '성공담' 이야기는 되도록 나중에 하려는 것입니다. 그래서 라마드 교육에 관심이 있는 부모와 자녀들은 먼저 '성경적 교육의 원리와 방법'에 대해 이해하면 좋겠습니다.

　라마드의 원리와 방법은 모두 성경에서 제시하는 하나님의 지혜입니다. 가끔 성경 가운데 펼쳐 놓으신 성경적 교육의 원리와 방법을 찾고 적용한다는 사실 그 자체가 현대 교육환경에서는 어울리지 않으며 과연 가능하겠냐는 시각도 있습니다. 부모교육, 교사교육을 할 때, 라마드 교육 시스템이 "과연 성공할 수 있을까요?" 또는 "이렇게 가르치면 너무 느리고 비효율적이지 않을까요?"라는 회의적 질문도 받게 됩니다. 저와 마찬가지로 한국의 대다수 부모 세대들은 성공을 추구하는 분위기 가운데 주입식 대중 교육을 받으며 성장했습니다. 사람들도, 삶과 세상도 성공주의와 경제논리 가운데 거의 모든 교육 프로그램이 '쉽고 빠르게' 결과를 내는 방향으로 달려가게 되었습니다. 그러나 교육은 사람을 변질시키는 일이 아니라 올바른 성장과 변화가 목적입니다. 현대 교육 아래에서 긴 시간을 보낸 것도 아닌데 고결함, 명예심, 돌봄, 용맹성, 희생, 품격, 희열, 자상함, 위엄, 베풂, 나눔, 흥과 멋 등 우리의 자랑스러운 모습들은 어디로 갔나요? 변질은 신속하게 전 영역으로 번져 나갔습니다. 이미 말한 바와 같이 교육은 성경에서 유래되었습니다. 우리가 경험했고 알았던 현대 대량 교육은 하나님께서 창안하신 것과 다릅니다. 그래서 우리가 받았던 그 교육이 대안적이고 2차적이라고 말할 수 있습니다.

　성경적 교육과 훈련은 자녀를 변화시킵니다. 성경적 가치를 성경적 방법으로 배우면 나쁜 것을 나쁜 것으로 인지하게 되고, 선한 것을 기뻐하게 됩니다. 섬기는 일은 존귀하기에 더 잘 섬기기 위해 실력자가 되고자 합니다. 하나님의 자녀가 되면 꿈을 갖습니다. 그 꿈은 우리 모두에게 허락하신 달란트와 신적 성품 가운데 심겨 있었습니다. 그러므로 바람직하지 않은 습관에서 벗어나 고상한 품성이 발현되므로 창조주를 찾고 자신과 세상을 아름답게 만들고자 애쓰게 되고, 그 가운데 우리와 우리의 자녀는 고결하고 존귀한 존재로 한 걸음 한 걸음 변화되어 갑니다.

혹시 라마드의 원리와 방법들이 생경하게 보인다면 성경이 아니라 우리가 삐뚤게 서 있지 않았나 되돌아봅시다. 다시 강조하자면, 교육은 하나님께서 창안하셨고, 또 항상 세상을 다스리는 원리 가운데 하나로 사용하셨으며, 성삼위일체 하나님께서는 지금도 우리 모두를 가르치시며, 은혜의 교육 명령을 받은 부모 세대와 함께 다음 세대를 양육·교육하고 계신다는 사실을 꼭 기억하면 좋겠습니다.

라마드의 원리와 방법을 이해하였다면, 실제 교육현장에서 적용하고 활용하였던 '방법들과 프로그램들'을 담아 놓은 3부를 통해 참조할 정보들을 찾아낼 수 있을 것이라 생각합니다. 3부의 프로그램들은 소위 '생경한 성경적 교육'을 이 시대 자녀들과 학부모에게 '친숙하고 효율적' 학습환경으로 만들기 위해 전쟁터와 같은 교육현장에서 시행한 것들입니다. 혹 어떤 다른 교육 공동체에게는 큰 의미가 없을 수도 있습니다. 그럼에도 관심을 가지고 다가가 이 프로그램들을 참조하면, 라마드 원리와 방법을 통해 다채로운 자녀들에게 어떻게 성경적 교육을 적용했는지 그려 보며 새로운 방법들을 찾는 데 도움이 되리라 기대합니다.

라마드 교육원리와 방법을 따르는 일은 현재의 교육환경에서 실천 불가능한 일이 아닙니다. 실제 적용하고 사용하여 '변화와 성장'을 일으켰습니다. 그래서 부모 세대가 마음을 먹고 어디서든 라마드 교육을 하나하나 실천하다 보면 자녀 양육에 성경적 교육은 쉽고 편리하며 또 효율적이라는 사실을 알게 될 것입니다. 라마드 교육에 참여하였던 학부모들 가운데 많은 분들이 "나도 이런 교육을 받았더라면!" 하고 탄식하였던 것을 기억합니다. 왜냐하면 성경적 교육은 '다르고 이상한' 교육이 아니라 하나님께서 '우리를 위해' 만드신 지혜의 시스템이기 때문입니다. 우리를 창조하신 하나님께서 우리를 양육하고 자녀를 교육하는 일에 비효율적이거나 불가능한 일을 하라고 명령하실 리 없다고 저는 믿습니다. 도리어 연약한 우리에게 꼭 필요하기 때문에 실천 가능하며 또 유익하도록 배려하시지 않았을까요?

3부의 프로그램이나 학습 지도 방법들은 '라마드 원리와 학습방법'을 활용하여 실제 교육현장에서 사용하면서, 그 목표를 '각각의 자녀에게 집중하고 그 자녀의 변화를 위해' 기획하였습니다. 마치 하나님께서 우리를 '독특한 한 사람으로 인정하시고 각각의 길로 인도'하시는 것을 닮아 가려는 노력과 같다고 말할 수 있습니다. 바라기는 라마드 교육을 실천하고자 하는 가정과 교육 공동체들이 이러한 방법들과 제안들을 이해한 다음(혹은 적용한 후) 개발된 귀한 경험들이 모이고 나누어져 다음 세대를 세우는 일에 더 훌륭하게 사용되면 좋겠습니다. 특히 선교현장의 열악한 교육환경 가운데 자녀를 세워야 하는 선교사 가정이나 거룩한 부담감으로 자녀들을 흠 없이 키워 보려 애쓰는 홈스쿨링, 소규모 교육 공동체, 그리고 여러 형태를 띠고 있는 성경적 교육 공동체 등에서도 검토해 보길 권합니다. 또한 온라인을 활용해야 하는 시대적 요구에도 대응해 보고자 했습니다. 라마드 교육이 근본이 되어 적절히 활용이 된다면 교육환경이 어떻게 변해도 자녀 양육과 교육이 흔들림 없이 유용하게 진행되리라 확신합니다.

다양한 소그룹 교육 공동체가 공통적으로 겪고 있는 고통은, 첫째로 교사와 교재의 문제이고, 다음은 교육의 지속성과 평가(수월성) 문제라 말합니다. 그렇지만 가장 근본적 고민은 자녀를 이렇게 교육해도 괜찮을지, 다른 학생들과 비교해서나 세상의 평가에 뒤처지지는 않을지, 그래서 진학과 진로에 어려움이 생기지 않을까 하는 자녀의 장래에 대한 우려가 그 바탕에 깊게 깔려 있습니다.

먼저 이 우려에 대해 넓은 시야로 살펴보면 좋겠습니다.

첫째, 세상의 부모는 그들의 자녀가 어떤 교육을 받든지(심지어 비싼 인터내셔널 교육을 받게 하더라도) 자녀의 미래에 대해, 진학과 진로에 대해 늘 걱정합니다. 다만 우리는 다른 가정의 자녀들은 더 좋은 교육을 받고 있다는 상대적인 빈곤감으로 인해 더 우려하는 경향이 있습니다. 부모의 이러한 우려는 당연하지만, 그것 때문에 자녀가 더 우수해지고 그래서 그의 미래가 더 좋게 보장되는 것은 아닙니다. 차라리 우려와 걱정 대신 자녀와 더 가까이하여 칭찬과 격려 가운데 좋은 관계를 맺는 일에 힘쓴다면 모두에게 더 도움이 됩니다.

둘째, 교육은 그 자체로 커다란 모순과 맹점을 가지고 있다는 점을 인지해야 합니다. 앞서 말한 것처럼, 교육은 과거의 사람이 과거의 교재(경험)를 가지고 다음 세대의 미래를 준비시키는 일입니다. 모든 사람은 그 자녀의 미래의 모습을 전혀 예측할 수 없습니다. 미래의 환경, 미래의 세상, 미래의 가치, 미래의 유행, 미래의 삶, 그리고 자녀들이 선택할 사람들과 공동체에 대해 어떠한 짐작도 어렵습니다. 다만 우리는 각자의 경험의 수준으로부터 예측과 기대를 가지고 자녀 세대를 길러 냅니다. 이러한 부모 세대의 기대가 과거 시절에는 어느 정도 들어맞기도 했습니다. 그러나 시류가 더 빠르게, 더 폭넓게 변하고 있습니다. 그래서 우리 자녀들이 살게 될 미래 시대는 어떤 모습일지 짐작하기 힘듭니다.

그런데 가장 확실한 사실, 즉 시대가 변화하고 가치가 바뀌고 유행이 달라져도 바뀌지 않는 것이 하나 있습니다. 그것은 바로 '그 사람'입니다. 사람이 가지고 있는 인격, 습관, 가치관, 품격은 내면의 사람으로, 그 사람의 '레브'를 형성합니다. 만약 레브를 잘 형성하였다면 그 사람은 어느 곳, 어느 시대에 살든지 훌륭한 인격체, 아름다운 부모 세대, 귀한 영향력을 발휘하는 리더, 그리고 하나님께서 마음껏 사용하실 수 있는 사역자가 됩니다. 자신의 삶을 행복하게 지내게 되고, 날이 갈수록 존귀해지며, 그 기대 많았던 부모 세대를 뛰어넘는 자손이 될 것입니다. 이러한 자손이 사는 모습을 볼 수 있는 그 부모 세대는 '복받은 사람'임에 틀림없습니다. 우리가 세상의 평가나 수월성의 문제로 자녀의 미래를 걱정하지 않을 자신과 용기가 있다면 하나님께서 보시기에 귀한 라마드 부모, 라마드 교사가 될 수 있습니다.

셋째, 부모의 기대와 바람의 최종 종착지는 자녀의 행복이라고 생각합니다. 우리의 자녀들이 부모의 도움이 없더라도 자신의 삶을 잘 살고, 어느 환경 가운데라도 행복감을 맛보며 살아갈 수 있다면 얼마나 안심이 될까요?

행복의 샘물은 샬롬에서 흘러나온다고 성경은 말합니다. '샬롬'은 '평화, 완전, 건전, 성장과 번영'의 뜻을 가지고 있습니다. 불의가 없고 공의와 진실이 행해지는 완전한 사회를 샬롬이 있는 사회라고 하고, 몸이 아프거나 병들지 않은 건강한 상태를 샬롬이라고도 합니다. 그런데 성경적 관점에서 보면, 이 샬롬은 하나님이나 이웃과의 관계에서 계약 조건을 다 이행했을 때에 옵니다. 개인적으로나 공동체가 상호 관계가 완전할 때 샬롬의 상태가 되었다고 말할 수 있고, 이때 개인이나 공동체는 더없는 행복을 누리게 됩니다. 만약 우리 자녀들이 샬롬을 이룰 수 있는 사람이면 그가 어느 곳에서든 행복해질 가능성이 높습니다. 그래서 자녀들이 하나님의 교육 명령을 지키면서 건강한 레브를 가진 인격체를 만들어 가면 이러한 샬롬이 찾아올 것입니다. 마치 "나는 예수님처럼 짤라흐하겠습니다!"라는 구호처럼 언약적 교육 명령을 지켜 나가면 부모와 자녀 모두에게 형통의 복이 올 것이라 믿습니다. 이렇게 부모들이 '자녀 행복'의 측면 하나만을 고려하여도 성경적 자녀교육은 불안을 최소화하고 우려와 걱정을 덜게 해줍니다.

자녀를 위해 어떤 교육을 선택해야 할 때 부모 세대의 결정과 확신이 필요합니다. 우리와 우리 자녀를 위해 하나님의 이 좋은 교육을 지금 선택하고 시행하여도 늦는 일이 아닙니다. 교육은 어릴수록 효과가 크지만 언제 시작하더라도 시작하는 그때가 가장 빠른 때입니다. 이미 다른 교육 프로그램을 하고 있어서 성경적 교육을 전체적으로 수용하지 못하면 일부라도 부모와 자녀가 활용해 보기를 강력하게 권합니다. 일부분이나 보충적으로 사용한 라마드 교육이 다른 전체와 전부보다 더 큰 기쁨을 줄 것입니다. 단지, 라마드 교육원리를 철저히 지켜 적용할 때 바라던 효과를 보다 더 많이 기대할 수 있다는 점을 잊지 마십시오. 하나님의 소중한 자녀들을 위해 라마드 교육원리와 현장 경험들이 사용되어서 가정과 교육 공동체가 은혜 가운데 행복해지기를 소망합니다.

1. 하자크 52 프로젝트

라마드 이야기 17

기숙형 대안학교 교사로 재직할 때, 어린 자녀가 부모와 떨어져 교육받는 일이 이득이 되기도 하지만 어떤 경우는 자녀들에게 손실이 될 수 있다는 생각이 들었습니다. 성경에서 부모가 일차적 교사라는 가르침도 있고 해서 도심형 대안학교를 세워 보기로 했습니다. 부모에게는 성경적 교육(라마드)의 부모·교사교육을 하고 부모 가운데 교사로, 봉사자로 학교와 학습활동에 참여하게 했습니다. 그리고 자녀들에게는 성경적 가치를 성경적 방법으로 교육하면서 결국 그 가정이 라마드의 장소로 회복될 수 있다고 믿었습니다. 자그마한 학교인데다 널리 알려지지 않았지만 마음을 모아 준 가정들이 있었고, 그렇게 부모와 함께 교육 공동체를 만들어 갔습니다.

그런데 라마드 교육을 시작한 지 얼마되지 않아 큰 걸림돌이 있다는 것을 알게 되었습니다. 부모와 자녀들 모두 라마드 교육에 동의하였지만, 막상 학교를 시작하자 성경적 교육의 원리와 방법을 따라 만든 커리큘럼에 깊숙이 참여하지 못했습니다. 처음에는 어색함으로 진행이 더디어지더니 좀 지나자 부모들은 성급한 기대감으로 들떠 있었고, 자녀들은 온갖 나쁜 습관에서 여전히 벗어나지 못했습니다. 부모교육도 계속하고 때로는 자녀들에게는 따끔한 경고를 했지만 세상의 가치와 유행에서 벗어나지 못하였습니다. 그런 상태로 성경적 교육은 불가능했습니다.

정말로 답답한 심정으로 성경을 읽다가, 느헤미야가 52일 만에 무너진 예루살렘 성벽을 세우는 아름다운 성벽 봉헌식 장면을 보았습니다. 그 뒤 에스라와 함께 예루살렘 공동체를 새롭게 변화시키는 위대한 이야기를 읽었습니다. 높고 넓은 예루살렘의 무너진 성벽을 52일 만에 세운 일은 기적입니다. 그 옛날 기계의 힘도 없이 어떻게 그렇게 빠른 기일 안에 무너진 성벽과 문들을 고칠 수 있었을까요?

그 비법이 느헤미야 3장에 나와 있었습니다. 느헤미야의 공사 진행 방법은 아주 독특했습니다. 무너진 예루살렘 성벽 주변에 살던 사람들이 자기의 주변 무너진 곳을 자기 힘이 닿는 대로 스스로 고쳤습니다. 이스라엘은 자기 주변의 무너진 정도가 어떠한지, 어떻게 고쳐야 좋을지, 또 어느 정도의 노력을 해야할지 자기가 제일 잘 알았을 것입니다. 그래서 각자 자기의 무너진 곳을 고쳐 나가는 방식으로 예루살렘 성벽을 빠르게 세웠습니다.

'아! 그렇구나, 온전한 공동체를 세우기 위해 그 기초가 무너진 곳을 찾아 각자 스스로 고쳐 나가면 되겠구나! 그렇게 하면 정확하게 고장난 곳이 어디인지 알 것이고, 수리도 쉽고 빠르며, 성경에서 말하듯 그 성취가 원수들이 놀랄 정도가 되겠구나'라는 사실을 느헤미야가 깨닫게 해주었습니다.

무너진 곳을 다시 세우는 일을 '중수하다', '보수하다' 혹은 '건설하다'라고 성경은 표현합니다. 이때 '중수하다, 보수하다'라는 성경 원어가 바로 '하자크'(חזק)입니다. 이스라엘 백성들이 각자 자기 삶의 자리에서 무너진 곳을 세움으로 예루살렘 전체 성벽이 신속하고도 견고하게 세워졌는데, 이러한 의미를 되살려 '하자크 52'라는 특별 프로그램을 실시하기로 계획을 세웠습니다. 그래서 이 프로젝트는 '각자의 삶에 무너진 곳을 전심전력으로 세우는 거룩한 일로, 하나님께서 도우시는 52일'이라는 의미를 가진, 자녀들과 부모들의 마음과 삶의 자세를 바꾸고자 기획한 특별 프로그램입니다.

> "성 역사가 오십이 일 만에 엘룰월 이십오 일에 끝나매 우리 모든 대적과 사면 이방 사람들이 이를 듣고 다 두려워하여 스스로 낙담하였으니 이는 이 역사를 우리 하나님이 이루신 것을 앎이니라"(느 6:15-16).

하자크 프로그램은 학습 기법이나 정기적 커리큘럼이 아닙니다. 그렇지만 성경적 교육을 하려면 우선 무너진 곳과 나쁜 습관을 되잡아보고 라마드 교육을 할 수 있는 상태가 되도록 '바로 세우는' 선행작업이 필요하기에 의도적으로 만든 프로그램입니다. 나쁜 습관에 젖은 자녀들에게 그 습관을 벗어나도록 돕고, 세상의 가치관과 성경적 명령을 혼동하는 부모 세대에게는 바른 선택과 결정을 하도록 하기 위함이었습니다.

1) 하자크 52 프로젝트 실행

하자크 52 프로젝트의 주요 내용을 아래와 같이 진행하였습니다. 우선 자녀들의 나쁜 습관들을 목록으로 만들었습니다. 부모들 역시 참여해야 하므로 가정에서 고쳐야 할 부분들도 목록에 명시

했습니다. 그리고 52일 동안 각자 자신의 삶 가운데 고쳐야 할 부분을 '중수'(하자크)하는 데 집중하기로 했습니다. 부모들도 참석한 '하자크 52' 선포식에 52일간 매일 써내야 하고 점검받아야 할 '하자크 노트'를 나누어 주면서 '하자크 52 프로젝트'를 다음과 같이 선포하였습니다.

"오늘 느헤미야와 예루살렘 사람들이 한 것처럼, 우리도 지금 무너진 자신의 삶을 고치는 위대한 역사를 시작합니다. 각자에게 나눠 준 '하자크 노트'에는 해야 할 일과 하지 말아야 할 일들이 있습니다. 매일, 매시간 지켜 행하고 스스로 체크해야 합니다. 그리고 매일 저에게 와서 점검 받으세요. 이 밖에도 자신만이 알고 있는 나쁜 버릇이나 고치고 싶은 것들도 있을 것입니다. 이것들도 스스로 고쳐 나가십시오. 부모님들은 매일 격려해 주시고 잘한 부분에 대해 칭찬해 주십시오. 가정에서도 나쁜 습관들을 고쳐 나가시고 좋은 습관은 잘할 수 있도록 칭찬해 주고 점검해 주시기 바랍니다. 52일간 하자크를 잘하면 우리는 새로운 사람, 새롭게 변화된 예루살렘 성벽을 보게 될 것입니다. 그러나 실패하면 여전히 무너진 채 부끄러움을 당하는 삶을 살게 될 것입니다. 오늘 분명히 말씀드립니다. 이 하자크 프로그램이 실패하면 우리 학교 역시 그 존재의 의미가 없어집니다. 우리 학교는 앞으로 52일간 문을 엽니다. 그 뒤는 여러분의 하자크가 성공하면 학교의 문은 다시 열리게 될 것입니다. 예루살렘 성벽이 세워지지 않고서 어떻게 예루살렘의 역할을 감당하겠습니까?"

(1) **실천사항들**

① 하자크 52 프로젝트의 구호

"나는 하나님께서 도우시는 52일 동안 나의 무너진 성벽을 세우기 위해 전심전력하겠습니다!"

② **매일 해야 할 목록**(52일 동안 새로운 변화와 습관을 갖게 한다)
- 규칙적인 삶과 절제의 즐거움을 맛보게 한다.
- 기도와 말씀과 찬양을 할 수 있는 영성의 깨어남을 추구한다.
- 매일, 주간별 자기 점검을 하고 계획을 세워 본다.
- 온 가족이 기도로 하나가 되어 본다.
- 쉐마 학습법과 샤알 학습법을 실천한다.
- 가장 힘든 나쁜 습관 한 가지 끊기에 도전하여 성공해 본다.
- 가장 하기 싫은 일(그러나 해야만 하는 일) 한 가지를 정하여 실천해 본다.
- 하자크 노트와 DB를 매일 작성하고 점검 받는다.

③ **매일 하지 말아야 할**(끊어 내고 절제해야 할) **목록**
- 게임(컴퓨터, PC방 절대 출입 금지, 휴대폰 갖지 않기, 게임기기 치우기)
- TV(단, 뉴스, 다큐멘터리, 기타 한두 가지 허락받은 프로그램 선별적 허용)
- 거짓말과 욕과 짜증, 화내기(친구, 부모, 선생님께)
- 지나친 외모 관심
- 늦잠 자기와 안 씻기 등(게으름 물리치기)

④ **가정**(부모)**에서 지켜야 할 목록**
인터넷과 TV 끊기, 드라마 안 보기, 매일 하자크 노트 점검하기, 화 안 내고 칭찬하기, 학원 안 보내기, 부모교육 참석하기 등

우리 주변에 우리의 자녀들에게 이런 목록을 지키라고 말할 수

있는 교육 공동체가 존재할까요? 당연히 존재해야 합니다. 왜냐하면 성경적 교육 공동체는 우리의 자녀에게 이런 것보다 더 귀한 일들을 해야 하고, 세상의 재밋거리보다 더 흥미진진한 일들을 실천해야 하며, 좋은 습관과 존귀한 인격체를 위해 바른 가치관을 가르쳐야 하기 때문입니다.

성경적 교육 공동체가 아니더라도 자녀들에게 어떤 일을 하도록 가르쳐야 할까요? 자녀가 하고 싶은 것을 다 하도록 해주는 일이 부모의 바른 사랑이 아니듯이, 학교 공동체 역시 우리의 자녀들에게 아름다운 것과 존귀한 것을 알아 가도록 해주어야 그 존재 가치가 있지 않겠습니까?(예를 들면, 진정한 성공·성취란 무엇인가 고민하게 해야 하고, 성적보다 실력을, 방종 대신 자유와 책임을, 그리고 기능보다 인품을 우선 가치로 세워 애써 지키려는 노력을 해야 되겠지요).

(2) 첫 번째 하자크 52 프로젝트의 결과

52일 후에 어떻게 되었을까요? 예루살렘 성벽이 중수되지 못했을까요? 학교의 문이 계속 닫혔을까요? 정확하게 52일 후 성경적 가치를 성경적 방법으로 애쓴다면 성경의 기적은 재현될 수 있다는 귀한 경험을 교육 공동체 모두가 맛보았습니다.

52일 동안 부모들이 가장 힘들어했던 두 가지, 자녀들의 학원과 애청하던 TV 시청(드라마 등)을 마음먹고 그들 삶에서 끊어 내는 데 성공했습니다.

자녀들은 어떤 선택을 하였을까요?

처음 시작할 때, 많은 자녀들이 정도의 차이는 있지만 이미 게임 중독, 인터넷 중독 등의 심각한 병을 앓고 있었고, 핸드폰 없는 삶은 상상조차 못할 정도였습니다. 욕을 하지 않으면 대화가 안 되고, 가정 안에서 짜증 내고 자기 맘대로 행동하는 일은 일상이 되어 있었습니다.

그들은 자신들이 하는 나쁜 습관이 자신과 모두에게 피해를 준다는 사실을 알았습니다. 그들 역시 고치고 싶고, 멋진 삶을 살고 싶고, 그래서 칭찬받는 사람이 되고 싶었습니다. 심각한 중독 증상이 있는 자녀들은 그것을 금하자 손을 떠는 등 후유증이 있었습니다. 참다못해 몰래 PC방에 가려고 거짓말하다 들통이 났습니다. 수업 시간에 집중(쉐마과 자카르)하고 있는지 순간순간 점검받았고, 매일 스스로 체크한 하자크 노트를 가지고 교사와 상담하고 기도하고 눈물 흘려야 했습니다.

감사하게도 52일이 지나자 대부분의 자녀들은 지긋지긋한 게임 중독에서 해방되었습니다. 강력 본드로 손에 붙여 놓은 것 같았던 핸드폰과 몇 시간 동안 이별할 능력을 갖게 되었고, 새로운 핸드폰으로 바꾸지 않아도 불편을 느끼지 않았습니다. 게으름이 줄어들었고, 최소한 학교에서는 욕하는 사람이 없었습니다. 자녀들 얼굴이 밝아졌습니다. 다투거나 짜증 내는 경우도 거의 없어지면서 칭찬이 많아졌고 웃음이 커졌습니다. 예배의 감격까지 보너스로 맛보았습니다. 가정도 라마드 교육 현장이 되었습니다. 학교는 계속 문을 열었고, 몇 개월 뒤에는 학교가 아니라 자녀들의 요청으로 두 번째 하자크 52 프로그램을 다시 진행하는 기이한 현상(?)까지 나왔습니다. 첫 번째 하자크를 할 때 학생들(부모들까지도)이 너무 힘들어했기에, "다시 해봐요!"라는 학생들의 요청에 깜짝 놀랄 정도로 하나님의 적극적 개입에 감탄했습니다.

2) 하자크 52 프로젝트의 의의와 성과

하자크 52 프로젝트를 왜 했을까요?

우리들의 자녀들의 마음이, 부모들의 삶의 모습이 먼저 변화해야 하기 때문입니다. 새로운 습관, 바른 가치관으로 살게 하는 일이 교육이며, 부모 세대가 당연히 해야 할 일이기 때문입니다. 변화된 자녀들은 성경적 가치관 아래 바르게 살아가도록 노력하는 모습을 보이는 등 성경적 양육과 학습의 효과를 나타내기 시작했습니다. 삶은 주로 습관으로 구성되어 있습니다. 그들이 좋은 습관을 갖고 있다면 그들의 성품과 삶이 점점 더 풍요롭게 성장할 것입니다. 또한 그들의 재능이 개발되어 더 탁월한 사람으로 바뀔 것입니다. 그래서 자녀들은 인고의 52일을 통해 자신의 나쁜 습관을 인지할 뿐 아니라 대항할 수 있는 힘이 생기자, 그 나쁜 습관에서 완전히 벗어나려는 노력을 하고자 했습니다. 52일 동안 좋은 습관을 성실히 지켜 나가면 좋은 습관이 자리를 잡고, 또 그 습관은 저절로 삶에 좋은 영향을 주므로 더 아름다운 습관을 갖게 되는 선순환의 효과를 가져옵니다.

■ **의미 있는 시작과 프로젝트 유지를 위한 준비와 전략들**

① 장엄하게 시작을 선언한다(촛불-결심의 불을 밝히고, 종료 때에 다시 완료의 불을 켠다).

② 부모를 초청하여 다 함께 다짐하고 결심한다.

③ 부모와 교사는 기도와 말씀으로 지지해 준다.

④ 매일, 주간별, 개인별, 상황별로 친밀하고 엄밀하게 점검한다.

⑤ 진행 그래프를 매일 그리고 공개적으로 성공담/간증을 하게 한다(격려와 지지).

⑥ 결과를 분석하고 개별 평가를 한다(합격·불합격을 분명하게).

⑦ 학생의 성적은 학교와 부모의 성적이다. 모두 반성하는 기회로 삼는다.

⑧ 52일 후 전체적 결과가 좋지 않을 경우 학교 역시 징계를 받아야 한다.

다시 말해 이것은 학습 프로그램이 아닙니다. 수월성에 대한 평가나 자질을 따지는 것도 아닙니다. 이 프로젝트는 존재 목적에 대한 일입니다. 학교, 교사, 부모, 그리고 학생 모두가 하나님의 백성으로 그 부름에 어떻게 따를 것인지에 대한 간절함이나 소망에 대한 일입니다. 출발하는 우리 모두에게 하나님의 간섭이 있어, 자녀와 가정이 변화되길 간절히 바랐습니다. 다음 세대에 대한 기대와 소망이 모두 함께 꾸는 꿈이 되길 원했습니다. 견고한 성벽 없이 어떻게 그 어린 예루살렘 공동체가 원수들의 손에서 무사할 수 있었겠습니까?

가정에서든지 교육 공동체에서든지 성경적 교육을 시작하고자 할 때 이런 각오를 하도록 '하자크 52 프로젝트'와 같은 결단의 시간을 갖기를 권하고 싶습니다. 나쁜 습관을 벗어나고픈 간절함과 좋은 습관에 대한 소망이 없다면, 라마드 성경적 교육을 어렵게 시작하고 어지럽게 진행하다가 빈손으로 마치기 쉽습니다. 그와는 반대로 하자크 프로그램 같은 일을 성공적으로 마친다면, 성경적 교육을 하는 일에 '돕는 손'이 늘 함께한다는 간증을 하게 될 것입니다.

이 프로그램을 두 번 실시하면서 가장 어려웠던 일은 자녀들이 아니라 부모들이었습니다. 부모들은 변화하는 자녀들을 보고 깜짝 놀라 반기면서도 부모의 관심은 여전히 학업과 진도, 그리고 수월성 문제로 되돌아가곤 했기 때문입니다. 그래서 홈스쿨링이나 소규모 교육 공동체에서 발생하는 문제들 가운데(아이들에게는 거의 문제가 발생하지 않는 데 반해) 대부분이 부모들 사이의 이견들 때문인 경우가 많다는 이야기에 수긍이 갑니다. 그 문제들 중심에는 성급한 성취주의, 비교와 평가 문제가 자리 잡고 있습니다. 잘못된 습관을 가진 자녀들을 새로 고치기 위해 52일(거의 2개월) 동안 수업도 제대로 하지 않았고, 시험이나 다른 학습활동도 하자크 프로그램으로 대체되었습니다. 이런 학교의 노력을 곱지 않은 눈으로 보는 학부모가 적지 않았습니다. 그렇지만 52일간 성실하게 발걸음을 내디뎠던 자녀들은 그들이 12년, 15년 동안 배운 것보다 더 많이, 더 깊고 높은 성취를 이루어 냈습니다. 교육은 양과 질이 다 중요하지만, 양만 채운 교육은 그만큼 더 되돌아가야 할지도 모릅니다.

세상에 유행하는 학업 프로그램과 누구나 다 하는 과외 학습 등을 더 잘하기 위해 성경적 교육을 찾는다면 크게 오해한 것입니다. 라마드 교육을 하면서 먼저 성경적 교육의 본래 가치를 이해해야 합니다. 그 뒤 새롭게 고쳐진, 회복된 자녀들이 달란트를 통한 열정들을 갖는 모습과, 점차 학문의 성취나 전문가의 길로 달려가는 행복한 얼굴을 보게 될 것입니다.

모든 교육은 성경에서 나왔습니다. 성경의 원리와 방법에서 보면 세상의 프로그램이 다 파생적이고 부차적이며 대안적이라는 사실을 알게 됩니다. 우리는 하나님의 교육 명령이 다음 세대 양육과 교육을 쉽도록, 깊어지도록, 그리고 부모 세대나 자녀 세대 모두에게 유익하도록 은혜로 주셨다는 사실을 알게 됩니다.

이런 간증이 있었습니다.

대부분 남자 학생들은 게임을 좋아하고 몰두하다가 결국 중독 수준에까지 이르게 됩니다. 그중 게임 중독 증세가 가장 심한 김 군은 52일간 누구보다 더 큰 어려움을 겪었습니다. 초등학교 때부터 공부를 제대로 해본 적이 없어서 더했겠지만, 김 군은 게임을 못하게 되자 학교 생활 중에 눈이 풀리고 손을 떠는 일이 2~3주 이어졌습니다. 그 이후로도 수업 중 멍한 상태에 빠지곤 했는데, 그들 말로는 '유체이탈 중'이라 하였습니다. 몸은 교실에 있지만 정신은 어디론가 달아나 신나게 게임 한 판을 하고 있다는 말입니다.

그래도 변화하고 싶은 마음이 많았던 김 군은 주변의 격려와 함께 '하자크 52 프로젝트'를 무사히 마쳤습니다. 52일 후 표정이 훨씬 밝아졌습니다. 김 군은 스스로 '좀비'에서 벗어났다고 말했습니다. 두 번째 '하자크 52 프로젝트'를 훨씬 수월하게 마치면서 김 군은 이런 말을 하였습니다.

"저는 몸도 약하고 손도 여물지 못하고 특출한 재능도 없어요. 아무리 생각해 봐도 저는 공부밖에 없다는 걸 알았어요. 그래도 공부가 제일 쉽네요!"

2년 뒤 정말 다행스럽고 은혜롭게도 김 군은 특목고 컴퓨터 관련 학과에 입학하였습니다.

자녀들의 마음과 정신이 게임과 외모, 그리고 TV와 SNS 등에 묶여 있을 때 집에서든 교실에서든 그런 자녀들의 귀는 막혀 있습니다. 최소한 자녀들이 들을 수 있는 상태가 되어야 어떤 배움이든 시작될 수 있습니다. 듣는 수준이 그의 성취 수준이라는 사실을 '쉐마 학습법'을 통해 잘 알 수 있습니다. 그래서 '하자크 52 프로젝트'처럼, 먼저 가정이나 교실에서 '라마드 학습법'을 잘 정착시키기 위해서 선행적 노력이 진행되면 기대하는 효과를 얻을 수 있습니다.

무너진 곳을 고치고 하나님의 성을 쌓는 사람들에게 능한 손을 주시고 대적을 멸하시며 모든 사람이 놀랄 기적을 베풀어 주시는 하나님을 찬양합니다!

2.
마알라 120 프로젝트

라마드 이야기 18

자녀들이 라마드 교육에 잘 적응하고 즐거워하자 아빠들도 아주 반가워했습니다. 대부분 아빠들은 시간적으로나 현실적으로 자녀교육에 적극 참여하지 못하는 형편이었습니다. 어쩌면 아내와 자녀들의 초긴장 대치 상황을 보고 안타까운 마음은 있지만 뭐라 하기도 힘들어 손을 놓고 있는 경우가 많았습니다. 어느 날 라마드 교육이라는 어떤 프로그램을 시작하더니 얼마 후 표정과 말투가 달라지자, 아빠들도 교육 프로그램에 참여하고 돕는 등 자녀교육이 '즐거운 취미 생활'로 바뀌기 시작했습니다. 어떤 아빠는 다른 학습 프로그램에 참석하지는 못하지만 탐방 학습이나 현장 체험 프로그램 등에 맞추어 휴가를 내고 교통 편의와 보호자 역할을 맡아 주었습니다. 현장의 일로 정말 바쁜 아빠는 학교를 지나갈 기회가 생기면 잠시 들러 응원하며 활기를 불어 넣어 주었습니다.

그중에서 좀 자유분망하게 성장한 두 아들이 이번에는 제대로 변화하는 모습을 보이자, 그 아빠의 행복감은 겉으로도 표가 날 정도였습니다. 원래 달란트가 많았던 아빠 집사님은 자녀들의 변화와 더

불어 본인의 재능과 열정도 다시 샘솟았습니다. 삶의 시간을 쪼개어 학교에서 기타 교육과 찬양단을 지도해 주었습니다. 악기와 음향 시스템도 손수 준비해 주었습니다. 아빠 집사님이 이렇게 다가와 주고 두 아들을 찬양 리더가 될 수 있도록 지도해 주자, 자녀들의 표정과 마음이 한층 달라졌습니다. 회복되고 개선된 부자 관계는 두 아들의 자부심과 자존감을 크게 향상시켰고, 두 아들은 자신없어 하던 학업이나 자기 개발과 같은 프로그램에 적극적인 태도로 참여하게 되었습니다. 얼마 후 그 가정에서는 토요일 저녁 시간에 온 가족이 모여 예배를 드리기 시작했는데, 이것은 아빠 집사님이 평생 원했던 소원 중 하나였다고 합니다.

1) 마알라 120 프로젝트 시작

'마알라 120 프로젝트'는 하자크 52 프로젝트를 두 번 끝내고 시작한 프로그램입니다. 도심형 대안학교를 시작하면서 교사 부족 등 미비한 점이 많아 그 당시는 방과후 학교와 같은 모습으로 진행되었습니다. 오후 시간과 저녁 식사 후 9시까지 짧은 시간 동안 학습과 성경적 커리큘럼을 다 진행하기 어려웠습니다. 그래서 오후 시간에는 가급적 성경적 학습법 등을 익히게 하는 데 중점을 두고, 낮 시간 학교에 가서는 자녀들이 라마드 학습법을 활용하여 학교 수업에 유익한 결과를 얻게 할 대책이 필요했습니다. 그래서 이제 막 정착된 좋은 습관들을 강화시켜 어떤 경우라도 라마드 사람으로 살아갈 수 있도록 훈련시키고 싶었습니다.

그해 새학기가 시작할 때, 학교 수업도 효과적으로 받고 오후 라마드 학습법 훈련과 달란트 개발 등을 하는 데 지속적인 도움을 줄 프로그램을 찾았습니다. 어린 자녀들이 오전부터 저녁 시간까지 성실하게 훈련받는 일이 쉽지 않지만, 고삐가 느슨해지면 옛 나쁜 습관으로 되돌아갈 것이기 때문에 당근과 채찍이 조화를 이룬 훈련 과정이 필요했습니다. 이때 에스라가 그 동역자들과 함께 예루살렘으로 귀환하던 행군 모습이 떠올랐습니다.

"정월 초하루에 바벨론에서 길을 떠났고 하나님의 선한 손의 도우심을 입어 오 월 초하루에 예루살렘에 이르니라"(스 7:9).

에스라는 왕의 허락을 받아 사람들을 이끌고 예루살렘으로 돌아왔습니다. 바벨론에서부터 예루살렘까지는 꽤 멀어서 4개월이 걸렸습니다. 험한 지형, 사막과 더위, 그리고 도적 떼가 있는 여정이었지만 에스라는 왕의 경비병들을 거절하였고, 대부분 평범한 사람들이 아주 많은 금과 은을 짊어지고 긴 행진을 시작합니다.

"내가 달아서 저희 손에 준 것은 은이 육백오십 달란트요 은 기명이 일백 달란트요 금이 일백 달란트며 또 금잔이 이십 개라 중수는 일천 다릭이요 또 아름답고 빛나 금같이 보배로운 놋그릇이 두 개라"(스 8:26-27).

그런데 신기하게도 에스라 일행은 무사히 예루살렘 성전에 도착했고, 사람과 물건이 축나지 않았습니다. 에스라는 이런 거룩한 행진에 하나님의 돕는 손이 함께하셨다고 고백합니다.

"정월 십이 일에 우리가 아하와 강을 떠나 예루살렘으로 갈새 우리 하나님의 손이 우리를 도우사 대적과 길에 매복한 자의 손에서 건지신지라"(스 8:31).

그들이 매일 걸어야 하는 4개월간의 험한 행진이 깊은 인상을 주었습니다. 그래서 기적과 같은 이 행진을 모델로 '마알라 120 프로젝트'를 기획하여 보았습니다. 에스라가 예루살렘으로 올라간 일을 히브리어로는 '마알라'(מעלה)라고 할 수 있는데, 에스라 일행이 120일 동안 행진하여 무사히 예루살렘 도착한 것에 착안한 프로젝트였습니다.

경비병도 없이 대부분 평범한 사람들이 그 많은 은금을 가지고 어떻게 무사히 행진을 마칠 수 있었을까요? 풍토병이나 독충, 길의 피로가 그들을 괴롭혔을 것입니다. 또한 120일 그 많은 밤에 습격할 수 있었던 다양한 도적 떼는 어디로 갔을까요? 에스라는 하나님께서 도우셨다고 고백했습니다. 이제 막 큰 변화를 맛본 자녀들에게 더 멋진 경험을 줄 수 있는 기적을 에스라와 그 일행이 가르쳐 주고 있었습니다.

2) 마알라 120 프로젝트 실행

'마알라 120'처럼, 한 학기(4개월) 동안 하나님의 손이 함께하는 여정을 자녀들이 걷게 하면 좋겠다는 생각이 들었습니다. 성경이 갔던 길을 지금 우리도 간다면 그때의 하나님이 지금도 함께하실 것이라 믿었습니다. 하나님의 손이 도와주시는 경험을 자녀들이 맛본다면 평생토록 그들은 얼마나 큰 위로와 힘을 얻겠습니까? 교육의 춘추전국시대와 같은 이 시대에 성경적 교육을 하는 자녀들과 부모들에게 에스라와 같은 고백이 정말 큰 위로가 될 것이라 확신하며 '마알라 120 프로젝트'를 실행하였습니다.

"이는 우리가 전에 왕에게 고하기를 우리 하나님의 손은 자기를 찾는 모든 자에게 선을 베푸시고 자기를 배반하는 모든 자에게는 권능과 진노를 베푸신다 하였으므로 길에서 적군을 막고 우리를 도울 보병과 마병을 왕에게 구하기를 부끄러워하였음이라"(스 8:22).

다음은 마알라 120 프로젝트를 실시하면서 부모와 자녀들에게 선포했던 내용입니다.

"'마알라 120'을 이렇게 시행하겠습니다.

야호, '마알라 120' 산에 오르자!!"

(1) 의미

이 프로젝트 실행 시 학부모들과 공유하였던 다음의 내용 가운데 이 프로젝트의 의미가 담겨 있습니다.

"에스라가 성전을 세우기 위해 많은 재물과 사람들을 예루살렘으로 데리고 갔습니다. 바벨론에서부터 예루살렘까지는 매우 먼 길이고 위험한 여행이었습니다. 그러나 에스라는 군대의 도움 없이 120일간의 긴 여정을 성공적으로 무사히 이루었습니다. 이 일은 하나님의 선한 손이 도우셨기 때문에 가능하였다고 에스라는 고백하고 있습니다.

'마알라 120'은 에스라의 120일 동안의 예루살렘을 향한 은혜로운 여정을 뜻합니다. '마알라'라는 히브리어는, '위로 올라가는 일, 높은 곳으로 가게 하는 것, 여행, 성전의 계단 또는 성전에 올라가는 노래(시편)'라는 의미를 가지고 있습니다. 또한 '120일'은 위험과 고통의 기나긴 시간을 의미합니다. 그 시간을 성공적으로 걷는 일은 결코 만만하지 않습니다. 그 120일 동안 에스라 공동체는 험한 산과 계곡을 지나야 하고, 도적을 막아 내고 각종 병해충을 견뎌야 합니다. 그들의 120일 동안의 마알라는 뜨거운 태양과 추위, 비와 바람에 맞서서 '예루살렘으로 올라가는 일'이었습니다. 이처럼 마알라 120은 하나님의 사람들이 하나님의 뜻을 이루기 위해 그 목적지에 끝까지 올라가야 하는 4개월의 여정으로, 매우 참기 힘든 고통의 시간을 말합니다. 그래서 이것은 오르고 싶지 않은 일일 수도 있습니다. 그러나 '하나님의 선한 손'이 에스라와 그 동료들에게 함께하셨고, 고비마다 도와주셨습니다. 고통스럽지만 거룩하고 영광스러운 등정을 마친 그 시대 하나님의 사람들은 하나님의 산에서 기쁨과 희열을 마음껏 맛보게 되었습니다. 그들은 외칩니다.

"야호! 드디어 예루살렘 성에 올라왔다!"

이 시대의 칠천인들이 두 번의 하자크 52 프로젝트를 통해 조금은 성숙하고 좋은 품성을 갖게 되었다고 생각합니다. 그러나 우리 학교가 목표하는 '정직과 탁월성'을 가진 하나님의 좋은 그릇이 되기에는 여전히 부족한 부분이 많습니다. 그들은 더 좋은 예배자가 되어야 하고, 정직과 탁월성이 그들의 삶 자체가 되도록 계속 훈련받아야 합니다.

봄학기를 시작하면서 학교에서는 3월 16일부터 7월 13일까지 120일 동안 '정직과 탁월성의 산으로 올라가는 120일의 여정', 곧 '마알라 120 프로젝트'를 시행합니다. 매일 수업 시간마다 자녀들은 성경적 학습법으로 승리를 해야 합니다. 또한 탁월한 실력을 위해 독서와 영어, 수학 학습에도 땀을 흘려야 합니다. 봄학기 4개월의 120일 동안 그들은 험한 산을 앞에 두고 있고, 어렵지만 그 산을 올라 정복해야만 합니다. 마알라 120 프로젝트 동안 학교도 함께 오르며 그들 모두 그 산을 정복하도록 도울 것입니다. 그 산에서 그들은 외칠 것입니다.

"야호! 하나님이 우리를 도우셨다!"

학교는 '하자크 52'에 이어 '마알라 120' 프로젝트에서도 승리할 것을 믿습니다. 이 기간 동안에도 에스라에게 함께해 주셨던 '하나님의 선한 손'이 모든 자녀들에게도 임하여, 산꼭대기에서 그들은 자기들의 입으로 에스라가 했던 고백을 하게 되리라 믿어 의심치 않습니다. 이를 위해 모든 학부모님들과 믿음의 교사들도 함께 땀으로 등반해 주시길 바랍니다."

(2) 실천 목표

① 쉐마·자카르·샤알 학습법을 매일 실천합니다.
② DB와 하자크 노트를 매일 실천합니다.
③ 4대 과제를 매일 실천합니다(참조, 개인별로 과제를 부여하였습니다).

(3) 점검 방법

① 쉐마·자카르·샤알 학습법 매일 실천 여부: 하루 1시간 이상 공부한 내용 점검
② DB와 하자크 노트 실천 여부: 개인별 점검
③ 요일별 검사할 내용: 개인별 목표를 부여(예: 영단어 암기, 수학 풀이, 독서량 등)

(4) 결과 처리(평가 방법과 시상)

① 각 항목을 테스트(점검)하면서 성실도와 우수성 여부를 판단해 준다. 기준에 미달하면 재시험(재점검)을 받도록 하고, 과정을 잘 수행할 수 있도록 확고하게 지도한다.
② 분야별로, 검사할 때마다 달란트로 시상한다.
③ 7월 중순에 평가하여 달란트 성적으로 소정의 장학금 수여한다.
경고! '마알라 120'의 산을 오르지 못한 사람은 기초 체력을 키우기 위해, 7월 중순부터 '하자크 52'를 다시 실시한다.

(5) 매일 실천할 학습법에 대한 구호

"나는 에스더처럼 쉐마하겠습니다!"(에 2:7-15, 20, 4:16)
"나는 다니엘처럼 자카르하겠습니다!"(단 1:4-5, 8, 17-20, 2:16)
"나는 다윗처럼 샤알하겠습니다!"(삼하 2:1, 5:19)
"나는 에스라처럼 다라쉬하겠습니다!"(스 7:10)
"나는 모세처럼 라마드하겠습니다!"(출 24:12; 신 4:10)
"나는 느헤미야처럼 샤마르-아싸하겠습니다!"(느 1:11, 2:5, 12-14, 4:22, 6:15)
"나는 예수님처럼 짤라흐하겠습니다!"(눅 2:52)

상기와 같이 프로젝트를 진행하면서, 개인별 학습 진도와 점검 사항을 커다란 도표로 만들고, 그 도표에 각자 학생의 이름을 넣었습니다. 자녀들과 함께 도표에 오늘은 몇 킬로미터를 행진하였는지를 그려 넣었습니다. 매일 실천하는 자녀들의 성실도를 거리로 나타낸 것입니다. 예를 들면, 예루살렘 성전까지 오는 거리를 1,200킬로미터로 정하고 매일 10킬로미터를 가야 합니다. 아주 성실하게 그날의 과제를 해왔으면 10킬로미터, 그렇지 못할 경우 7킬로미터, 더 부족한 경우 2킬로미터밖에 못 갔다고 표시합니다. 며칠이 못 되어 개인별 차이가 났습니다. 또 각자의 도표에서 성실하게 하지 못한 부분도 표시가 됩니다. 그래서 한 주간마다 부족한 부분을 찾아내어 보충할 수 있도록 도와주었습니다. 좋은 습관을 4개월간 유지하면 굳어질 것이기 때문에 자녀들과 진지한 마음으로 점검과 격려를 합니다.

이러한 훈련 덕분에 자녀들 가운데 라마드 학습법이 많이 자리 잡았습니다. 그래서 다음 학기의 수업이나 진도는 쉬워졌습니다. 부모들의 반응도 호감으로, 적극적인 협조로 바뀌었습니다. 마음 밭이 바뀌었으니 좋은 씨만 뿌리면 되었습니다.

가정에서나 홈스쿨링 등에서도 '하자크 52'나 '마알라 120' 프로젝트를 활용할 방도를 찾으면 좋겠습니다. 이 프로그램들은 엄숙하고 진중하여야 하지만 먼저 재미있어야 합니다. 자녀들이 프로젝트의 의도를 다 이해하지는 못하더라도 흥미를 잃게 해서는 안 됩니다. 흥미와 재미는 모든 교육의 시작점이라 여기십시오. 자녀의 이러한 관심을 끌 수 있는 가장 쉽고 좋은 방법은 칭찬과 격려입니다. 잘못하는 것을 고치기 위해 질책을 받으면 쉽게 위축되며, 지적받을수록 더 굽어지기 마련입니다. 대부분 자녀들은 잘하는 한 부분을 칭찬받으면 더 많은 부분에서 더 잘하려고 애씁니다.

예를 들면, 100점짜리 아이를 만들려면 어떻게 해야 할까요? 가장 좋은 방법은 100점을 주면 됩니다. 어떤 교사가 자신의 반을 최우수반으로 만들고 싶었습니다. 그래서 열정적으로 가르쳤습니다. 그런데도 어떤 아이들은 평가가 낮습니다. 그래서 그 교사는 고민하다가 좋은 생각이 났습니다. 늘 꼴찌를 하는 아이를 여러 방법을 동원하여 다른 반으로 전출시켰습니다. 그러면 반 성적이 오르겠지요?

그런데도 또 꼴찌를 하는 학생이 나타났습니다. 또 전출시켰습니다. 그러면 어떻게 될까요? 평균 점수가 많이 오르고 최우수반이 되었을까요? 어느 날 꼴찌 학생을 다른 반에 보내고 나니 그 반에 학생은 한 명도 남지 않았습니다.

평가는 어떻게 하느냐가 중요합니다. 우수하다든지 점수가 더 좋다든지 하는 것은 모두 상대적입니다. 자녀가 어떠냐는 어떻게 평가하느냐의 문제일 뿐입니다. 좋은 성적은 지금의 상태를 의미하지만, 좋은 습관은 매일 좋아지는 향상을 의미합니다. 향상을 지금·현재로 제한하는 우를 범하면 안 됩니다. 하자크와 마알라는 좋은 습관에 초점을 맞추었습니다. 나쁜 습관을 배제하는 일은 쉽지 않습니다. 좋은 습관을 만들기는 더 힘듭니다. 그러나 좋은 습관이 자리 잡으면 나쁜 습관은 힘을 쓰지 못하거나 안개처럼 사라지게 됩니다. 부모와 교사의 칭찬과 격려가 자녀를 살립니다. 이 프로그램을 통해 기다려 줄 수 있는 부모, 칭찬할 수 있는 교사, 그리고 매일 칭찬받고 격려받는 자녀들이 도처에 생겨나면 좋겠습니다.

단기 계획과 장기 계획으로 상기의 두 프로젝트를 알맞게 바꾸어 적용하면 효과가 있을 것이라 생각합니다. 두 프로젝트를 통해 자녀는 좋은 습관과 라마드 학습법을 익히게 됩니다. 부모(교사)는 자녀를 돕는 법을 알게 되고, 삶의 모습이 변하며 가정을 라마드 장소로 회복하는 기쁨을 맛보게 될 것입니다.

거북이가 이긴 것처럼 매일 성실하게 자신의 일과 삶을 채우는 사람은 결국 정상에 서게 됩니다. 그 산에 오르면 하나님을 뵙고 영광의 무리 가운데 서게 됩니다. 우리의 자녀들이 모두 그 정상에 올라갈 수 있기를 마음 모아 기도합니다.

3.
건강의 습관 강화 훈련

1) 건강의 습관이 중요한 이유

골프 입문자들이 흔히 묻는 질문 중 하나는 "어떤 골프채가 좋을까요?" "어떤 공 쓰세요?"입니다. 그런데 훌륭한 코치나 구력이 오래된 사람들이 주는 조언은 어떤 골프채가 아니라 골프채를 쥐는 방법과 다리와 몸의 근육을 키우는 기초 훈련을 강조합니다.

초보 엄마들이 자녀 양육과 교육에 대해 흔히 묻는 질문은 '어느 유치원 혹은 어떤 프로그램'에 집중됩니다. 그런데 어린 자녀들 입장에서 보면 '먹는 것과 자는 일, 그리고 노는 일'이 제일 중요합니다. 이처럼 자녀들에게 필요한 일을 해주자는 것이 라마드 교육에서 '건강의 습관'이라고 부릅니다. 자녀들이 최소한 15세 혹은 20세까지도 이 건강의 습관이 부모와 교사에게 최우선 관심이 되면 좋겠습니다. 하나님께서 허락하신 삶 안에서 맛있고 즐겁게 먹는 습관과 건강한 수면 습관, 그리고 자신의 여가와 공동체 안에서 행복하게 어울릴 수 있는 능력은 평생 동안 행복의 수준을 결정합니다.

먹는 것은 컴퓨터나 통장에 입력되는 것 이상의 의미로, 음식의 질과 습관이 그 사람의 바탕을 형성합니다. 수면은 성장 활동과 건강의 유지, 그리고 행복감의 기저를 이룹니다. 환경과 생태적 영향을 무시할 수는 없지만 좋은 질의 잠은 훈련으로 습관화할 수 있습니다. 놀이는 어린 자녀의 최고의 교재이고 최적의 학습 프로그램입니다. 잘 노는 아이가 대체적으로 좋은 성격을 형성하고 창의성이 높습니다.

전에 일본에 가서 유치원을 경영하는 교장 선생님 집을 방문한 적이 있습니다. 그는 약 1천 명 이상의 원생이 있는 유치원을 세 곳 운영하고 있었습니다. 유치원 세 곳은 각각의 특징이 있었습니다. 한 곳은 우리나라의 보통 유치원과 같았고, 다른 곳은 예능 중심이었습니다. 또 다른 유치원은 놀이 위주(사실 놀이라기보다는 마치 군사훈련과 같은 체력단련) 프로그램을 하고 있었습니다. 그런데 눈에 띄는 배울 점이 있었습니다.

첫째로, 학부모가 학교 안으로 들어올 수 없게 되어 있었습니다. 학부모는 학교 운영이나 학습 프로그램에 간섭하기 어려운 구조였고, 교사의 권위도 높았습니다(유치원인데도!). 학부모는 유치원의 특성에 맞게 자녀 입학을 선택하므로, 군사훈련 같은 체력단련 과정에 아이 다리에 물집이 생기거나 상처가 생겨도 아이들을 도리어 잘했다 격려합니다.

둘째로, 모든 유치원은 글 읽는 법이나 숫자 세는 학습을 공식적으로 하지 않습니다. 다만 놀이를 통해 서로 어울리며 교사의 통제에 따라 순응하는 훈련을 합니다. 읽고 쓰고 또 셈하는 방법을 미리 알려 주고 이런 학습을 잘하면 훌륭한 유치원이라고 말하는 한국 분위기와는 사뭇 달랐습니다.

셋째로, 아이들의 놀이는 주로 유치원 마당에 쌓아 놓은 모래와 흙을 직접 만지고 함께 나르는 흙장난 같은 것이었고, 친구들과 함께 어울리는 것 자체가 놀이였습니다. 교사는 멀리서 지켜볼 뿐입니다. 지금 생각해 보면 나이 많은 일본 유치원 원장은 기독교인이 아니었는데도 운영 방식이 참 성경적이었습니다. 3세, 6세 아이들이 유치원에서 구구단을 외우거나 영어 몇 마디 하게 만드는 고역보다는 잘 놀게 하는 일, 친구 사이에서 울고 웃는 일이 중요하지 않을까요?

대부분의 자녀들은 부모가 기대하는 것만큼 천재나 영재라기보다는 그냥 '아이'들입니다. 평범한 한 사람이기에 건강의 습관은 그를 보다 더 큰 사람으로, 보다 더 행복해질 수 있는 사람으로 만드는 최우선적 선택입니다. 갖가지 식재료를 건강한 요리법으로 만들어 잘 먹도록 만드는 일은 알파벳 암기하는 일보다 더 어렵습니다. 그러나 자녀에게는 더 중요합니다. 깨끗하게 씻고 일찍 잠자리에 들면서 아빠와 엄마의 이야기와 기도를 듣는 일은 부모의 바쁜 일상에 힘겨운 시간일 수도 있지만, 청소년 시기 밤새 채팅과 게임을 하거나, 밤거리를 방황하면서 삶을 갉아먹는 자녀를 바라보며 한숨 쉬는 일을 예방하는 일이기도 합니다.

좋은 체력과 체질, 그리고 외형은 건강의 습관에서 크게 좌우됩니다. 약 15세 이전 형성된 자녀의 체력과 체질, 그리고 외형은 부모의 배려로 얻는 평생의 커다란 장점이면서 유산이기도 합니다. 사실 똑똑한 사람보다 이처럼 건강한 습관을 가진 사람이 삶의 행복도나 성공 확률 역시 높다는 것은 얼핏 생각해도 짐작 가능합니다.

여기에서 중요한 것은, 학부모는 그의 자녀에게 어떤 색감의 양육과 교육을 할지 선택할 수 있다는 사실입니다. 확장해서 말하자면, 성장한 자녀들의 그 모습은 어릴 때 그들 부모가 선택한 양육의 결과물이라 말할 수 있습니다(물론 교사와 시대적 환경도 무시할 수는 없습니다).

2) 건강의 습관 기르기

라마드를 실천하였던 학교에서 건강의 습관을 위해 많은 애를 썼습니다. 야채나 김치를 먹으면 토하는 아이들도 있었습니다. 그러나 그 아이들이 좋아하는 메뉴에 살짝 감추어 놓은 야채를 먹으면서 아이들 스스로가 놀랐습니다. "아, 원래 맛있었구나!" 자녀들이 먹는 습관이 달라졌고 피부에 윤기가 돌면서 키도 부쩍 자랐습니다. 귀찮게 여겼던 등산이나 운동하는 일이 즐거운 시간이 되었습니다. 씻는 습관, 일찍 일어나는 습관은 생기가 넘치는 학생으로 하루를 맞게 했습니다.

학교를 운영하면서 행복했던 일들 중 하나는 학교 음식을 맛있게 먹는 모습, 배드민턴을 치면서 함성을 지르던 그들, 어느새 머리를 들고 쳐다봐야 했던 그들의 아름다운 성장이었습니다. 이런 자녀들이 나중에 세상 어디를 가든지 누구보다 더 즐겁게 하나님의 세상을 누릴 수 있으리라 믿었기 때문에 건강의 습관을 커리큘럼 중심에 넣었습니다.

사실 자녀들에게 건강의 습관을 기르게 하는 일은 부모와 가정의 책무입니다. 부모는 결혼 전부터, 임신과 태교에서, 그리고 양육의 시간 동안 먼저 건강하도록 노력해야 합니다. 그리고 건강한 삶이 자녀들에게 자연적으로 흘러가게 해야 합니다. 그리고 교육 공동체가 그 일을 분담하거나 또는 지속적으로 지도해 주면 더 효과적입니다. 그래서 가정과 교육 공동체는 자녀들의 양육과 교육에 대해 '한목소리'를 낼 수 있어야 합니다. 라마드의 원리가 적용이나 활용보다 더 중요한 이유도 여기에 있습니다. 성경에 닻을 내린 학교와 잘 배우고 지켜 행하는 부모 밑에서 기대보다 더 훌륭하고 행복한 자녀 세대가 나타납니다.

학교에서는 건강의 습관을 위해 다음의 항목에 집중하였습니다.

(1) 모든 음식을 골고루 행복하게 먹기(먹는 습관)

먹는 습관은 태생적 경우도 있지만, 부모와 이유식에서 거의 결정된다고 생각합니다. 음식을 가려 먹거나 맛있게 즐기지 못하면 성장기 자녀는 물론 성인들도 유익한 점이 거의 없습니다. 그래서 학교에서는 자녀 개인별로 즐기지 않는 식재료 목록을 만들고, 그가 부담 없이 먹을 수 있도록 요리 방법을 연구합니다.

예를 들면, 오이를 싫어하면 김밥 재료로 넣어 한 입에 넣고 맛보게 하고, 야채를 풍성하게 즐기도록 월남쌈을 만들고, 시레기밥이나 처음 만나는 각종 나물밥도 즐기게 합니다. 특히 싫어하는 재료는 카레나 짜장 안에 넣어 즐거운 식탁을 만들어 봅니다. 다양한 김치를 맛보게도 했고 자녀들이 선호하는 고기 요리나 특식에 사용되는 소스와 양념에 싫어하는 채소들을 갈아 넣었습니다. 또 각종 재료를 골고루 섞어 다양한 전으로 입맛을 돋우기도 했습니다. 그리고 식사 도중이나 그 후에 먹은 음식에 대해 서로 의견을 나누는데, 대다수 자녀들은 "먹어 보니 괜찮네요"라고 반응합니다. 혀는 원하지 않을 수 있지만 몸은 간절히 바라는 음식이 맛도 좋고 건강에 더 유익하다는 인지를 하게 되고 나서 자녀들은 하나님께서 주신 모든 음식물을 감사하며 즐기게 되었습니다.

(2) 일찍 자는 습관

잠에 대한 연구는 참 많습니다. 그중에 눈에 띄는 것은, '한국 사람이 제일 적게 잔다'라는 보고서입니다. 학교에서는 자녀들에게 "일찍 자고 일찍 일어나되, 가능한 한 충분히 자라"고 가르쳤습니다. 그러면 대부분 일찍 잠들기가 어렵다고 호소합니다. 그러면 이렇게 조언합니다. "처음에는 일찍 자려고 애쓰지 말고, 그냥 일찍 일어나서 하루를 열심히 살도록 해라. 그러다 보면 저녁에 빨리 잠들 수 있어!" 초등학생은 밤 9시 이전에, 중고등학생들도 10시나 11시를 넘기지 않게 합니다. 건강의 유익과 더불어 일찍 자는 습관은 늦게 잠으로써 자연스럽게 생기는 많은 나쁜 습관을 배제할 수 있습니다. 가정에서 1시간 더 공부하는 일보다 그만큼 일찍 자는 것에 격려와 칭찬을 할 수 있다면 라마드 부모가 되고 있는 셈입니다.

(3) 놀기 – 에너지 발산과 달란트 개발의 좋은 기회

어느 부모도 자녀가 '공부만 하기'를 찬성하지 않을 것입니다. 그런데 자녀가 '빈둥'거리는 일, '쓸데없는 일'에 골몰하는 것, 운동 등과 같은 과외 활동에 상당수 부모가 맘껏 반가워하지는 않는 것 같습니다. 자녀의 성장단계에 따라 강조해야 할 부분이 있다면, 부모는 '빈둥거리는 일', '골몰하기', 그리고 운동 등 과외활동을 하기 위한 시간과 자원을 공급해 주고 응원해야 한다는 것입니다. 코로나 19의 영향으로 공원마다 오전부터 더 많은 아이들이 봄의 따스한 시간을 달음박질과 해맑은 웃음으로 지내는 모습을 보며, '신나겠구나, 난처한 감염병도 좋은 점이 있었네!' 하며 한참을 구경하곤 했습니다.

학교에서는 악기, 운동과 취미 활동을 장려하면서 각각 한 가지 이상을 꼭 배우게 했습니다. 커리큘럼 가운데 시간도 마련해 주었습니다. 이러한 일에 주변의 자원봉사자들이 달란트를 기부하였고, 때로는 장비 구입에 경제적 도움도 주셨습니다. 이러한 건강한 '놀이'는 자녀들의 마음을 부드럽게 해주고, 넘치는 에너지가 바르게 흐르도록 돕고, 자녀들의 달란트를 발견하고 꿈을 갖게 하는 일에 큰 도움을 줍니다. 대부분 부모는 자녀가 짧은 시간에 연주자가 되고 발표자가 되고 리더 역할을 훌륭히 감당하는 것을 보곤, "갸가 갸가?"라는 대사를 연발합니다.

■ **참고: 영상물의 제한과 활용**

1930년대 올더스 헉슬리가 쓴 예언적 미래소설, 《멋진 신세계》의 시대 배경은 대략 2540년쯤입니다. 이 책이 출판된 지 90년도 지나지 않았지만, 벌써 소설에서 말한 많은 문명 이기들이 등장했습니다. 책의 인물 중 '야만인 존'은 발달된 문명 세계를 경험하면서 결국 그 세계 안에는 '인간다운 삶'이 없다고 선포합니다. 그리고 숨 막히는 그 세계를 죽음으로 탈출하면서 이렇게 말합니다.

"나는 문명을 먹었어. 문명이 나에게 독을 먹였어. 그래서 나는 오염되고 말았어."

성장기 자녀의 건강의 습관을 망치게 하는 흔한 일이 어릴 때 영상물을 많이 보게 하는 일이라고 생각합니다. 한편으로는 부모들의 바쁜 일상 때문에, 다른 한편으로는 누구나 그렇게 하는 일이니까 자녀들 눈앞에 영상물을 놓아 두게 됩니다. 먼저도 강조했듯이, 어린 자녀들에게 영상물은 유익하다거나 필요하다는 제안과 근거를 막론하고 자녀에게 여러 가지 피해를 줍니다. 영상물은 어린 자녀들에게 뇌세포, 시신경, 뼈의 성장, 인지 습관, 취향과 품성에도 영향을 끼칩니다. 어떤 영상물이 어른들에게는 한두 시간 재미와 흥밋거리지만, 아이들에게는 그들의 육체뿐 아니라 영혼과 레브에 망치와 끌로 마구 낙서하는 일과 같습니다.

그러면서도 영상 시대, 초고속 인터넷 시대에 살아야 하는 자녀들을 위해 그 사용과 활용에 준비시키는 일도 중요합니다. 부모들과 교사들의 핸드폰이나 인터넷 사용 습관이 그들에게 큰 영향을 끼칩니다. 그래서 좋은 훈련 중 하나는 어른들을 포함해 주변 사람들이 솔선수범하는 모습을 보게 하는 일입니다. 유용한 사용과 함께 자제의 노력도 중요하다는 점을 알려 주어야 합니다.

학교에서 이러한 문명 이기에 대해 두 가지 훈련을 시켰습니다. 인터넷과 핸드폰 등은 자녀가 혼자 있을 때나 개인적 사용에 많은 제한을 두었습니다. 학교에 오면 핸드폰을 걷고, 집에 가서도 밤 8시 이후 혹은 가정에서 정한 시간 이후 사용을 금지했습니다. 그러나 각종 학습 시간 등에 필요할 경우 인터넷을 검색하고 영상물을 사용하여 필요를 채웠습니다. 학력 증진을 위해서 개별적으로 동영상 강의도 허락했습니다. 문명의 이기는 자녀들, 특히 중·고등학생들에게 양날의 검과 같습니다. 라마드 부모와 교사에게 통제와 훈련을 받아 바르게 사용하는 관리 습관이 있으면 훌륭한 도구가 됩니다. 그렇지만 자녀 개개인이 어둠 가운데 사용하면 세상과 자신의 삶까지 다치게 하는 무서운 무기가 됩니다.

창조적 인간 이해에서 보았듯이, 인간은 영적 존재이면서 육적 존재입니다. 하나님의 솜씨와 의도가 생명 숨결 가운데 넘쳐흐르는, 존귀한 하나님의 파트너입니다. 태아와 어린 시기에 육체적 성장(외형적 성장)이 견실하지 않다면 그 그릇 안에 채울 지식이나 영적 재료들이 흡수되고 보관되기 어려울 수 있고, 그래서 소중하게 활용·사용되기도 어렵습니다. 자녀를 성경적 인간 이해, 즉 레브로 보고 이해한다면 어떤 것이 먼저이고 어떤 것이 유익하지 않은지를 어렵지 않게 구별할 수 있습니다.

자녀의 건강한 성장을 위해 애쓰는 부모들에게 하나님께서는 지혜와 재물 얻는 능력을 주시리라 믿습니다.

4.
DB(데일리 브레드) 활용과 점검

라마드 이야기 19

박 선교사의 두 자녀는 어디를 가나 칭찬받을 정도로 밝고 적극적이며 배우기를 좋아합니다. 다른 선교지와 마찬가지로 현지 학교나 주변에서 마땅한 교육환경이 없어 박 선교사 부부는 두 아이를 양육하고 교육하는 일에 마음과 시간을 투입합니다. 그렇지만 박 선교사는 선교의 열정도 높고 그에 따라 좋은 사역 결과들도 많아서 실제로는 다른 많은 선교사들과 마찬가지로 사역에 대부분의 시간을 빼앗깁니다.

박 선교사 가정과 함께 지낼 수 있는 기회가 있어서 그 가정을 관찰해 보았습니다.

주말이 되어 여러 곳에 흩어져 있는 사역지로 갈 때, 온 가족이 함께 차를 타고 가는데, 대부분 왕복 5, 6시간 이상이 소요됩니다. 주중에도 박 선교사는 행정적 업무와 가정의 일 등으로 바쁘게 지냅니다. 그런 가운데 저녁 시간에는 대부분 아이들과 운동이나 놀이를 하고, 설거지 같은 가사일을 도와줍니다. 부부가 사랑의 관계를 맺고 자녀 양육이 넉넉하고 따스하도록 많이 노력하고 있었습니다. 특히 온 가족이 차를 타고 선교지로 갈 때 그 긴 시간 동안을 즐거운 학습장으로 만들었습니다. 언어 놀이, 상상력 게임, 주변 차량이나 사물을 관찰하도록 하는 놀이 등으로 차 안은 뜨거운 열정과 공연장이 됩니다. 아이들은 사역지에서 현지인들 앞에서 찬양 등을 하며 분위기를 살려 줍니다(아이들이 하기 싫은 날은 건너뛰기도 하지만 은근히 압박도 받고 격려를 받으면 힘내어 앞으로 나갑니다).

박 선교사 부부의 노력으로 두 아이는 어떤 상황이나 환경 가운데도 매일 배우고 함께 놀고 격려와 칭찬을 받으며 성장하고 있습니다. 매일 이러한 양육과 교육이 있다면 '언약적 교육 명령'을 훌륭히 지켜내는 부모라고 말할 수 있습니다. 덥고 습하며 모든 면에서 열악한 환경 가운데서도, 또 덜컹거리는 차 안이라도 부모가 매일 세심하게 돌보면 자녀들은 '최고의 학교'를 다니는 것과 같습니다. 교육은, 특히 라마드 교육은, 한때 잘하고 특별한 경우 칭찬하며 환경과 분위기가 좋은 때 가르치는 일이 아닙니다. 부모가 건강한 모습으로 매일 자녀와 함께하려고 애쓰면 그 순간이 성경적 교육의 그때이고, 그 장소가 됩니다.

"내가 오늘 너희에게 주는 이 명령들을 네 마음에 새겨 너희 자녀들에게 잘 가르치되 너희가 집에 앉아 있을 때나 길을 걸을 때나 누울 때나 일어날 때 그들에게 말해 주라. 또 너는 그것들을 네 손목에 매고 네 이마에 둘러라. 그것들을 너희 집 문설주와 대문에 적어 두라"(신 6:6-9, 우리말성경).

S대안학교의 목사님은 매일의 활동을 스스로 행하고 스스로 점검하는 일이 중요하다고 강조하십니다. 그분의 말씀에 따라, 저희의 도

심형 대안학교에서도 '데일리 브레드'를 적극 시행했습니다. 그리고 이 프로그램은 성경적 자녀교육에 큰 역할과 유익을 가져왔습니다.

DB(데일리 브레드)라는 이름은 주기도문에서 착안했다고 생각합니다. DB의 기본 목표는 자녀들에게 세 가지 종류의 '일용할 양식'을 공급하고, 또 매일 먹도록 하는 데 있습니다. 그리고 이 음식을 잘 소화하는지 매일 점검함으로 삶의 태도에서부터 학습에 이르기까지 교사(부모)가 한눈에 알아볼 수 있습니다. 그래서 자녀들에게 'DB 노트'를 만들어 주고 작성하도록 했습니다.

매일 작성해야 하는 분량은 자녀의 수준과 성취도에 따라 다르게 합니다. 그리고 한달치 분량으로 노트를 만들었고, 점검 후에는 걷어 놓았다가 한 학기가 끝나면 전시하고 시상도 했습니다.

자녀의 성장과정과 삶이 다 그곳에 묻어 있었습니다. 한 자녀가 대학 진학을 할 때 면접관에게 그동안 작성한 이 데일리 브레드(DB)를 가져가 보여드렸습니다. 감사하게도 면접관은 특별하다며 상당한 호평을 해주었습니다. DB는 숙제도 아니고 수행 과제도 아닙니다. 매일 필요한 양식 - 육의 양식, 영의 양식, 그리고 지식의 양식 - 을 즐겁게 먹게 하는, 말 그대로 '일용할 양식'입니다. 그리고 부모나 교사가 매일 자녀와 함께 DB를 점검함으로 대화의 통로로 사용되고, 또 관계 형성의 교량 역할을 합니다.

다음은 데일리 브레드에 대한 내용입니다.

1) 데일리 브레드(Daily Bread)의 실제

(1) **일용할 양식(DB)이란?**

모든 생명체는 매일 '음식'이 필요합니다. 우리는 ① 양식(糧食): 건강한 음식, ② 성경(聖經): 영적인 음식, ③ 지식(知識): 지적인 음식을 먹어야 합니다.

건강한 음식 습관을 위해 먼저 슬로푸드(slow food) 개념으로 정성껏 만들어진 음식을 골고루 섭취해야 합니다. 또 영적 음식 부분에는 성경 암송이나 기도와 예배에 대한 것을 기록하게 합니다. 지적 음식에 해당하는 DB 작성을 할 때는 라마드 학습법을 활용한 학습 활동을 기록합니다. 세 가지 활동을 통해 자녀들은 건강의 습관과 성경적 가치와 라마드 학습법을 잘 배울 수 있습니다. 성실하게 DB 작성을 하는 자녀들은 좋은 결과를 맛볼 것입니다. 이처럼 모든 자녀들은 스스로, 그리고 적극적으로 DB 작성을 해야 하고, 부족한 부분을 점검받고 보충하는 일이 습관이 되어야 합니다.

(2) 작성 방법

① 오늘의 말씀
매일 정해진 성경 구절(1~2절 정도)을 한글 또는 영어로 쓰고 암기시킵니다. 식사 시간에 암송 여부를 검사합니다.

② 사자성구(혹은 속담)
매일 주어진 사자성구의 뜻과 한자의 음훈을 스스로 찾고, 그 사자성구를 4회 씁니다. 또 이 사자성구를 활용하여 예문을 만들어 봅니다.

③ 쉐마·샤알 학습
매일 주어지는 주제(시사용어, 학습용어, 이슈 등)에 대해 '스스로 질문'

하며 개념과 해결책을 찾아 짧은 글을 쓰게 합니다. 이것은 샤알 학습법 훈련으로 ① 개념을 정리하기, ② 활용되는 실례들 찾아보기, ③ 문제점 찾고 해결 방안 적어 보기, ④ 자기 생각 쓰기 등의 순서를 따르게 합니다.

④ 글쓰기

글쓰기를 하되, 글쓰기가 어려울 경우 짧은 독후감이나 일기를 쓰게 합니다. 그리고 책을 조금씩이라도 매일 읽게 합니다. 그래서 읽은 부분 또는 책 전체에 대해 ① 내용 요약, ② 주제/배울 점/느낀 점, ③ 자기의 생각 등을 쓰고 점검/교정을 받습니다.

⑤ 자기 점검

하루의 삶을 체크하고 새로운 계획을 세우는 습관은 참 중요합니다. 간단한 점검표를 통해 하루를 되돌아보게 하고, 오늘 부족한 점을 보충하는 일, 내일의 할 일, 그리고 기도하는 순서에 따라 계획을 세우는 습관을 갖게 합니다.

⑥ 자기 점검 및 교사 점검

학교에서는 교사가 자녀가 작성한 DB를 확인하면서, 잘한 부분에 대해 칭찬을 하고 시상(달란트)을 하기도 합니다. 또한 부족한 점을 보충하도록 상담하면서 혹은 글을 써주어 지시합니다. 그리고 가정에서도 성실 여부를 확인하고 격려해 주면 좋습니다.

(3) 확인과 점검 방법

DB 프로그램의 핵심은 부모나 교사의 점검과 그 방법입니다. DB

점검은 일반적인 검사나 평가를 의미하지 않습니다. DB는 자녀와 친밀하고 구체적인 대화의 기회를 갖게 해줍니다. 부모나 교사는 DB의 내용보다는 자녀의 레브를 바라볼 줄 알아야 합니다. 안색은 어떤지, 지금 마음의 상태가 어떤지를 살펴보는 일이 점검의 시작입니다. 평가하기는 쉽지만 점검과 평가를 학생의 마음(레브)이 아닌 규정이나 교사의 관점에서만 한다면 자녀를 위로하거나 성숙시키는 일에 어려움을 줄 수 있습니다. 따라서 이렇게 자녀를 마음에 품는 점검은 자녀를 매일 새롭게 세우고, 희망을 갖게 하고, 새로운 도전에 용기를 갖게 해줍니다.

자녀들은 부모나 교사의 칭찬을 받기 위해 DB에 성의를 다합니다. 그래서 DB를 쓰고 제출하는 일이 평가의 자료 혹은 비난의 통로가 되고 잔소리의 이유가 되어서는 안 됩니다. 같은 DB 양식을 사용하지만 어떤 자녀는 반만 채워도 칭찬받아야 하고, 어떤 아이는 아주 훌륭하게 작성했지만 더 멋지게 해보자고 도전을 받기도 합니다. 자녀들이 줄을 서서 자신의 성과물을 드러내 보이고 자랑하기 위해 DB를 가져오는 분위기 가운데 위로와 격려, 말씀과 기도, 그리고 칭찬으로 축복하는 점검의 시간이 되어야 합니다. 이것이 라마드 부모와 교사가 하는 점검 방법입니다.

가끔 가벼운 과제도 어려워하고 DB를 제출하지 않는 자녀도 있습니다. 그를 위해 어떻게 해야 할까요? 그 아이는 혹 마음에 큰 짐이 있고, 그의 환경 가운데 눈물을 흘리게 하는 부분이 있을 수 있습니다. 과제나 DB 점검보다 그 자녀의 고통을 찾아내고 그 문제 해결을 돕는 일이 바른 점검이라 말할 수 있습니다.

2) 데일리 브레드의 유익

　DB의 유익은 셀 수가 없습니다. 적은 과제를 매일 하지만, 부모와 교사들은 자녀의 건강의 습관, 배움의 습관 등 모든 가치관 훈련이 잘되어 가는지 즉시 알아볼 수 있습니다. 당연하게 이제까지의 모든 학습법을 습관화시키는 데 유익합니다. 또한 교사와의 잦은 접촉을 통해 학습법을 익히는 것 외에도 학생의 매일의 상태를 쉽게 파악하여 조언과 상담을 할 수 있습니다. 매일 해야 하는 이 일이 혹시 부모와 자녀 모두에게 부담이 될 수도 있지만, 식사와 잠자는 일처럼 매일 조금이라도 하다 보면 여러 가지 좋은 습관이 몸에 자연스럽게 붙을 것입니다. 부모나 교사는 자녀의 탐구력과 언어 수준에 따라 다양한 DB 양식을 만들어 줄 수 있습니다. 학교나 라마드 교육을 받은 가정 등에서 사용해 보았던 양식들을 참조할 수 있도록 첨부하였습니다.

　DB는 습관화되면 어린 자녀들도 어렵지 않게 거의 매일 작성이 가능합니다. 글을 쓰기 어려우면 그림을 그려도 되고 낙서를 해도 됩니다. 여러 형태의 교육환경 가운데도 가정에서 부모와 함께 진행할 수 있습니다. 부모와 함께하면서 칭찬을 듣고 격려를 받는 통로로 사용해도 됩니다. 학업 과정이 많아지고 복잡해지기 전에 일상이 되게 하면 여러 가지 좋은 습관을 몸에 배게 해줄 수 있습니다. 특히 성경을 암송하는 일은 글을 알기 전부터 가능하며, 이를 통해 성경 이야기를 알게 되고, 특히 암송은 두뇌 발달과 레브의 성장에 큰 도움이 됩니다.

　DB의 양식 혹은 노트를 만드는 것은 매우 개인적입니다. 자녀가 할 수 있는 최소의 양을 집중 가능한 시간 안에 작성할 수 있도록 양식화합니다. 초등학생 이하는 30분 내외, 중학생 정도는 1시간 이내, 고등학생이나 집중도와 성취도가 높은 학생은 2시간 이내의 분량에 도전시켜 보았습니다. DB는 말 그대로 매일 먹는 것이기 때문에 과식하거나 굶지 않도록 하는 일이 중요합니다. 네 살짜리 아이를 가진 바쁜 엄마에게 짧은 성경 암송으로 DB를 해보라고 권유한 적이 있었습니다. 아이와 재미있는 시간을 가지게 되었고, 성경을 매일 친숙하게 보게 되어 엄마가 유익했다고 합니다.

다양한 DB 양식은 별첨을 참조하십시오(초등, 중등 DB 양식들).

가르쳐 주고 훈련을 시키기 않으면 사상누각이 되기 쉽습니다. 군인들은 많은 훈련을 합니다. 전투기 조종사는 많은 돈이 들지만 연간 150시간 이상, 평균 200시간은 훈련해야 합니다. 귀한 것을 배우고 또 매일 훈련하는 자녀들은 세상이라는 실전에서 실패하지 않을 것입니다. 자녀들이 매일 연습하고 훈련하며 흘린 땀을 하나님께서는 그들 인생에서 보석으로 바꾸어 주시리라 믿습니다.

5.
탐방 학습
(체험 학습)

라마드 이야기 20

역사 분야에서 '학생 라마드 교사'가 된 중학생 승민이는 특히 한국사의 주요 사건의 연대까지 줄줄 말합니다. 승민이는 탐방 학습이나 체험 학습을 가면 제일 좋아하는 학생 중 하나입니다. 팀을 구성할 때 역사 분야나 문화재 등에 약한 친구들을 모아 승민이가 리더 역할을 하게 만듭니다. 승민이는 다른 학교에서 따돌림 비슷한 경험이 있어 부모와 학교가 라마드 교육에 잘 적응할까 걱정했지만, 역사 라마드 교사가 된 뒤 상당히 안정적이고 활발하고, 가끔 특별한 발상으로 주변을 즐겁게 했습니다.

탐방 학습은 사전에 팀별로 모여 사전 조사도 하고 탐방 후에는 발표도 합니다. 그런데 탁월한 역사 라마드 교사가 있는 승민이 팀은 기대와 달리 단합력도 결과도 좋지 않았습니다. 팀 리더격인 승민이가 대부분의 시간을 주도하기 때문이었습니다. 그러다 보니 다른 학생들은 별로 참여할 일이 없었습니다. 몇몇은 팀의 들러리가 되거나 방관자 혹은 방해꾼이 되곤 했습니다. 라마드 교사로서 들어주고 질문하고 답을 유도하면서 팀원들에게 참여와 발견의 즐거움을 주는 스킬이 승민이에게는 아직 부족하였기 때문입니다.

승민이가 팀을 흥미있게 이끌 수 있도록 마주 앉아 이야기를 나누어 보았습니다.

"팀원들과 지도를 함께 그리고 각자 찾은 것들을 그려 넣게 해보면 어떨까?"

"너는 이미 아는 것이지만, 팀원이 말할 때 팀 리더가 고맙다고 말해 주면 그 아이는 어떤 기분이 들까?"

승민이는 역사를 더 잘하게 되었고, 그 지식을 나누는 일과 친구들과 어울리는 법을 자연스럽게 익혀 나갔습니다. 이러한 경험을 맛본 승민이는 성장하면서 언제나 승리하는 쪽에 설 수 있도록 하나님께서 도우시리라 믿습니다.

1) 탐방 학습의 목적

하나님께서 세상 가운데 펼쳐 놓으신 많은 원리를 통해, 사람들이 하나님께 부여받은 지혜와 성실함으로 유용한 기술과 새로운 지식을 개발하게 되었습니다. 이것들은 우리 주변에 전통이나 문화, 그리고 여러 가지 다양한 모습으로 남아 있습니다. 그래서 라마드 학습원리에서 말한 것처럼 '세상'은 성경 다음으로 중요한 교과서이고, 이를 적극적으로 활용하기 위해 탐방 학습과 체험 학습 프로그램을 다양하게 실천해 보았습니다.

앞서 소개한 DB 활용과 체험 학습 프로그램은 가정에서도 부모들이 노력한다면 언제 어디서나 유용한 성경적 교육 수단이 됩니다.

또 이러한 실천적 학습은 자녀들의 재능을 발현시키거나 발전시키는 좋은 기회가 됩니다. 그래서 가능하다면 어느 공동체든 탐방 학습과 같은 실천 학습을 다양하게 적용하고 활용하길 바랍니다. 다만 이러한 방법들이 라마드 원리와 라마드 방법들을 잘 이해한 뒤에 실행되면 유익이 더 많습니다. DB와 더불어 탐방 학습이나 체험 학습 프로그램이 알맞게 적용되고 적절하게 커리큘럼 안에 실행되면 효과가 증대됩니다.

미리 잘 계획된 탐방 학습이나 체험 학습은 교육 공동체와 자녀들에게 유익을 많이 줍니다. 특별히 선교지에서는 자녀와 동반해서 여행을 해야 하는 경우가 많습니다. 이런 경우 미리 조금만 준비하면 어쩔 수 없이 해야 하는 번잡한 여행이 훌륭한 학습 기회로 바뀔 수 있습니다.

외진 선교지, 그리고 그곳의 열정적인 사역자들을 만나 교제할 때가 있습니다. 라마드 교육의 이야기에 좋은 반응을 보이면서도 사역의 일로 자녀교육에 시간을 할애하기 어렵다고 말합니다. 많은 선교사 가정이 열정적으로 사역하는 모습에 뜨거움을 느낍니다. 사역과 자녀교육에 얼마나 힘들지, 참 훌륭하고 대견합니다. 그런데 그 가정의 하나님 사역 가운데 우선순위가 어떻게 정해져야 할지 교육적 관점에서 보면 고민이 됩니다.

성경에 보면 가정 사역이나 자녀 양육 역시 중대한 일로 부모에게 주어졌습니다. 복음을 전하고 영혼을 구하는 일 역시 시급한 지상 명령이기도 합니다. 그런데 좀 다른 관점에서 보면, 그 가정에서 지금 하는 사역은 특수한 상황이 생길 경우 다른 사람이 대신할 수도 있습니다. 언제나 바쁘게 다니는 아빠 사역자는 선교사이지만 동시에 남편이며 아빠입니다. 조금 과장하여 말하자면, 그 사역은 혹 누군가 대신해 줄 수 있습니다. 그러나 가정과 자녀는 그 누가 대신 맡을 수 있을까요? 가정과 자녀 입장에서 보면 하나님께서 주신 일 중에 대체 불가능한 사역이 바로 남편이자 아버지이며, 또한 아내이며 어머니의 일입니다. 오늘의 사역을 소홀히 할 수 없는 것과 마찬가지로 맡겨진 부모와 가정의 사역을 내일로 미루는 일 역시 온당하다고 말하기 힘듭니다.

2) 탐방 학습의 실제

세상을 잘 배우는 방법들이 많이 있습니다. 그중 으뜸은 현장에 가보고 맛보며 느껴 보는 일입니다. 그러나 우리는 모든 곳에 다 가 볼 수 없습니다. 그리고 현장 탐방 학습을 단순하게 보는 구경으로 생각해서는 적절한 효과를 얻기가 쉽지 않습니다. 그러므로 효과적인 탐방 학습 프로그램을 실시하려면 학생들이 먼저 사전 조사를 통해 일차적인 경험을 하게 해야 합니다. 그리고 사전 조사한 내용을 다른 사람(혹은 다른 팀)에게 나눔으로 다양한 관점으로 찾은 정보를 갖게 합니다. 그 후 현장으로 달려가면 그제야 제대로 볼 수 있게 됩니다. 탐방 학습을 마친 후에도 그곳에서 느낀 것과 본 것을 나누거나 발표하게 합니다.

이렇게 세밀하게 구성한 탐방 학습은 아는 것만큼 보이고, 보이는 만큼 얻고, 얻은 것만큼 새롭고 창조적인 지식을 갖게 해줍니다. 이러한 탐방 학습 프로그램은 부수적으로 새로운 정보를 획득하는 방법을 알게 되고, 또 기획력과 발표력이 증가됩니다. 이러한 탐방 학습은 자연스럽게 책과 자료를 통한 학습에서부터 생생한 경험으로 지식을 강화시키며, 또 그 지식을 응용할 수 있도록 자극합니다.

탐방 학습 프로그램은 소규모로 진행할 경우 더 효과적입니다. 그래서 가정에서, 홈스쿨링에서 유용한 학습·훈련 도구가 됩니다. 주변에 탐방할 곳은 많습니다. 관공서, 공공시설, 공원과 유명한 거리 풍경들도 좋은 탐방 학습 장소입니다. 특히 모든 종류의 박물관과 전시관 등은 필수 코스입니다. 음식점도 좋고 시장도 괜찮습니다. 유명한 관광지에 가면 더 특별한 프로그램을 만들어 낼 수 있습니다. 자녀들에게 탐방 학습 관찰 노트를 만들어 기록하게 하고 점검하며 그 결과를 발표할 수 있는 기회를 가져야 합니다.

■ 탐방 학습 실천 세부 내용

① 초기 계획: 탐방할 장소와 큰 주제와 소주제를 정한다(날짜, 시간, 차량, 경비 등).

② 팀 구성: 2~7명 정도로 한 팀을 구성한다.

③ 설명하기: 탐방에 대한 계획과 큰 주제를 설명한다. 각 팀별로 소주제를 나눈다.

④ 자료 찾기: 팀별로 주제에 대한 회의와 자료 찾기를 하게 한다(두세 차례).

⑤ 발표와 나눔: 다 같이 모여 팀별로 프레젠테이션 발표 시간을 갖는다. 정보를 나눈다.

⑥ 현장 탐방: 현장에서 보고 느낀 것을 탐방 노트에 기록하고, 기록 사진도 촬영한다.

⑦ 평가와 시상: 탐방한 내용을 기록하고 발표하고 전시하여 팀별 평가와 시상을 한다.

■ 참조: 재능(달란트)이란 무엇일까요?

하나님께서는 모든 사람에게 하나 이상의 특출한 재능을 주셨다고 믿습니다. 이것을 주심은, 사람들이 재능을 통해 즐거운 삶을 맛보며, 피조 세계와 주변 사람을 잘 섬기게 하고, 하나님께 영광이 되게 하려는 하나님의 은혜입니다. 이 재능은 개발되어야 하고 사용되어야 합니다. 달란트를 땅에 묻어 놓는 어리석음은 하늘나라에도 손해이고 자기 자신에게도 부끄러움이 됩니다. 또 이 재능은 사용할수록 더 발전되고 더 즐거워지며 더 탁월해집니다.

그런데 우리는 어떻게 자신과 자녀의 재능을 발견하고 개발할 수 있을까요?

참 어려운 질문이기도 하고 간단한 질문이기도 합니다. 어린아이나 청소년들의 재능은 어른보다는 조금 더 쉽게 발견할 수 있습니다. 재능 발견의 가장 좋은 길은 먼저 '해보고 또 사용해 보는 일'입니다. 어떤 일이든지, 어떤 분야든지, 또 어떤 것이든지 먼저 행하고 실천하여 '그 일'을 손에 잡아 보는 것이 중요합니다. 이때 대부분의 사람들은 평소 자신이 하고 싶었거나 잘하는 것을 먼저 합니다. 대개 '오래전부터 평소에 하고 싶었던 일'은 그 사람의 재능일 가능성이 높습니다. 그리고 남들은 어렵다고 하는 일이 자신은 '잘하고 쉬운 일'이라면 대개 그 사람의 재능이 맞습니다.

어떤 여학생이 친구가 영어를 잘하는 것을 몹시 부러워합니다. 그리고 늘 그를 따라다니며 칭찬하고 배우고 싶어 합니다. 부끄럼이 많고 친화력이 없는 그 학생은 낮은 자존감으로 또는 열등감으로 자기 자신에 대해 불만이 많았습니다. 그런데 그 여학생은 수학을 제법 잘합니다. 그리고 첼로 연주도 잘합니다. 그 학생에게, "너는 수학뿐 아니라 첼로까지 하는구나! 참 멋지다!"라고 칭찬하면, 그 학생은 "이딴 거 누구나 하는 건데요, 뭘…" 하며 칭찬으로 받아들이지 않았습니다. 자기의 장기와 재능을 '누구나 하는 일'로 치부하는 모습을 보고 깜짝 놀랐습니다.

대부분 사람들은 자신이 잘하는 일이 '누구나 다 할 수 있다'고 생각합니다. 그러면서 자기가 하지 못하는 일을 다른 사람이 하면, 그 사람의 재능을 부러워합니다. 요리를 잘해서 많은 사람을 즐겁게 하는 일이 '누구나 하는 일'은 아닙니다. 정리 정돈을 잘하고 재활용품들을 이용해 솜씨 있게 가정과 주변을 아름답고 운치 있게 꾸미는 일이 아무나 하는 일이 될 수 없습니다. 떠드는 아이들을 한순간에 휘어잡는 일, 작은 고장으로 내버려야 하는 생필품들을 이리저리 고쳐 다시 사용하게 하는 손재주, 규모 있는 살림살이로 남편의 기를 세우고 자녀들을 배 불리고 포근하게 해주는 가정의 총리 역할을 쉬운 일이라고 치부하기 어렵습니다. 또 일반적으로 예체능의 재능, 말솜씨와 글솜씨가 좋은 사람, 그리고 공부 잘하는 재능까지, 우리에게 주어진 다양한 재능은 각자 특별하고 각자 소중합니다. 그러한 조각들이 뭉쳐 가정을 이루고 교회를 세워 가며 세상을 다스리고, 또한 자녀들을 키워 하나님의 그릇이 되게 합니다.

어른이 되었지만 부모들 역시 자녀를 양육하면서 감춰져 드러내지 못했던 달란트를 발굴할 기회가 생깁니다. 특히 성경적 라마드 교육은 서로 배우고 가르치는 가운데 자녀의 달란트와 더불어 부모의 귀한 성향들도 발현될 수 있기에, 부모들 역시 라마드 교육 가운데 즐거운 경험을 갖게 됩니다. 이러한 발굴 작업에 DB 작성, 탐방학습 프로그램이나 DIY 프로그램 등이 유익하게 활용될 수 있습니다. 이러한 프로그램을 계획하고 진행하면서 자녀들을 여러 가지 일에 노출시키므로 재능이 드러나게 됩니다. 부모(교사) 역시 그 가운데 자신의 재능이 발굴되기도 합니다. 그래서 자녀의 DB 점검, 아싸 학습법, 그리고 탐방 학습과 체험 학습 프로그램 등을 통해서 부모(교사)와 자녀 모두 학습활동 그 이상의 유익을 얻게 됩니다.

달란트를 발견하고 개발시킬 때 주의할 점이 있습니다. 사람은 자신의 삶의 자리를 벗어나 별개로 살아가기는 어렵습니다. 달란트 역시 환경과 각자의 삶의 모습 가운데 개발되지만 발현되는 모습(혹은 결과)이 다를 수 있습니다. 특출한 어떤 재능이 있기에 꼭 그러한 사람이 되어야 한다거나 그렇지 못하다고 해서 너무 아쉬워 낙담할 것까지는 없습니다.

한 예를 들자면, 모차르트 같은 예민한 음감을 가진(달란트) 사람이 있다고 합시다. 그런데 그는 아프리카나 동남아시아 등의 오지에 태어나 자랐습니다. 그 사람은 세계적인 피아노 연주가나 오케스트라 지휘자가 될 수 있을까요? 가능성이 없지는 않겠지만, 그 사람은 예민한 귀와, 섬세한 손놀림을 통해 도리어 동네에서 유명한 사냥꾼이 되거나 설치 예술가와 같은 일로 그 동네를 섬길 수 있습니다. 문학적 감각이 미술을 통해 나타나거나 수리적 기능이 작곡가의 길을 걷게 하기도 합니다. 공학적 달란트를 가진 어떤 목사님이 성경 원어를 조직적으로 구문 분해하여 많은 사람에게 유익을 줍니다. 그래서 자녀들의 달란트를 찾아내고 또 개발할 때, A라는 달란트를 가졌기 때문에 A라는 사람이 될 수도 있고, B라는 특별한 사람이 될 수도 있다는 유연성이 필요합니다.

또 다른 예가 있는데, 두 학생이 특별한 색감 능력을 가지고 그림에 뛰어난 재능이 있다고 합시다. 두 학생 중 한 명은 평범한 대학에 진학했습니다. 다른 한 학생은 유명한 미술 전문 대학교 혹은 파리로 유학을 했습니다. 일반적으로 나중에 둘 중 누가 더 좋은 그림을 그리고, 더 훌륭한 작가라는 평가를 받을까요?

어떤 학생이 건축가가 되려는 마음이 많았습니다. 또 열정에 걸맞은 달란트도 갖고 있었습니다. 그런데 일반 공부(학문)에 흥미를 갖고 있지 못했고, 특히 수학 공부는 거의 손놓고 있었습니다. 그 학생을 불러 이야기를 나누었습니다.

"저 아래 동네에 새로 집을 짓고 있는 거 봤지? 어떻게 생각해?"

그 학생은 이 질문에 거의 전문가적 견해를 내놓았습니다.

"앞마당을 더 넓게 만들면 좋겠어요. 저라면 창문을 더 크고 아치 형태로 만들고 싶어요…지붕 디자인이 중요하거든요…요즘 뜨는 페인트는요…."

"너는 멋진 빌딩도 지을 수 있겠구나! 그런데 도시 설계나 플랜트 건설 같은 일은 어떻게 생각하니?"

한참 도시 설계나 플랜트 건설 이야기에 설명도 해주고 사진도 보여주자 그 학생은 큰 흥미를 갖게 되었습니다. 그리고 그 학생에게 이렇게 말했습니다.

"아래 동네에서 새 집을 지을 때 건축가를 불러오겠지. 또 큰 빌딩을 세우거나 다른 나라에 플랜트 설계나 도로 건설을 할 때도 역시 건축가가 필요하단다. 나는 네가 빌딩 건축가나 도시 설계를 할 수 있는 달란트를 가진 사람이라고 생각해. 그런데 세계를 오갈 정도로 훌륭한 건축가가 되려면 어떻게 해야 할까?"

그 뒤 그 학생은 영어 단어장을 들고 다녔고, 수학과 씨름하기 시작했습니다.

대부분 우리는 공부하기 위해 공부하지는 않습니다. 꿈과 열정이 있기에 힘든 공부를 하고 때론 난관을 뚫고 나갑니다. 자녀의 달란트는 꿈과 열정으로 연결되어야 성장하고, 바른길로 인도받아야 성숙해집니다. 이렇게 달란트는 발견되어야 하고 또 확장되게 만들어야 합니다. 이것이 성경적 교사의 주요 업무이며, 가정과 성경적 교육 공동체가 적극적으로 해야 할 일입니다. 그리고 풀무불을 피우는 것처럼 자녀의 재능과 꿈을 점차 뜨겁게 해주어야 합니다.

재능은 칭찬과 땀을 먹고 성장합니다. 하나님께서는 부모 세대의 격려하는 입술과 힘차게 밀어 주는 손과 함께 걷는 발을 무척 기뻐하시고, 자녀 세대의 감사와 열정으로 상승하는 날갯짓에 힘을 더해 주시리라 굳게 믿습니다.

6.
종합 언어 학습, 외국어 학습

지금 세상에 유행하는 프로그램들은 과거 누군가 했던 것들을 바탕으로 다시 나타났다고 말할 수 있습니다. 학습법들이나 교재들 역시 그러합니다. 이 책의 모든 학습법이나 제안들 역시 누군가 말했고 어디선가 실천했던 프로그램일 수 있습니다. 그러나 여기서 제안하는 방법들은 교육 주체자를 위한 교육이 아닌, 자녀들을 위한, 자녀들에게 집중한 성경적 교육의 원리에 바탕을 두었기에 근본부터 다르다고 말할 수 있습니다.

1) 종합 언어 학습

모든 지식의 기반은 언어이고, 어떤 사람의 탁월함은 그 언어의 수준에서 나타납니다. 들음으로 생기는 언어 기능은 다시 사용함으로 발달합니다. 우리는 들으면서 태어났고, 또 몸으로 표현하고 그림이나 말로 그리고 글로 표현하는 훈련을 자연스럽게 받아 우리의 언어를 잘 사용합니다.

자녀들과 함께 성경을 가지고 종합 언어 훈련 프로그램을 실시해 보았습니다. 읽다가 특정 단어, 문장, 그리고 어떤 표현에서 개념을 명확하게 하고 각자 생각을 나누고, 또 가능한 경우 다른 언어로 묘사하며 이해의 폭을 넓히려 했습니다. 어떤 경우는 그림, 도표 혹은 지도를 활용하여 지리와 역사적 배경도 찾아보았습니다. 예를 들면 바울의 전도여행은 흥미진진한 대모험 이야기가 되어 드넓은 로마 세계를 정복하는 여러 전략과 성공적인 진입 계획으로 재구성될 수 있습니다. 이때 사용하는 언어는 한글과 더불어 한자도 설명하고, 때로는 영어, 헬라어, 라틴어, 그리고 각종 그림 언어가 동원되기도 합니다(자녀들과 함께 볼 수 있는 성경 자료는 아주 풍부합니다). 이러한 학습활동은 자녀들의 지식의 넓이와 깊이, 그리고 상상력을 마음껏 키우게 해주려는 의도로, 이것을 '종합 언어 학습'이라 하였습니다.

가정에서나 소규모 교육 공동체에서 어린 자녀들과 이러한 자유롭고 다채로운 놀이 학습을 즐기면 좋겠습니다. 상상력을 동원하고 각종 자료들(조금 어려운 신학책에 있는 도표나 그림도 가능합니다)을 활용하면 좋을 듯합니다. 그럴 경우 자녀가 다양한 언어나 정보에 자연스럽게 노출되어 외국어에 대해서도 거리감을 갖지 않고, 성경과 다른 학습에도 접근하기 쉬워집니다. 또 이것을 자녀가 DB 작성할 때, 탐방 학습이나 현장 실습의 경우 사전 조사용으로도 사용할 수 있는데, 그렇게 되면 자녀의 시야가 넓어지고 탐구력이 더 확장될 수 있습니다.

2) 외국어 학습

　종합 언어 훈련 방법의 한 가지로, 학생들이 DB의 작문이나 일기를 작성할 때 영어로 쓰도록 했습니다. 영어 일기 쓰는 법은 아주 간단하고 쉽게 시작합니다. 초기 단계에서는 한글로 써내려 가다가 영어 단어로 바꿔 쓸 수 있는 부분이 나오면 영어로 쓰게 합니다. 한글 문장 한 줄에 영어 단어 3개가 들어가도 훌륭한 영어 일기라고 칭찬해 줍니다. 혹 어설픈 영작을 해 와도 충분히 칭찬합니다. 점차 익숙해지면, DB 점검을 할 때 한두 군데 고쳐 주거나 좀 어려운 단어는 같이 사전을 찾아봅니다. 좋은 영어 예문을 발견하면 그것을 활용하여 그 일기의 한 부분을 완벽한 문장으로 만들어 보기도 합니다.

　영어 회화 공부에서도 이와 비슷한 방법을 사용하기도 합니다. 모르면 한국말로, 단어만 알면 단어 한 개라도, 그리고 몇 가지 기본 문장은 암기하고 크게 떠들면서 말해 봅니다. 20년을 배운 대학생들도 외국인을 만나면 부끄러워하지만, 동남아 나라들을 비롯해 여러 나라 사람들은 자기들이 영어권 사람이 아니기 때문에 단어 몇 개로 대화 가능한 일을 재미있어 하거나 자랑스러워하는 것 같습니다. 외국어 실력은 자신감이 절반, 그리고 지속적 훈련이 절반이라고 생각합니다. 종합 언어 훈련은 각종 외국어에, 드넓은 지식의 세상에서 자신감과 흥미를 갖게 하는 목적에서 시작했습니다. 아직은 시원치 않은 실력이지만 몇 개 안 되는 단어로 자녀들은 제법 긴 문장의 일기를 써왔고, 외국인을 만나도 도망가지는 않게 되었습니다.

　모든 커리큘럼이나 프로그램은 교사나 부모를 위해서가 아니라 학생 눈높이와 그의 상태에서 출발하여 학생의 성장으로 나아가야 합니다. 그런데 주변에서는 교사의 지식 자랑으로, 또는 부모의 입맛을 위해 진행하는 일들이 있어 마음이 아픕니다. 교육은 쇼(보여주는 것)가 아니라 자녀로 하여금 배움을 일으키도록 만드는 일(라마드)이라고 성경은 계속 말합니다.

일반 은총이라고 할 수 있는 세상의 다양한 지식과 지혜로 탁월한 교육 시스템과 프로그램이 만들어졌습니다. 이것들은 커다란 진보이며, 다음 세대에게는 큰 선물입니다. 건강한 마음과 성실한 노력으로 지금 세대의 이익과 영광을 위해서가 아니라 다음 세대를 위해 애쓰는 다양한 교육 공동체와 많은 교육자들에게 하나님께서 위로를 주시고, 또 하나님의 큰 지식에 이르기까지 은혜를 베푸시기를 기도합니다.

7.
교재 선정하기, 커리큘럼 만들기

홈스쿨링이나 소규모 교육 공동체에서 겪는 어려움 중 하나가 바로 학습 교재입니다. 특히 외딴 지역에서 사역하는 선교사 가정에서 자녀들에게 줄 교재와 그 활용에 대해 문의할 때 간단하게 답하기는 쉽지 않았습니다.

그러나 이 책의 앞부분에서 라마드 교재와 자녀 성장단계별 활용에 대해 이미 말한 바와 같이, 라마드의 원리와 방법을 이해하고 있다면 사실 교재 부분은 어려운 문제가 아닙니다.

1) 교재 선정 원리

먼저 교재 선정의 원리에 대해 생각해 보겠습니다. 교재는 자녀가 사용합니다. 부모나 교사의 만족이나 기대 때문에 구입해야 하는 책이 아니라, 자녀가 가지고 놀 장난감이거나 의욕을 갖고 도전하고 싶은 게임과 같다고 생각하면 좋습니다. 그래서 중2 자녀를 위해 찾는 교재가 초등학교 선반에 있을 수도 있고, 대학생이나 일반 서적 가운데 있을 수도 있습니다. 학습이나 학문에는 단계별, 계단식 공부 과정이 필요하기도 합니다. 그렇지만 중2 학생이 읽을 능력이 되고 또 특별한 흥미와 관심이 있다면 대학 서적을 읽어도 나쁘지 않습니다. 이런 일이 코앞으로 다가온 중간·기말시험에는 도움이 되지 않겠지만 그의 사고 체계 가운데, 그의 달란트 개발 가운데, 그의 삶 가운데 더 큰 유익이 될 수 있습니다. 학생들 입장에서 볼 때, 내일 배울 것을 오늘 배워도 되고 어제 배웠던 것을 다시 배워도 됩니다.

어떤 고등학생들을 지도할 때 동화책을 100권 읽게 하고 또 초등 6년 과정을 재정리하게 한 적이 있습니다. 그 결과 그들의 언어 감각과 그 수준이 달라졌습니다. 또 몇 주간에 걸쳐 초등 과정의 책을 다 읽은 후에는 고등 학습 과정 시간에 기초 개념들 때문에 수치감을 느끼지 않아도 되었습니다. 그 고등학생들에게 먼저 펼치게 했던 교재는 동화책과 초등 기초 개념 사전이라는, 초등학생 선반에서 구입한 책이었습니다.

라마드 교사(부모)가 자녀의 교재에 대해 여유를 가지면 좋겠습니다. 세상에는 훌륭한 교재나 탁월한 교재가 넘치도록 개발되어 있습니다. 자녀에게 알맞고 성경적 교육원리에 합당하다면 갖다 쓰면 됩니다. 교사(부모)가 자녀의 흥미와 수준, 그리고 도전하기 좋은 정도인가를 점검하고 확인하면 됩니다.

예를 들면, 자녀가 쓸 교재를 찾을 경우, 먼저 추천하는 교재 서너 종류를 점검해 보고 선정합니다. 학생(자녀)들에게 그 책들을 보여주고 표제, 글씨체, 책의 구성 등을 훑어보게 합니다. 그리고 자기 맘에 드는 책을 고르라고 합니다. 그러면 그 책이 그 자녀의 교재가 됩니다. 이렇게 특별한 테크닉 없이 선정해도 되는 이유는, 추천하는 교재들의 내용과 수준은 거의 비슷하며 그 책을 교사가 아니라 학생이 사용할 것이기 때문입니다.

　가정 안에서나 소규모 학습 공동체의 경우도 비슷합니다. 먼저 교사(부모)가 교재에 대해 자신감을 가져야 합니다. 성경 한 권만으로도 충분하다는 생각을 가지고 자녀의 보조 교재를 찾으면 됩니다. 그러나 대부분 교사(부모)들은 수학이나 과학 그리고 세계사 등 구체적 학과에 대해 어떻게 성경 하나로 되겠냐고 묻습니다. 또 소그룹 학습 공동체의 교사 한두 명이 모든 과목을 다 가르치기 어렵다고 합니다. 당연한 반응입니다. 그렇지만 이런 질문은 성경적 교육인 라마드의 원리에 대해 아직 이해가 덜 되었다는 말이기도 합니다.

　라마드는 부모 세대가 먼저 배우고 돌아서서 자녀 세대에게 가르치는 일입니다. 가르쳐야 할 사람은 그가 누구든 먼저 배워야 합니다. 교사나 부모는 특정 분야를 배우지 못했거나 잘 알지 못해도 자녀보다는 더 쉽게 정보를 찾거나 배울 수 있습니다. 또 교사나 부모는 가르치는 그 과목에 대해 100점이 될 필요가 없습니다. 교재를 함께 선정하고 먼저 읽어서 학습 진도를 정해 주고 그것을 검사할 정도면 충분합니다.

　교사와 부모는 구체적 학습 지도도 하겠지만, 큰 그림 가운데 학습 진도를 조정하고 라마드 학습법을 익히게 하여 자녀들이 학습의 주체가 되게 만들어 준다면 훌륭한 교사(부모)라고 할 수 있습니다. 그런 일도 어렵다면, 자녀가 길을 벗어나지 않고 흥미를 유지하도록 칭찬을 해주고 교사(부모)와 함께 배우는 일이 즐거운 시간이 되게 해주는 것도 참 잘하는 것입니다.

2) 평가하기

평가는 어떻게 해야 할까요? 부모들은 자녀들이 배운 내용을 얼마나 아는지 알고 싶어 합니다. 다른 학생들과 비교해서 어느 수준인지 밝혀 내야 안심을 합니다. 그런데 부모나 교사를 안심시키고 행복하게 해주기 위해 공부한다면 그 자녀는 얼마나 희생해야 하고, 또 얼마나 불안할까요? 대부분 자녀들에 대한 평가는, 교사나 부모가 최고라고 말해 줄 때 그 의미가 최상으로 살아납니다.

"한 문제만 더 맞추면 100점인데! 이거 네가 아는 거잖아, 넌 꼼꼼하지 않은 게 문제야!"

어떤 자녀에게 했던 평가, 즉 85점을 받으면 더 재촉했고, 애써 공부한 95점 시험지에 대해 이런 평가를 받자 결국 그 자녀는 부모를 만족시킬 수 없었기에 공부하기를 포기했다는 이야기를 앞에서 이미 언급했습니다. 부모의 평가나 기대는 생각보다 날카롭게 여린 자녀의 가슴에 상처를 낼 수 있습니다. 어떤 평가를 하면 우리 자녀가 행복하고 더 신날까를 먼저 생각하면 좋을 것 같습니다.

공부를 포기했던 그 자녀가 라마드 교육현장에서 얼마간의 시간이 지나자 달라졌습니다. 생기를 찾았고, 자신의 달란트를 바탕으로 꿈을 갖게 되었습니다. 라마드 교육에서 그 학생의 노력에 어떤 평가를 했을까요?

학습이나 교재의 사용에는 평가가 따라옵니다. 그렇지만 교재가 교사나 부모의 것이 아니듯 평가 역시 부모를 만족시키고 교사의 자존심을 위해 필요한 일이 아닙니다. 평가에 자유로워지면 교재 선정과 자녀에게 공부시키는 일이 어려운 짐이 되지 않습니다. 흙바닥에 앉아 공기놀이를 하고, 풀벌레를 쫓아다니고, 아까운 종이에 낙서를 해대고, 또 벽시계나 라디오를 분해해서 망쳐 버리는 일이 썩 좋은 교재이고, 최고의 학습 시간이 아닐까요?

3) 커리큘럼 만들고 실행하기

구체적인 커리큘럼 혹은 학습 진도와 개별 학습 시간표 등도 이러한 관점에서 계획하고 실행하면 좋겠습니다. 라마드 교사를 하면서 하나님께서 나를 어떻게 대하시는지 자꾸 생각했습니다. 성령님이 얼마나 친절하게 인도하셨는지, 그리고 나의 형편과 성품과 성향까지 고려하여 구원의 길로 어떻게 걷게 하시는지 곰곰이 생각해 보았습니다. 그렇게 양육받고 배웠으니 돌아서서 학생들에게 그렇게 해야겠다고 결심했습니다.

교사(부모)로 자녀를 가르치고 바른 교훈으로 섬기는 일은 결단코 쉬운 일이 아닙니다. 그럼에도 불구하고 우리가 예수님처럼 자녀의 발을 씻기려는 마음을 품어야 마땅하지 않을까요? 가정에서나 학교 현장에서 부모와 교사가 이런 마음을 가지고 있다면, 짜증과 분노로 "넌 어째 그 모양 그 꼴이니?"라고 고함칠 수 없을 겁니다. 우리를 기다리고 또 기다려 주신 것처럼 시간을 더 주고, 우리를 용서하고 또 용서하신 것처럼 관대해지고, 우리를 고치고 또 고쳐 주신 것처럼 가르치고 또 설명해야 합니다. 무엇보다 우리를 춤추듯 기뻐하시고 반겨 주시는 것처럼 미소와 사랑이 보이도록 마음을 열어야 합니다. 이런 섬김이 담긴 커리큘럼이나 프로그램을 만들어야 하고, 그러면 자녀들은 기대보다 훨씬 위대하게 성장할 것입니다.

처음 외국 생활을 하게 되면 망설임과 두려움으로 가득 찹니다. 그러나 곧 그곳에도 잘못된 것이나 틀린 것이 아닌 그냥 다르게 생긴 사람과 다르게 누리는 삶이 있다는 사실을 깨닫게 됩니다. 하나님께서 허락하신 삶을 하나님의 방식으로 사는 일이 망설여지고 두려워지지 않도록 새로운 시간표와 새로운 커리큘럼 안으로 들어가면, 그곳에서 하나님을 만나고, 그곳에서 은혜 넘치는 삶을 누리게 될 것이라 믿습니다. 이런 일이 바로 '라마드 교육 명령'을 실천하는 삶입니다.

8.
독서 습관 키우기

1) 최고의 교재, 책

실천적 관점으로 볼 때, 자녀들에게 최고의 교재는 책입니다. 좀 과하게 표현하자면, 책을 좋아하고 책을 읽는 습관이 있다면 자녀 성장과 학력 등에 대해 걱정할 필요가 없다고 말할 수 있습니다. 문제는 바르게 책 읽는 습관을 어떻게 갖게 하느냐입니다. 대다수 책들은 재미있고 흥미를 끌도록 만들어졌습니다. 그래서 어릴 때부터 자녀들이 흥미를 갖는 책을 읽는 시간과 기회가 늘려가도록 만들면 책을 좋아하게 되고, 독서 습관이 만들어집니다.

특별한 경우를 제외하고 책을 좋아하고 잘 읽는 독서 습관은 부모로부터 시작합니다. 독서와 책에 대한 이미지는 자녀들이 어린아이일 때 잘 생깁니다. 부모가 책을 읽어 주고 책들을 가까이하며 책에서부터 신나는 일을 찾으면 책에 대한 좋은 이미지가 생깁니다. 이른 나이부터 읽게 하려고 자녀에게 서둘러 글을 가르칠 필요는 없습니다. 책으로부터 재미있는 이야기를 듣고 책이 신나는 장남감 같은 것으로 친숙해진 아이들은 글을 읽지 못해도 책을 들고 읽는 척하며 이야기를 만들어 낼 수 있습니다.

책에는 많은 이야기가 있고, 이런 이야기(story, narative)는 독자에게 특수한 일을 합니다. 이야기는 재미를 줍니다. 재미는 집중하게 하고 뇌세포를 자극합니다. 상상력을 키우고 덩달아 창의성을 갖게 합니다. 한 이야기가 재료가 되어 그 사람 안에서 발아하고 성장하여 새로운 이야기로 재생산됩니다. 이러한 집중력과 확장성은 나중에 새로운 경험이나 지식을 배울 때도 같은 방식으로 작용하여 생명력 있는 지식으로 재생산됩니다. 이와는 반대로, 이야기 경험이 적은 아이들은 밋밋한 마음으로 감격 없는 삶을 살 가능성이 그만큼 높아질 수 있습니다. 할아버지의 이야기, 동화와 아름다운 이야기들, 그리고 성경의 이야기는 자녀의 레브에 좋은 씨를 뿌리는 것과 같습니다. 이런 자녀들은 이야기가 담긴 책들과 어울리고 친해지는 일이 어렵지 않습니다. 지식의 확장도 쉬워집니다.

독서 습관이 없는 청소년 자녀가 책을 대할 때면, 그 책을 끝까지 읽지 못하거나 독서를 재미없는, 답답하거나 불필요한 노동으로 여길 수 있습니다. 책의 내용을 파악하기도 어려워합니다. 그러다 보니 글을 읽고 필요한 정보를 얻는 해득력이 약합니다. 이런 자녀는 학습 능력도 약하고 성취도 높지 못합니다. 그러다 보니 부모는 학과 공부를 돕기 위해 학원에 보내거나 교재를 더 사주며 더 많은 시간 학습하도록 강제합니다.

이럴 경우 문제 해결을 반대로 하는 셈입니다. 자녀의 약점은 독서 습관이 없고, 독서량의 부족에서 시작된 것입니다. 대부분의 지식은 언어를 바탕으로 한다고 말했습니다. 언어 수준이 낮거나 문자 해득력이 약하면 학습 효과 역시 낮을 수밖에 없습니다. 이런 학생들을 위해 국어 시간에 동화책이나 초등학교 저학년 국어 과정을 가르쳤습니다. 재미있는 말투와 운율과 정서가 담긴 짧은 이야기는 지식과 감성의 주춧돌과 같습니다. 웃으면서 부담 없이 배우는 동안 학생들은 빠른 시간 안에 필요한 것들을 잘 흡수하였습니다.

그래서 독서가 일상이 되도록 해야 합니다. 매일 책 읽는 것이 DB의 점검 대상이 되어야 하며, 한 페이지라도 읽고 이야기를 나누어야 독서 습관이 붙고 해득력이 올라갑니다. 기본 언어 능력을 갖추었다면 추천 도서 목록을 만들어 하나하나 정복해 나가게 합니다. 그리고 부모들은 자녀들과 함께 도서를 검색하거나 책방에 둘러보러 가고, 읽은 책들에 대해 칭찬과 적절한 보상을 하는 등 각종 방법을 사용해야 합니다.

2) 독서 습관 만들어 주기

독서를 권장하는 방법으로는, 자녀들이 좋아하는 주제, 관심 있는 부분, 그리고 재미와 흥미를 갖는 책부터 시작해서 점차 범위와 수준을 확장해 보면 좋겠습니다. 책은 독자에게 큰 영향력을 주기 때문에 자녀가 읽지 않도록 해야 하는 도서 목록도 가지고 있으면 좋습니다.

책의 선택에 대해 예를 들면, 동화책은 그림 부분과 색감 부분에 주의할 필요가 있습니다. 또한 현란한 색과 날카로운 선을 가졌거나 무서운 내용의 동화책은 안 읽는 편이 좋다고 생각합니다.

요즘 만화도 조심할 필요가 있습니다. 그림이 너무 과장되었고 날카롭고 급하며 내용 역시 독자의 말초적 흥미를 유발하려는 의도가 강하기 때문입니다. 또한 자녀들이 스크린으로 읽기보다는 책을 손에 쥐고 읽게 하면 좋겠습니다. 시신경 보호를 위해서도 필요하지만 책의 무게, 냄새, 페이지를 넘길 때 느끼는 종이의 질감과 더불어 맛보는 성취감, 그리고 책의 단락과 구성을 한꺼번에 보는 일은 책을 손으로 쥘 때 얻는 유익입니다.

라마드 교육을 할 때 부수적으로 얻는 유익과 기쁨은, 부모(혹은 교사)들이 과거에 경험할 수 없었던 일들을 자녀들을 라마드하면서 함께 체험할 수 있다는 점입니다. 부모 세대가 그 누구의 자녀였을 때는 불가능했던 일들을 자녀를 키우면서 늦게라도 해볼 수 있다니 참 행복하고 귀한 기회입니다. 독서 활동 역시 이러한 좋은 기회 중 하나입니다. 양서와 좋은 정보를 주는 책을 만지고 목차를 보는 일만 해도 얻는 것이 많습니다. 또 자녀와 한 권의 책을 같이 읽고 이야기를 나누는 일이 소중한 추억으로 남을 겁니다. DIY 시간에 함께 작업하고 탐방 학습의 리더가 되어 보면서 부모와 자녀가 함께 회복되고 함께 즐거워할 수 있습니다. 라마드는 자녀 세대를 세우는 일인 동시에 부모 세대를 포함해 가정과 공동체를 회복시키는 하나님의 지혜이기에 은혜가 넘칩니다.

이런 점을 적극 활용해 봅시다. 주변을 둘러보면 참 좋은 교재나 도서, 그리고 프로그램들이 잘 개발되어 있습니다. 성경적 교육원리를 잘 파악하고 라마드의 부모나 교사로 흔들림이 없다면 이런 도구들을 언제나 활용할 수 있고, 더 잘 사용할 수 있습니다. 독서를 권장하는 각종 프로그램과 행사들이 있습니다(인터넷으로 진행하는 경우도 많습니다). 부모나 교사가 조금만 애쓰면 자녀들에게 즐거운 체험을 줄 수 있습니다.

한 가지 유의할 일은, 대부분의 세상 프로그램들은 기능적이거나 우월주의적 평가를 하고자 한다는 점입니다. 줄 세우기 식의 행사 등은 성취감을 갖게 하는 유익도 있지만 반대로 실패감을 주는 경우도 많습니다. 독서가 무거운 짐이 되게 해서는 안 됩니다. 독서는 재미있고 또 즐기는 일, 또는 할수록 유익한 일이어야 합니다. 가끔 어떤 일을 부모의 애정으로 시작하지만, 자녀들의 자율성이나 창의성을 저하시키고 또 자존감을 떨어뜨릴 수도 있다는 점을 고려해야 합니다.

아주 많은 독서량과 성실하게 독후감을 쓴 홈스쿨링 출신 여학생이 면접관의 칭찬을 받았고 그 대학에 입학했다는 기사를 본 적이 있습니다. 그 학생은 어릴 때부터 교과과정보다 책 읽는 것을 더 열심히 했다고 합니다. 그녀의 독서 목록을 보면서 다른 입학생들의 노력과 같은, 혹은 그 이상의 학습 능력으로 인정받기 충분하다는 생각이 들었습니다. 정보나 지식에 관련해서 말하자면, 책을 많이 그리고 잘 읽는 사람을 당해 낼 수 없습니다. 독서하는 법이나 잘 읽는 방법에 대해 아주 많은 정보와 책이 시중에 나와 있습니다. 이런 도움들을 익혀 자녀들에게 적용해 보기를 강력하게 권합니다.

라마드의 독서로 그 자녀들은 책의 그 무게와 촉감을 느끼고, 페이지 넘어가는 소리를 듣고, 그 냄새를 맡으며, 그 내용을 읽을 때 육체의 감각이 살아나고 정신은 고양되며 마음은 희열로 넘칩니다. 하나님께서는 다른 곳에서는 맛볼 수 없는 이 희열을 축복하셔서 책을 사랑하는 자녀들에게 존귀의 관을 씌워 주시고 지혜의 긴 옷을 입혀 주시길 간절히 기도합니다.

9.
발표하기, 글쓰기
- 탁월성과 창의성을 증대시키는 활동들

자녀(학생)들을 객관적으로 이해하기 좋은 방법 중 하나가 그의 글입니다. 자유 글(혹 일기)이나 발표물, 그리고 수행 과제들을 읽어 보면 자녀의 취향이나 달란트 혹은 문제 해결 능력과 자질 등에 대해 힌트를 얻을 수 있습니다. 자녀들이 만들어 내는 결과물은 단순한 지식에서가 아니라 앎과 상상력(혹은 창의성)에서 주로 나옵니다. 이처럼 글을 쓰는 능력은 이러한 앎(산 지식)과 상상력의 결과물이기에 그 자녀의 고유한 자산이며, 성장과 성취에서도 큰 도움이 됩니다.

살아 있는 지식은 머리에 담긴 지식의 양이 아닙니다. 산 지식이란 지혜와 같아서, 결정하고 선택하는 순간에 바른 영향을 주는 삶의 능력이라 말할 수 있습니다. 그래서 자녀들이 자신의 지식에 반응하고 활용하는 능력을 길러 주는 기회와 훈련을 받게 해야 합니다. 가정과 교실에서 이런 훈련의 적극적 방법 중 하나가 글쓰기입니다. 자녀들이 사용하는 언어의 수준이 지식의 수준일 경우가 많습니다. 그래서 글쓰기(발표하기) 활동은 적극적이고 두드러지게 언어 수준을 높이는 자극이 됩니다. 또한 주어진 과제를 직면하고 완성해 가는 과정을 통해서 지식과 환경을 활용하는 응용력을 강화합니다. 부모와 교사는 자녀가 글 쓰는 훈련을 할 때 평가나 비평보다는 과정과 그 성실도를 높이 사주면 좋겠습니다.

글쓰기 지도를 격려할 때도 처음에는 DB를 쓰면서 짧은 몇 문장에서부터 시작하면 좋습니다. 평상시 해야 하는 숙제나 일기 등이 글 쓰는 좋은 동기가 됩니다. 매일 쓰고 암송하는 성경 구절을 모방하면서 다른 문장을 재구성해 보거나 샤알 학습으로 찾아낸 개념을 자기 언어로 정리할 때 그 글을 다듬어 보게 할 수 있습니다. 성경책은 우리말성경을 사용했기 때문에 좋은 문장을 많이 찾을 수 있었습니다. 탐방 학습 후의 탐방 보고도 글쓰기 훈련을 하기 좋은 기회입니다. 이렇게 자연스럽게 글 쓸 기회를 찾고 지도하다 보면 주변에 많은 글감도 있고 동기도 쉽게 찾아냅니다. 그리고 점차 독후감이나 감상문 등을 쓰게 하면 됩니다. 주변에는 글쓰기 지도하는 방법에 대하여서 좋은 책과 정보가 많이 있습니다.

글 쓰는 일이나 발표하는 일에 흥미가 적은 자녀들 가운데 혼자 여행하는 과제나 정해진 돈으로 알맞은 쇼핑을 하게 하는 실천 과제 프로그램을 더 잘하는 경우가 있습니다. 글 쓰는 일이나 실천 과제는 겉으로 다르게 보여도 그 과정을 통해 자녀를 성장시키는 일에는 거의 동일한 효과와 목적을 가지고 있습니다. 자녀들이 자기의 지식에 어떻게 반응하고 어떻게 활용하는지 드러내게 하며, 이 과정을 통해 달란트 개발이나 상상력과 창의력을 증가시키는 효과를 얻게 합니다. 그러므로 한 과정을 끝까지 성실하게 마무리하도록 격려하며 지도하면서 성취감을 얻도록 해야 합니다.

일기를 쓰는 아이와 그렇지 않은 아이는 2, 3년이 지나면 달라집니다. 하나의 과제를 끝까지 수행하고 완료한 자녀와 그런 경험이 적은 자녀는 눈빛이 다릅니다. 그래서 자녀가 꾸준히 글을 쓸 수 있도록 잘 지도하고, 자녀의 흥미와 달란트에 맞게 조정하고 수행 가능한 프로그램을 만들어 주며 완료하도록 지속적으로 도와주는 일이 필요합니다. 깊은 글을 써야 잘하는 일이 아닙니다. 어려운 프로젝트를 해내야 훌륭한 것이 아님을 다시 한 번 강조합니다. 무엇이든 하면 성취감이 있습니다. 게다가 부모(교사)가 칭찬한다면 그 작은 일이 자녀에게는 에베레스트 등반 성공과 같은 경험이 됩니다. 사랑이 담긴 눈빛, 함박웃음, 그리고 구체적이 칭찬 한마디면 모든 자녀를 기대 이상으로 성장시킵니다. 이런 일들이 모든 실천 프로젝트를 즐겁게 만들고 또 성공시키는 비결입니다.

글쓰기 지도를 할 때 한 가지 팁을 말하자면, 처음 글쓰기 할 때 어휘 사용과 표현의 진솔함에 관심을 가지면 좋겠습니다. 글의 구성이나 문법(맞춤법을 포함하여)은 점차 좋아질 것입니다. 또 "아무거나 맘껏 써봐!"라는 말은 초보자들에게는 절벽을 만나는 답답한 심정이 되기 쉽습니다. 미리 글감이나 구체적 주제와 예문을 주면 도움이 되고, 다른 책이나 아는 문장 등을 흉내 내거나 모방하게 해도 잘하는 일입니다. 이렇게 해도 글쓰기 어려워하는 경우(혹 너무 어리거나 해서) 그림, 표, 혹은 색칠로 표현해도 좋습니다. 때로는 몇 단어의 말로 자신을 표현하게 해도 됩니다.

이러한 표현 활동 가운데 가장 조심해야 할 일이 있습니다. 자녀들의 표현(글과 그림 등)이 교사나 친구들에게 놀림감이 되지 않게 해야 합니다. 도리어 그러한 작품일수록 더 적극적인 칭찬과 보상이 따르면 좋겠습니다. 영어 발음에 한바탕 웃는 그 한순간이 어떤 학생에게는 평생 외국어에 대한 거부감을 주고, 먼 지역에서 전학 온 새 친구의 사투리에 폭소가 나올 수는 있지만 그 뒤 신입생은 입을 도무지 열지 않는 자폐증과 같은 증세를 오랫동안 보였습니다. 특별히 글과 같이 예민하게 내면을 드러내는 일이나 발표 과정에서는 교사의 표정 하나가 결정적 영향을 줄 수 있다는 점을 명심해야 하겠습니다.

중·고등 과정에서는 조직적인 글을 쓸 수 있도록, 문법뿐 아니라 글의 구조와 통일성 등에서도 훈련을 시켜 나가야 합니다. 특히 신문 등의 사설과 같은 글 등을 읽고 분석하는 프로그램은 아주 좋은 커리큘럼이고 유익한 결과를 냅니다. 어느 대안학교에서 중·고등 학생이 논문을 쓰고 심사 받는 과정을 중시하는데, 학생들이 기대 이상의 작품들을 내놓았습니다. 그리고 그런 훈련을 받은 자녀들은 대학 진학 후 학업 성취도에서도, 그리고 직장과 가정 생활에서도 더 진취적이고 멋진 결과를 낳았습니다.

앞에 서 본 사람만이 앞에 무엇이 있는지 알 수 있고 준비할 수 있습니다. 맛있는 식사를 해본 사람만이 그 요리를 칭찬할 수 있으며 만들어 낼 수 있습니다. 하나님께서 그 자녀들을 위해 이러한 귀한 일을 감당하는 교육 공동체와 가정을 기억하셔서 복에 복을 더하여 주시길 두 손 모아 기도합니다.

10.
결혼예비학교(예비 부모교육)

라마드 예비부모학교는 기존의 교회 공동체 등에서 실시하는 '결혼예비학교' 프로그램에서 배우고 그 장점들을 차용하였습니다. 라마드 부모교육을 예비 부모에게 또는 청년들에게 적용하는 것이기 때문에, 안전하고 효과적인 방법들을 가지고 있는 기존의 다양한 결혼예비학교들은 라마드의 원리를 담는 좋은 그릇이 될 것이라 생각했습니다. 이러한 노력을 하신 분들에게 감사의 마음을 전합니다.

먼저 성경적 교육(라마드)에서 말하는 '결혼예비학교'는 출발부터 조금 다릅니다. 우선 '라마드 교육원리와 방법'에 기반을 두고 성경적 '부모가 되는 일'에 초점을 맞춥니다. 그래서 이것을 '예비 부모 준비 교육'이라고 말할 수 있습니다. 이 교육은 미혼의 청년들이나 곧 결혼할 커플을 대상으로 실시하는데, 부모가 되는 일을 미리 교육하는 것은 다양한 이점이 있습니다. 결혼과 가정에 대해 미리 정보를 주면서 자연스럽게 건강한 육체와 신앙에 대해 말할 수 있습니다 (성 문화나 바른 성 개념도 전달합니다). 또한 장래의 직업 선택이나 세속 문화에 대항하는 가치관을 갖게 해줄 수 있습니다. 무엇보다 하나님의 백성 됨과 예수님을 닮아 가는 기독교인의 바른 자세와 소망에 대해 나눌 수 있습니다. 예비 신랑, 신부에게는 곧 겪게 될 부부의 삶이나 자녀에 대해 실질적으로 또한 성경적으로 준비시킵니다.

대학생들을 포함한 청년층뿐 아니라 일찍이 청소년들에게 배우자에 대해, 가정에 대해, 그리고 이성교제 등 성 문제에 대해 미리 준비하고 기도하게 해줄 수 있습니다. 여러 선교지에서 성적 문란함과 조혼이나 미혼모 문제 등과 기독교인 가정에서도 발견되는 가정불화, 이혼 및 자녀교육의 애로 등에도 결혼예비학교(예비 부모교육) 프로그램은 선제적이며 예방적 기독교 교육, 훈련 프로그램으로 사용하기를 권합니다.

1) 라마드 결혼예비학교(예비 부모교육)

청소년 시절부터 정체성이나 가치관을 위해 결혼(성교육 포함)에 대해 가르치면 좋습니다. 모든 자녀가 소중한 가정을 누리며 좋은 부모가 되는 일이 아주 중요하기 때문입니다. 결혼예비학교 프로그램은 사실 '예비 부모교육'이라 말할 수 있습니다. 두 젊은이가 결혼을 잘하기 위해서가 아니라 좋은 가정과 멋진 부모가 되기 위해 준비할 필요가 있기 때문입니다.

결혼은 하나님께서 허락하신 공동체입니다. 우리가 이미 살펴본 바와 같이 하나님의 언약(자녀에 대한 라마드 명령)과 결혼은 뗄 수 없는 관계를 가지고 있습니다. 혼자 사는 일보다 두 사람이 함께 가정을 이루어 사는 일이 인간들에게 더 유익하고 더 행복합니다. 그래서 좋은 가정은 꼭 배워야 할 인생 필수과목입니다. 그런데 우리는 대부분 배울 기회가 없거나 잘 준비하지 못한 채 아버지가 되고 어머니가 됩니다.

좋은 부모 이미지를 가진 사람이 좋은 가정을 만들 확률이 높습니다. 그래서 지금 부부가 좋은 부모가 되려고 애써야 합니다. 이것이 예비 부모교육의 첫걸음입니다. 부부가 서로 좋아하고 서로 아끼려는 모습이 자녀들 눈에 보여야 합니다. 부부가 조용히, 그리고 정답게 대화하고 서로 칭찬하며 돕는 모습이 자녀들에게 가장 좋은 결혼 교과서가 됩니다.

그렇지만 실제로 모든 가정이 단란하지만은 않습니다. 모든 부모가 자녀들의 눈높이에서 '좋은' 부모일 수 없습니다. 신혼 초기라도 불화가 생깁니다. 그래서 더 노력하고 또 노력하여 먼저 사랑하는 아름다운 부부가 되도록 최선의 일들을 해야 합니다. 자녀 앞에서 애정이 넘치는 부부 모습을 갖는 일이 어색하거나 잘 안 된다면 억지로 해보는 노력을 더 해야 합니다. 이 일은 자녀의 미래를 위해서도, 그리고 지금의 가정을 위해서도 가장 시급한 일입니다. 남편을 존중하는 아내는 그 인격의 고결함을 드러내 보이는 일입니다. 아내를 아끼고 돌보는 남편은 남자로서 충분한 자격이 있고 스스로에게도 자신감을 가지고 있다는 의미입니다. 3년을 노력하고 5년을 애쓰면 자연스러워질 것입니다. 그러면 늦어도 5년 뒤부터 자녀들은 행복감을 맛보며 살고, 좋은 부모 이미지를 갖게 됩니다.

믿음이나 하나님께 대한 순종이 우리 삶의 일부분을 잘라내지 않고서 가능하겠습니까? 좋은 가정이나 멋진 부모가 되는 일이 먼저 나의 희생이 없이 가능이나 하겠습니까? 예수님 가르침을 하나도 실천하지 않고서 어떻게 그 열매를 누리겠습니까? 자발적 희생이나 이유 없는 손해를 감수하고, 주님의 은혜에 미안하고 고마워서 세상과 다른 사람을 사랑하기 때문에 우리 기독교인은 결국 승리하게 되리라 생각합니다.

라마드 예비부모학교는 원래 부모(교사)교육을 하다가 생각해 낸 프로그램입니다. 부모와 교사를 위해 라마드 원리와 방법 등을 가르치면서 부부나 가정이 실제로 회복되는 모습을 보았습니다. 그리고 그런 부부 가운데 '미리 알았더라면' 많은 도움이 되었을 것이라는 이야기를 듣고 청년들과 예비 신랑, 신부에게 진행하면 더 의미가 있겠다고 생각했습니다. 성경에서 말하는 부부와 가정, 그리고 라마드 명령은 다양한 세대에 모두 유익합니다. 좋은 가정을 갖는 일과 아름다운 자녀를 양육하는 일은 준비하고 훈련받아야 할 당연한 인생의 주요 커리큘럼입니다. 예비 부모교육을 받은 결혼과 그렇지 않은 경우가 다르게 시작하고 다르게 고민하는 것을 보았습니다. 그래서 모든 청년들과 예비 결혼 커플은 다양한 결혼예비학교 프로그램에 참여해 보는 것을 적극 추천합니다.

다음에 소개하는 예비부모학교 진행 방법을 참고해서 선교지 혹은 다양한 곳에서 예비 부모 프로그램을 진행할 때, 청년들이나 예비 신랑, 신부들에게 먼저 라마드 원리 부분을 가르치면서 기존 결혼예비학교 등에서 진행하는 프로그램이나 정보를 참조하고 활용해도 됩니다.

2) 결혼예비학교의 실제

(1) 목적

한 개인이 창조의 인간성을 회복하고, 그 회복된 인간이 하나님의 통치 원리에 따라 사역자로 사는 삶이 가장 복되고 보람되다고 말할 수 있습니다. 이를 위해 한 개인이 성경적 가치관을 성경적 양육법으로 훈련을 받고 교육받는 일은 필수 불가결합니다(라마드 교육). 이런 과정 가운데 그 사람은 성숙한 인격으로 성장하면서 이 땅에서 행복한 삶을 살고 더 큰 비전을 위해 돕는 배필을 만나 가정을 이루어 가는데, 이 일은 하나님께서 허락하신 큰 복인 동시에 하나님의 나라를 이루어 가는 역동적 사역이라 생각합니다.

이처럼 결혼은 모든 개인과 사회, 특히 하나님 나라에 복이며 주요한 삶의 단계이므로 잘 준비하고 훈련을 받아야 합니다. 특히 성경적 가정의 남편과 아내, 그리고 부모로서의 역할에 대해 공부하고 준비하여 자녀를 성경적으로 양육하는 일은 우리에게 맡겨진 사명 중 하나입니다.

또한 결혼은 '전혀 다르고 매우 특별하고 특별한 개개인'이 부부가 되기 위한 관문인 동시에 '가정'이란 위대한 행복 공동체를 형성하는 '잉태'와 같은 과정입니다. 그러므로 부부와 가정은 새로운 창조이고, 성경이 말하는 새로운 '한 덩어리'로서의 새로운 인격체입니다. 이를 위해 부모 세대는 자녀 세대와 함께 결혼과 가정의 출발을 정성 들여 준비할 필요가 있습니다. 이 일을 위해 교회(혹은 교사나 리더들)가 가르치며 또 훈련시키고 돕는 일은 중요한 동시에 복된 사역이라 할 수 있습니다.

성경적(라마드) 결혼예비학교는 하나님의 자녀가 가정에 대해 바른 정보를 갖게 하고, 또 성경적 부모의 비전을 미리 세울 수 있도록 돕습니다. 그리하여 그 가정이 하나님의 신적 기관으로서의 역할을 잘 감당하며, 특히 장차 만나게 될 자녀를 기독교적 가치관으로 양육할 수 있도록 준비시키는 데 그 목적이 있습니다.

(2) 교육 대상

청년과 결혼을 앞둔 예비 신혼부부와 그 부모님을 대상으로 합니다. 필요한 경우 그룹 교육의 형태가 될 수도 있으며, 결혼 2~6개월 전에는 받는 것이 좋습니다. 그리고 필요에 따라서는 청년들이나 청소년들을 대상으로 장래 배우자와 부모 역할에 대해 지식을 갖도록 시행해도 좋습니다(결혼관, 이성교제, 그리고 가정 공동체에 대하여).

(3) 교육 진행 방법

예비 신혼부부는 예비 부모이므로 라마드 부모교육 프로그램을 배우게 합니다. 자녀에 대하여는 미리 준비하도록 임신과 태교에 대해 이야기하고 교육하여야 합니다. 이를 위해 4~6회 정도 만나며 그 사이 숙제나 특별 과제를 줄 수도 있습니다.

양가의 부모 역시 새로운 가정을 위해 교육에 참석하면 매우 좋은 효과를 낼 수 있습니다. 자녀가 결혼할 때 많은 믿음의 부모들이 시부모 또 장인장모로서의 새로운 역할을 잘 감당하지 못하는 경우도 생깁니다. 귀한 부모의 역할을 잘 감당하기 위해 양가 부모들도 1회 이상의 교육 기회를 가질 수 있도록 권유합니다.

(4) 참고할 성경 구절(중심 성경 구절: 창 2:20-25)

① 창세기 1장 28절: 복의 내용 가운데 결혼이 포함되어 있음
- 가정의 기본 정의와 자녀의 개념 이해(룻 4장)
② 창세기 2장 18절: 결혼의 원형, 신적 제도, 상징성과 참된 의미
- 떠남의 원리/분리 = 창조적 생산

- 한 덩어리 됨의 의미

③ 고린도전서 7장 4-9절, 히브리서 13장 4절: 성적 순결과 하나 됨의 명령

- 육체의 범죄함의 결과는 어떻게 되는가?(잠 6장 묵상)
- 한 덩어리 인격체는 결혼에서 다양한 충족을 원한다(좋은 음식, 깨끗한 환경, 안전한 쉼, 육체의 다양한 욕구 충족, 영적 충만, 감정과 마음의 평온함 등).

(5) 교육 기간 및 만남별 교육내용

구분	주내용	과제
1주차	1. 결혼은 하나님이 만드셨다. 2. 하나님은 결혼 설명서도 만드셨다. 3. 하나님께서는 왜 결혼을 만드셨을까? - 결혼은 하나님을 비추는 거울이다(사 43:7,21). - 결혼은 예수님을 경험하는 통로이다(엡 5:22-33). - 결혼은 생육, 번성, 충만의 통로이다(말 2:15; 창 5장). - 자녀를 낳고 믿음으로 양육=사명(시 127:3-5) 4. 결혼이란 무엇일까? - 창 2:24; 마 19:5; 막 10:7; 엡 5:31 5. 결혼은 한 남자와 한 여자가 하는 신적 장치	필독서 중에서 2~4권을 읽어 오거나 감상문 쓰기
2주차	6. 남자와 여자는 다르다. 7. 여자인 아내를 공부하라. 남자인 남편을 알도록 해야 한다(벧전 3:7). 8. 만든 재료, 하는 일이 다르다. 역할이 다르다. 9. 연약함과 부족함 체크 리스트 - 결혼 대상에 대해 구체적으로 알자. 10. 둘이 합하여 백 점 만들기	숙제를 주고 몇 가지 해결해 오도록 한다. 결혼 사명문 작성하기

3주차	11. 떠나라 / 결정권 유효 기간(창 2:24; 엡 6:1)
	  결혼식은 결정권 이양식이다.
	12. 아들을 며느리에게로 - 모든 면에서의 이양
	  두 번째 탯줄 끊기 = 부모 공양의 출발점이 된다.
	13. 부모 공경은 돈으로 한다.
		결혼 십계명
		
		우리 가정 이야기
		
		우리 삶의 중심 가치

구분	주내용	과제
3주차	14. 결혼은 연합 – 한 덩어리가 되기 = 레브적 존재 15. 연합의 재료는 사랑이다. 　연합의 재료는 비전이다. 연합의 재료는 인내다. 　연합의 재료는 사역이다. 연합의 재료는 돈이다. 　연합의 재료는 듣기이다. 연합의 재료는 순종이다. 　연합의 재료는 성경이다. 연합의 재료는 기도이다.	우리 집 가훈 이런 자녀를 주세요! 성경적 방법으로 교육하겠습니다!
4주차	3주차/4주차에 부모님을 만난다(부모교육). 결혼의 성경적 원리 다시 들려주기 자녀를 떠나보내기에 대하여 효도와 공경에 대하여 새로운 가족에 대한 바른 예의 자손에 대한 기대와 성경적 양육/라마드 교육	당사자 사이 대화 구체적 내용 담기 실천방안 결심 기도와 부모 준비하기

■ **참고서적**

《결혼설명서》(조현삼)

《말의 힘》(조현삼)

《우리, 결혼했어요!》(박수웅)

《화성에서 온 남자 금성에서 온 여자》(존 그레이)

《5가지 사랑의 언어》(게리 채프먼)

기타 결혼과 부모교육에 대한 기독교 서적[예:《예비 부모교육》(조성현) 등]이나 교육 대상자가 원하는 책 중 선별해서 읽게 할 수도 있다.

3) 실질적 조언들

다음의 내용들은, 예비 부모교육 프로그램을 진행하면서, 때로는 다른 기존의 결혼학교에서 팁으로 주는 훌륭한 진행 방법들과 조언들입니다. 이 밖에도 참조하고 활용하기 좋은 정보와 조언들이 많이 있습니다.

(1) 결혼예비학교의 필요성

다음의 원인들은 결혼과 가정을 어렵게 하고 많은 상처와 슬픔을 야기시킵니다. 이를 이겨 내기 위해 미리 알고 미리 준비하여 선제적 방호벽을 갖추어야 합니다. 결혼예비학교(예비 부모학교)는 부모와 자녀 모두를 위한 예방주사와 같습니다. 그런 이유로 평범한 사람인 우리 모두는 결혼예비학교가 필요합니다.

■ **결혼과 가정에 어려움을 주는 원인**
① 고통의 원인이 되는 비현실적 기대감 때문에
② 무감각의 원인이 되는 인격적인 미숙함 때문에
③ 혼란을 일으키는 역할의 변화 때문에
④ 불확실성의 원인이 되는 결혼과 자녀에 대한 이 시대의 부적절한 유행/사고방식들 때문에
⑤ 실패와 고통의 원인이 되는 부도덕성과 성적 기준의 변화 때문에
⑥ 막대한 피해와 끝없는 고통을 동반하는 이혼과 그것을 쉽게 용인하는 사회, 문화 현상 때문에
⑦ 미리 경험할 수 없는 부부의 삶과 부모의 역할에 대한 미진한 준비와 교육환경 때문에

위대한 결혼에서 미리 실패할 요소를 제거하기 위한 노력은, 대학 가는 일이나 직장을 구하는 일, 성공에 대한 열정보다 더 커야 합니다. 그렇지만 현대의 삶과 가치 기준은 결혼은 '누구나, 아무 때나, 적당히 하면 되는 일'로 만들어 버렸습니다. 결혼에 실패하면 인생에

서 참패하는 셈입니다. 누구나 하는 결혼처럼 결혼하면 분명히 후회합니다. 그러나 준비하고 결혼하면 실수나 실패를 이겨 낼 힘을 갖게 됩니다.

결혼이란 누구도 미리 경험할 수 없는 미지의 세계입니다. 그러나 그 미지의 세계를 걸었던 선구자들이 있습니다. 미리 경험할 수는 없지만 미리 정보나 지식을 갖고 출발할 수는 있습니다. 그렇습니다! 미지의 세계에서 혼동과 헛걸음을 하지 않으려면 충분히 훈련받거나 바르게 교육받으면 됩니다. 이러한 선택을 인생의 지혜라고 말합니다.

청소년이나 청년들은 소중한 배우자를 기대하며 결혼과 가정을 위해 기도해야 합니다. 그리고 내일 결혼할 예정이라면 오늘 잠시 발을 멈추고 선구자들에게 귀를 기울이라는 지혜가 외치는 소리를 따릅시다!

(2) 결혼예비학교 훈련 시 주의사항

매우 서먹하고 스트레스가 많은 상태에서 이루어지는 만남이기 때문에 긴장을 해소시키는 데 집중합니다. 그리고 무엇을 배우고 어떻게 진행될 것인지 상세히 알려 줍니다. 첫 만남에서 서로에 대한 신뢰를 형성하도록 분위기 조성에 힘써야 합니다.

이 교육은 예비 부모(혹은 예비 신혼부부)가 만들어 갈 개별적 가정을 위한 프로그램이므로 그룹 형태보다는 개별 교육과 훈련이 더 좋다고 생각합니다. 비밀이나 고충까지 이야기될 수 있어야 하기 때문입니다. 또한 실제로는 미답의 삶에 대한, 그리고 매우 중요한 결혼의 시작에 대한 배움이기 때문에 자유로운 질문, 다양한 상황에 대하여 구체적이면서 세심한 대화가 이루어질 수 있도록 리더해야 합니다.

　예비 결혼학교/예비 부모교육이 예비 부모들에게 개별적이고 특별한 미래에 대해 바른 지식과 기대를 가질 수 있는 좋은 배움의 기회가 되도록 진행자/사역자가 먼저 잘 준비되어야 합니다. 그러므로 (전문적 지식과 사랑을 갖춘) 담임목사, 교회 내 사역자, 스승 혹은 전문 사역자에게 의뢰하는 것이 좋다고 봅니다. 요즘은 신뢰할 만한 기관에서 시행하는 프로그램이 있기 때문에 적절한 도움을 구할 수 없을 때는 여기에 참여하여 도움을 얻는 것도 좋습니다. 그룹 교육/상담의 경우 일반적 상황에 대한 언급이 많으므로 이를 바탕으로 자신들의 가정을 만들기 위해 별도의 시간을 갖고 서로에게 더 집중할 필요가 있습니다.

(3) 결혼예비학교 과제 – 자신들의 가정 스스로 만들어 가기

　① 부부 십계명을 액자로 만들거나 코팅해 오기
　② 결혼을 결심한 이유 다섯 가지와 바로 이 사람과 결혼하고자 하는 이유 다섯 가지 써보기
　③ 급여 명세서를 가져와 서로에게 나누고 경제 공동체/경제관에 대해 이야기하기
　④ 상대방의 모습 중에서 이해가 되지 않는 것 다섯 가지 써오기
　⑤ 부모님께 결혼에 대한 편지/부모님에 대한 예우에 대한 것 상의
　⑥ 《5가지 사랑의 언어》, 《말의 힘》을 읽고 독후감 써오기
　⑦ 지난날의 상처를 상대방에게 고백하는 글 써오기(개별적으로 해도 됨)

⑧ 사랑의 고백(청혼용)의 글 써오기/최고로 멋지게 청혼해 보기
⑨ 청혼용 선물 준비해 오기(꽃 한 송이부터 실제 결혼 선물로 사용해도 됨)
⑩ 하나님 앞에 스스로 남편 됨/아내 됨/부모 됨에 대한 고백과 기도문 작성

(4) 참고 자료들

* 부부 사이에 필요한 커뮤니케이션에 대하여 - 가정 문제 해결을 위해

섀넌과 위버(Shannon and Weaver): 넓은 의미에서 커뮤니케이션이란 하나의 마음이 다른 마음에 영향을 미치는 모든 과정을 뜻하는 것으로, 그 수단으로는 언어뿐만 아니라 음악, 그림, 연극, 무용 등 모든 인간의 행동을 포함한다.

"커뮤니케이션은 생물체들이 기호를 통하여 서로 정보나 메시지를 전달하고 수신해서 서로 공통된 의미를 수립하고, 나아가서는 서로의 행동에 영향을 미치는 과정 및 행동이라고 말할 수 있다."

사람 사이의 모든 관계는 대화(커뮤니케이션)로 시작하고 맺는다. 부부와 가족 사이 관계를 아름답게 하기 위해 대화 기술보다 더 우선되어야 할 것은 없다. 특히 부부는 대화의 평생 파트너이다. 좋은 대화 습관을 가지면 좋은 부부 사이를 평생 유지할 수 있고, 반대로 나쁜 대화 습관은 매일의 삶이 전쟁터가 되게 한다.

사회적 관계에서 만나는 상대방에서 출발하여 항상 내 곁에, 내 안에, 그리고 우리로서의 아내와 남편으로, 아버지와 어머니로서의 여성과 남성에 대해 알아야 한다. 이것은 반드시 성경적 이해, 즉 창조적 결혼관과 창조적 인간관에 대한 이해가 필수적이다. 인간 이해

를 위해 창조적 인간 이해와 사역자이면서 교육자적 인간에 대한 이해가 중요하다.

또한 기억해야 할 일과 기념해야 할 일(절기 지키기 = 자카르) 등에 대해 잘 실천하고 상대방의 관심, 감정, 가치관, 추억 등에 대해 연구하는 자세가 필요하다. 상대를 연구하면 얻는 것이 많고 가정의 절기를 잘 지키면 작은 행복이 쌓이고, 이러한 일들을 잘 지켜 행하다 보면 좋은 품성을 가진 부모가 되어 자녀들에게 삶을 통해 예수님을 보여주는 '증인의 삶'을 능히 살게 된다.

* 대화의 기본 기술 – 경청하는 법을 익혀라(쉐마·샤알·라마드 학습법)

아이작 마커슨: 대부분의 사람은 타인의 말에 진정으로 귀를 기울이기보다는 상대의 말에 어떻게 대꾸할 것인가에 더 정신을 집중한다. 그리고 높은 지위에 있는 사람들은 말을 잘하는 사람이기보다는 잘 들어주는 사람이다. 타인의 말을 경청하는 능력은 그 어떤 능력보다 뛰어난 것이다.

대개의 사람들은 말하려고 한다. 그러면 누가 들으려고 하는가? 잘 듣는 능력을 가진 자가 바로 지도자, 리더, 지혜자, 넉넉한 사람, 좋은 부모가 된다.

깨어 있는 시간의 70%가 커뮤니케이션에 사용된다고 한다(읽기 1%, 쓰기 7%, 말하기 35%, 듣기 48%, 기타 9%). 커뮤니케이션의 수단으로는 입을 통한 말하기 7%, 어조, 억양, 음성 38%, 비언어적 대화 55%가 있다. 이것으로 볼 때 의사소통은 말로 하는 것이 아니다. 경청할 때 언어만 집중한다면 거의 이해하지 못한다. 따라서 눈으로 듣고, 더 나아가 마음으로 들어야 한다.

오해의 60%가 잘못된 경청 태도에 기인하며, 단지 1%만 잘못된 문서에 기인한다고 한다. 그러므로 오해하지 않으려면 말로 하지 말고 글로 해라.

한 예로, 필자의 생각으로는 장래에 전망 높은 사업이 있다면, "경청 기계"일 것 같다. 1,000원을 넣으면 3분간 들어주는 기계 앞에 긴 줄이 만들어질 거라 봅니다.

* 공감적 경청을 위한 십계명
① 말하지 마라. 말하면 당신은 들을 수 없다.
② 말하는 사람을 편안하게 해주어라.
③ 당신이 듣고자 한다는 것을 상대에게 보여주어라.
④ 주의를 산만하게 하는 것을 없애라.
⑤ 말하는 사람에게 감정을 이입하라.
⑥ 인내심을 발휘하라.
⑦ 노여움을 진정시켜라.
⑧ 논쟁이나 비판에 여유 있는 태도를 유지하라.
⑨ 질문을 던져라.
⑩ 그리고 말하는 것을 중지하라, 쉐마하라.

* 좋은 배우자와 부모가 되려면 7가지 가치관(습관)을 길러야 한다.
① 언어의 습관 ② 건강의 습관 ③ 배움의 습관 ④ 섬김의 습관
⑤ 사랑의 습관 ⑥ 경건의 습관 ⑦ 정직의 습관

* 묵상하기
① 배우자의 선택은 나의 삶과 더불어 나의 가정과 나의 자녀에 대한 선택이다. 왜냐하면 결혼은 배우자와 나의 새로운 '생산물'이기

때문이다.

② 배우자는 곧 결혼과 가정에 대한 중차대한 선택으로, 나에게 준 고유한 권리이고 동시에 귀중한 의무이다. 하나님께서는 감사하게도 내가 어떤 부모가 될 것인지, 즉 어떤 배우자를 선택할 것인지에 대한 결정권을 허락해 주셨다(되돌아보면 모두 은혜의 선택이지만).

③ 결혼생활, 가정은 공동체적 삶인 동시에 개인적 자유와 쉼의 공간이고, 또 하나님께서 각 사람에게 주신 이 땅 위에서의 최상의 위로다.

④ 결혼은 무거운 짐이고 속박이며 끝없는 전쟁터이지만, 부부 두 사람이 함께하면 솜사탕 같고 자녀와 함께한다면 훈장을 받는 기쁨을 얻게 된다.

⑤ 결혼은 100층 높이 건축물과 같아서 예민한 설계와 더불어 부지런히 땀을 흘릴 각오를 해야 한다. 그러면 두 사람은 그 아름다운 건물의 주인이 된다.

⑥ 결혼은 두 사람이 한 덩어리가 되는 일이기 때문에 다시 원래로 되돌아갈 수 있는 방법이 없다. 쪼개지면 파괴되는 일이고, 분리되면 엉망이 된다. 항상 그 덩어리 속으로 더 깊이 들어가는 길을 찾는 것이 지혜롭다.

⑦ 고통 없는 삶이 없듯이 불편 없는 결혼 공동체는 없다. 행복을 위해서나 부족을 채우기 위한 수단으로써의 결혼은 자기 자신에게 큰 실례를 범하는 일이다. 좋은 결혼을 위해 기도하고 준비하며 또 애써 노력하면 그 복의 주인이 된다.

* 존경받는 남편, 사랑받는 아내가 되기

① 남편은 아내의 눈을 통해 세상을 보라(역지사지). 남편은 아내의 눈을 통해 세상을 보고, 아내는 남편의 입을 통해 말하라. 일심동체

로서 현명한 아내가 되고, 신중한 남편이 되라.

② 여성에 대한 지식을 가져야 한다. 아내를 연구하라. 아내와 사는 것은 군대를 지휘하는 것보다 힘들다. 아내를 알지 못하고 아내와 살 수 없다. 여성에 대한 지식을 쌓아 가라.

③ 사랑의 리더십은 기도로부터 시작된다. 잔소리와 꾸지람 대신 기도하라. 기도를 이겨 낸 잔소리는 없다. 기도야말로 하루를 여는 열쇠이며, 하루를 닫는 자물쇠와 같다. 아내와 자녀를 위해 기도하라.

④ 돈을 맡기라. 돈은 애정의 척도가 된다. 아내가 가장 듣기 싫어하는 말은 가계부 좀 보자는 소리다. 보여주기 전에 훔쳐볼 생각을 말라. 정 보고 싶거든 이렇게 말하라. "모자라지 않아? 힘들지?"

⑤ 아내가 아니라 여자로 대하되, 아내를 성장시키며, 아내와 생의 목표를 같이 나누라.

내 아내이기 전에 한 사람의 여성임을 기억하고 보살펴 주라. 아내를 관리하려 들지 말라.

아내는 재산이 아니라 나의 기업의 공동 파트너다. 내가 못하는 부분에 대해 최고의 관리자가 될 것이다.

⑥ 사랑 비타민을 먹여라. 그것은 칭찬과 격려이다. 아내의 말 한 마디는 남편에게 살맛을 부여한다. 아내의 칭찬과 격려의 말은 남편에게 샘솟는 에너지가 된다.

⑦ 행복한 요리사가 되라. 불평과 짜증과 한숨으로 요리하지 말라. 사랑과 감사의 양념으로 요리를 하여 건강한 밥상으로 남편을 길들이라. 그 맛에 길든 남편은 평생 아내에게 충성할 것이다(불 꺼진 차가운 식탁은 사랑이 꺼지고 관심이 차가워진다).

⑧ 남편만의 시간을 주라. 모든 남자는 '동굴'을 가지고 있다. 남자들은 자신만의 동굴에서 휴식을 취하는가 하면 상처를 치료하기도 한다. 남편을 들볶지 말라. 영감은 낮잠을 자고 장작을 패며 낙엽

을 쓰는 작은 일에서 시작된다. 남편이 동굴로 들어가면 잠잠히 사랑으로 기다려 주라.

⑨ 남편의 자존심을 세워 주라. 한번 입은 자존심의 상처는 회복이 불가능하다. 남편을 어떤 경우에도 비교하지 말라. 남자가 가장 듣기 좋아하는 말은 "역시 당신이야" 이 한마디이다. 그리고 아내의 자존심을 높여 주라. 아내의 얼굴이 어두워지면 가정이 사막이 되고, 아내가 자존심을 잃으면 거울에서 사막에 홀로 남겨진 사람의 얼굴을 보게 될 것이다.

이미 개발되고 시행되는 결혼예비학교 프로그램이나 아버지학교, 어머니학교 등을 비롯해 자녀교육에 커다란 진보를 이룬 선구자들이 많습니다. 이러한 노력과 프로그램 가운데 자녀교육과 부모교육, 그리고 교사 훈련에 유용한 것들을 배워서 각 가정과 교육 공동체에 사용하면 도움이 됩니다. 다만 모든 것이 그러하듯, 원리와 뿌리를 버리고 꽃과 열매만 추구하면 번성하지만 실패하고, 뻗어 나가는 것 같지만 결국 벼랑 끝으로 가게 됩니다.

모든 가르침은 성경에서 나왔습니다. 온갖 좋은 것과 위대한 것 역시 하나님께로부터 옵니다. 자녀교육 혹은 여러 가지 프로그램 역시 좌로나 우로 치우치지 않고 십자가의 길로 가야 다음 세대에 더 큰 승리를 얻게 됩니다. 특히 자녀교육은 하나님께서 창안하시고 모든 부모에게 주신 것이라는 점을 망각해서는 안 됩니다. 기독교인, 그리고 모든 부모와 교사는 교육의 주인이고 주체라는 자긍심을 가지고 다음 세대를 준비하여 하나님의 복덩이가 되길 간절히 기도합니다.

별첨) DB 양식들

Our Daily Bread (선교지 초등학생용, 영어)

1. God's Word for Today

2. Parable/Idiom

3. Let's Learn A New Language

4. General Terms on News Update

5. My Daily Journal

Teacher's Note:

Daily Bread(인도네시아 초등학생용)   Date: /   /

1. Firman Tuhan: / 두 번 쓰면서 암기합니다(한글, 영어, 인니어, 만다린).

1)
2)

2. 한자 연습: 한자와 간자체/만다린 씁니다. 음과 뜻 쓰고, 예문을 만들어 봅시다.

(무슨 뜻일까?/샤알 학습)

(문제 풀이)

3. 모르는 단어/속담(샤알 학습/질문하고 찾기/2개)

4. 일기/독후감(한글, 인도네시아어, 영어, 만다린 모두 사용해 보자)

5. 스스로 점검해 보기

구분	건강의 습관	배움의 습관	경건의 습관	섬김의 습관	언어의 습관	사랑의 습관	정직의 습관	평가
점수	① ② ③ ④ ⑤	① ② ③ ④ ⑤	① ② ③ ④ ⑤	① ② ③ ④ ⑤	① ② ③ ④ ⑤	① ② ③ ④ ⑤	① ② ③ ④ ⑤	

6. 교사 확인:

(일반 중고등학생용)

DB 날짜: *월*   *일(요일)*

1. 오늘의 성경 쓰기와 묵상: (   )장 (   )절

(성경: 한글/한자/영어)
(묵상내용/결심)

2. 종합 언어(다양한 시사용어 개념 정리 및 활용)

_____ (한자/영어)	
_____ (한자/영어)	

_____ (한자/영어)	
_____ (한자/영어)	
_____ (한자/영어)	

3. 신문 사설, 칼럼(내용을 요약하고 자기 의견/생각을 제시한다)

(1. 신문 이름, 제목, 날짜):
내용 요약

다양한 관점과 대안 찾기

4. 에세이(일기)와 자기 점검(영어를 넣어 작성할 것)

오늘의 점검과 반성(각 항목에 1~5점 평가); 총(　　　)점 / 60점 -(　%)

자기점검 총점	칠천인의 삶			학습활동 점검; 소계( )점
	경건	정직	섬김	
( )점	( )점	( )점	( )점	국-( ), 영-( ), 수-( ), 사-( ), 과-( ) 달란트-( ), 체육-( ), 기타과목-( )

* 검사자 평가와 지시사항:

성경적 교육원리와 학습방법
라마드 교육

1판 1쇄 인쇄 _ 2020년 9월 26일
1판 1쇄 발행 _ 2020년 9월 30일

지은이 _ 이근호
펴낸이 _ 이형규
펴낸곳 _ 쿰란출판사

주소 _ 서울특별시 종로구 이화장길 6
편집부 _ 745-1007, 745-1301~2, 747-1212, 743-1300
영업부 _ 747-1004, FAX 745-8490
본사평생전화번호 _ 0502-756-1004
홈페이지 _ http://www.qumran.co.kr
E-mail _ qrbooks@daum.net / qrbooks@gmail.com
한글인터넷주소 _ 쿰란, 쿰란출판사
등록 _ 제1-670호(1988.2.27)
책임교열 _ 박은아·이화정

ⓒ 이근호 2020   ISBN 979-11-6143-441-4 93230

책값은 뒤표지에 있습니다.
이 출판물은 저작권법에 의해 보호를 받는 저작물이므로 무단 복제할 수 없습니다.
파본(破本)은 구입처에서 교환해 드립니다.